Duden

Der Vornamen-finder

Dudenverlag
Berlin

Redaktionelle Leitung Anette Auberle
Redaktionelle Bearbeitung Christine Beil M. A.
Erarbeitet auf der Grundlage des Großen Vornamenlexikons, 3. Auflage, von Rosa und Volker Kohlheim
Herstellung Monika Schoch

Bibliografische Information der Deutschen Nationalbibliothek
Die Deutsche Nationalbibliothek verzeichnet diese Publikation in der Deutschen Nationalbibliografie; detaillierte bibliografische Daten sind im Internet über http://dnb.d-nb.de abrufbar.

G F E D
Bibliographisches Institut GmbH
Mecklenburgische Str. 53, 14197 Berlin

Typografisches Konzept Horst Bachmann
Umschlaggestaltung init. Büro für Gestaltung, Bielefeld
Umschlagabbildung ©iStockphoto.com: Babyschuhe
Bildleiste MEV Verlag, Augsburg (5); picture-alliance/dpa, Frankfurt am Main (2); Stockbyte (1)
Satz Bibliographisches Institut GmbH
Druck und Bindung Druckerei C. H. Beck
Bergerstraße 3, 86720 Nördlingen
Printed in Germany
ISBN 978-3-411-73992-9
Auch als E-Book erhältlich unter: ISBN 978-3-411-90337-5
www.duden.de

Vorwort

Malissa oder Melanie, Nelio oder Nikolas?

Oft genug fällt es werdenden Eltern schwer, sich auf einen Namen für ihr Kind zu einigen. Die Entscheidung für einen Vornamen ist eine der verantwortungsvollsten Aufgaben, die Eltern zu treffen haben, denn schließlich begleitet der Vorname jeden Menschen ein Leben lang.

Wie soll ein Name also sein, eher traditionell oder lieber ganz ausgefallen, lang oder lieber doch kurz und prägnant? Der Vornamenfinder hilft, die richtige Entscheidung zu treffen. Er verzeichnet über 4 500 Vornamen und ihre Herkunft aus den unterschiedlichsten Sprachen und Kulturen. Über 40 Tabellen listen Namen gesondert nach ihrer Bedeutung (z. B. Namen mit der Bedeutung »fröhlich«), ihrer sprachlichen Herkunft (z. B. russische, biblische, französische Namen) sowie nach bekannten Namensträgern und -trägerinnen auf. Dazu finden sich am Ende des Alphabetteils wertvolle Tipps zur Namengebung.

Gerade bei Namen aus fremden Sprachen ist es wichtig, sich über die richtige Aussprache im Klaren zu sein. Dazu dienen die Betonungsangaben im Stichwort: ein Strich oder Punkt unter einem Vokal bedeutet, dass die entsprechende Silbe betont wird, wobei der Punkt für einen kurzen und der Strich für einen langen Vokal steht. Wo sich die richtige Lautung von den deutschen Ausspracheregeln unterscheidet, wurden nach dem Zeichensystem der IPA (International Phonetic Association) Ausspracheangaben ergänzt. Da diese Zeichen nicht für jedermann verständlich sind, wurde immer dann darauf verzichtet, wenn sich die korrekte Lautung nur dadurch von der deutschen unterscheidet, dass ein Endungs-e nicht ausgesprochen wird, wie bei zahlreichen englischen und vor allem französischen Namen (z. B. Adrienne, Étienne, Martine), oder bei Namen auf -ney, die nicht [...naɪ], sondern [...nɪ] (z. B. Rodney, Britney) ausgesprochen werden. In diesen Fällen ist die richtige Betonung im Stichwort angegeben. Im Falle von Schreibvarianten findet sich die richtige Aussprache bei dem Haupteintrag, auf den verwiesen wird.

Mannheim, im Januar 2012
Die Dudenredaktion

Angaben zu Betonung und Aussprache

Vokale

a = helles a, dt. Bl*a*tt
ɑ = dunkles a, dt. w*a*r, engl. r*a*ther
ɐ = abgeschwächtes a, dt. Ob*er*
ã = nasaliertes a, französ. gr*an*d
ʌ = dumpfes a, engl. b*u*t
æ = breites ä, dt. *Ä*ther
e = geschlossenes e, dt. B*ee*t, engl. *e*gg
ɛ = offenes e, dt. B*e*tt, dt. f*e*tt
ə = dumpfes e, dt. all*e*, dt. Hack*e*
ɛ̃ = nasaliertes e, französ. f*in*, französ. v*in*
i = geschlossenes i, dt. W*ie*se
ɪ = offenes i, dt. b*i*n, dt. m*i*t, dt. b*i*tte
o = geschlossenes o, dt. T*o*r, dt. S*o*hle
ɔ = offenes o, dt. K*o*pf, dt. *O*rt
õ = nasaliertes o, französ. m*on*, französ. n*om*bre
œ = offenes ö, dt. H*ö*lle, dt. *ö*fter
ø = geschlossenes ö, dt. H*ö*hle, dt. sch*ö*n
u = geschlossenes u, dt. M*u*t, dt. *U*hr
ʊ = offenes u, dt. b*u*nt
w = halbvokalisches w, engl. *w*ell, engl. *w*ay
y = geschlossenes ü, dt. am*ü*sieren
ɥ = konsonantisches ü, französ. S*u*isse, französ. h*u*ile

Konsonanten

ç = deutscher Ich-Laut, dt. i*ch*, Gewi*ch*t
ŋ = deutscher ng-Laut, dt. Ha*ng*, dt. Di*ng*
ɣ = ähnlich dem deutschen Zäpfchen-r,
jedoch ohne Schwingung
s = stimmloses s, dt. la*ss*en, dt. Li*s*te
z = stimmhaftes s; dt. *S*onne, dt. le*s*en
ʃ = stimmloses sch, dt. *Sch*uh, dt. Fi*sch*
ʒ = stimmhaftes sch, dt. Gara*g*e, dt. *G*enie, französ. *j*our
θ = stimmloses englisches th, engl. *th*ing
ð = stimmhaftes englisches th, engl. *th*e, engl. *th*at

v = stimmhaftes w, dt. *W*ald, dt. *W*ein
x = deutscher Ach-Laut, dt. Kra*ch*, dt. A*ch*tung

Weitere Zeichen
ˈ = bezeichnet Betonung und steht vor der betonten Silbe
: = bezeichnet Länge des vorhergehenden Vokals
̯ = unter Vokalen, gibt an, dass der Vokal unsilbisch ist

Abkürzungsverzeichnis

Nicht verzeichnet finden sich all jene Abkürzungen für Sprachbezeichnungen, bei denen nur »-isch« zu ergänzen ist, z. B. *engl.* für *englisch*.

ahd.	althochdeutsch
aram.	aramäisch
eigtl.	eigentlich
evtl.	eventuell
hebr.	hebräisch
lat.	lateinisch
lit.	litauisch
männl.	männlich
mhd.	mittelhochdeutsch
mittellat.	mittellateinisch
n. Chr.	nach Christus
neuhebr.	neuhebräisch
niederdt.	niederdeutsch
v. Chr.	vor Christus
vgl.	vergleiche
Vorn.	Vorname
weibl.	weiblich
>	entwickelt zu
<	entwickelt aus

Namen für Jungen

A

Aaron, (auch:) Aron: aus der Bibel, zu hebr. 'aharōn, Bedeutung nicht sicher geklärt, wahrscheinlich ägyptischer Ursprung. Im Arabischen entspricht Aaron der Name ▸ Harun. Nach der Bibel war Aaron der ältere Bruder des Mose, sein Begleiter und Vertreter beim Zug zum Sinai.

Abdallah: ▸ Abdullah.

Abdul: arabischer Ursprung, verkürzte Form von zahlreichen Vornamen, die mit arab. ʻabd »Diener [Gottes]« gebildet sind (z. B. ▸ Abdullah).

Abdullah, (auch:) Abdallah: zu arab. ʻabd »Diener« + Allāh »Gott«: »Diener Gottes«.

Abel: aus der Bibel, zu hebr. hebel »Hauch, Vergänglichkeit«, als Anspielung auf Abels vorzeitigen Tod. Nach der Bibel war Abel der zweite Sohn Adams, der von seinem Bruder Kain erschlagen wurde.

Abraham, (auch:) Abram: zu hebr. 'abrāhām. Nach der Bibel lautete der Name des ersten Erzvaters Israels ursprünglich Abram (»der Vater ist erhaben«) und wurde von Gott in Abraham (»Vater der Menge«) umgewandelt. Im Arabischen entspricht Abraham der Name ▸ Ibrahim.

Absalom, (früher meist:) Absalon (überkonfessionelle Form:) Abschalom: aus der Bibel, hebräischer Ursprung, zu hebr. 'abšālōm, dessen Bedeutung als »der Vater ist Heil« oder »der Vater ist Friede« ausgelegt wird. Nach der Bibel war Absalom der dritte Sohn Davids. Um die Ehre seiner Schwester Tamar zu rächen, ließ er seinen Halbbruder ▸ Amnon ermorden.

Achatius, (auch:) Achatz; Achaz; Achaz (als biblischer Name jetzt auch:) Ahas: zu hebr. 'āḥāz), Kurzform von Joahaz, Bedeutung »der Herr hat ergriffen«.

Achill, (auch:) Achilles: aus der griechischen Mythologie, Name des griechischen Helden (griech. Achilléus), der im Trojanischen Krieg ▸ Hektor im Zweikampf besiegt; unbekannter, wahrscheinlich vorgriechischer Ursprung. Nach der »Ilias« fällt Achill, nachdem ihn Paris mit einem Pfeil an der Ferse verwundet hat.

Achim: Kurzform von ▸ Joachim.

Achmed, (auch:) Ahmed: aus dem Arabischen, Bedeutung »der Preiswürdigste«.

Adalbert, (auch:) Adelbert; Edelbert: alter deutscher Vorname, ahd. adal »edel, vornehm; Abstammung, [edles] Geschlecht« + ahd. beraht »glänzend«; etwa »von glänzender Abstammung«.

Adalger, (auch:) Elger: alter deutscher Vorname, ahd. adal »edel, vornehm; Abstammung, [edles] Geschlecht« + ahd. gēr »Speer«.

Adam: aus der Bibel übernommen, Herkunft nicht sicher geklärt. Die Bibel sieht in dem Namen hebr. 'adāmā den rotbraunen, weil gepflügten Ackerboden und versteht ihn zugleich als hebr. ha'ādām »der Mensch, die Menschheit«. Nach der Bibel war Adam der erste, von Gott erschaffene Mensch, aus Ackerboden gebildet und mit Lebensodem erfüllt.

Adamo, (deutsch auch:) Adamo: italienische Form von ▸ Adam.

Adelbert: Nebenform von ▸ Adalbert.

Adem: türkische Form von ▸ Adam.

Adi: Kurzform von männl. Vornamen, die mit »Ad(al)-«, »Ad(el)-« gebildet sind, besonders von ▸ Adolf.

Adil: zu arab. 'ādil »gerecht«.

Adnan: vielleicht zu arab. 'adana »sich niederlassen [an einem Ort bzw. in einem Land]«. Nach der Tradition waren die Bewohner des nördlichen Teils der arabischen Halbinsel Nachkommen von 'Adnan, der wiederum von Ismael, dem Sohn des Patriarchen Abraham, abstammte.

Adolf, (veraltet auch:) Adolph: jüngere Form von Adalwolf; ahd. adal »edel, vornehm; Abstammung, [edles] Geschlecht« + ahd. wolf »Wolf«.

Adolfo: italienische und spanische Form von ▸ Adolf.

Adolph: veraltete Schreibweise von ▸ Adolf.

Adonis: aus der griechischen Mythologie, semitischer Ursprung, wohl zu phöniz. ādōn »Herr«. Adonis war ein außerordentlich schöner junger Gott, der von Aphrodite, der Liebesgöttin, geliebt wurde.

Adriaan, (älter auch:) Adriaen: niederländische Form von ▸ Adrian.

Adrian, (älter auch:) Hadrian: zu lat. [H]adriānus »der aus der Stadt [H]adria«. Der Beiname des Kaisers Publius Aelius Hadrianus geht nach antiker Tradition auf den Herkunftsort seiner Eltern, Hadria, heute Atri, Provinz Teramo (nicht Adria südlich von Venedig), zurück.

Adriano: italienische Form von ▸ Adrian.
Adrianus: ▸ Adrian.
Adriël: aus der Bibel, zu hebr. ʿadrīʾēl »Gott ist meine Hilfe«.
Adrien [...ˈɛ̃]: französische Form von ▸ Adrian.
Ady: Kurzform von Vornamen, die mit »Ad(al)-« gebildet sind.
Aegid, (auch:) Aegidius: ▸ Ägid.
Aeneas: aus der antiken Mythologie, griech. Aineías, lat. Aenēās; unbekannter, wahrscheinlich vorgriechischer Ursprung, bereits in der Antike volksetymologisch an griech. ainéein »loben, preisen« sowie an griech. ainós »schrecklich, gefürchtet« angelehnt.
Ägid, (auch:) Ägidius; Aegid; Aegidius; Egid; Egidius: zu griech. aigís, -ídos »Ziegenfell«, Bezeichnung des Schutzmantels oder Harnischs des Zeus oder der Athena, auch als Schild gebraucht; etwa »Schildhalter«.
Ago: verselbstständigte Kurzform von Namen, die mit »Agi-« (zu german. *agi- »Schrecken«, später überlagert von ahd. ekka »[Schwert]schneide, Spitze«) gebildet wurden (z. B. Agimar, Agimund).
Aharon: neuhebräische Form von ▸ Aaron.
Ahas: ▸ Achatius.
Ahlrich: ▸ Alrich.
Ahmed: ▸ Achmed.
Ahmet: türkische Form von ▸ Achmed.
Aidan, (auch:) Aiden; Aden [eɪdn]: irische Herkunft, englische Formen des gälischen Namens Aodán, einer Koseform von Aodh (»Feuer«).
[1]Aik: eindeutschende Schreibung des englischen Vornamens Ike (▸ [2]Ike).
[2]Aik: ▸ Eike.
Aike: ▸ Eike.

Die schönsten englischen Jungennamen

Alvin	Joshua
Andrew	Luke
Angus	Matthew
Barney	Nick
Brandon	Robin
Dorian	Scott
James	Ted
Jeremy	

Aiko: ▸ Eike.

Aimé [ɛˈme]: französische Form von Amatus (lat. amātus, -a, -um »geliebt«, zu amāre »lieben«).

[1]**Aimo:** verselbstständigte Kurzform von Namen, die mit »Agi-« (▸ Ago) gebildet wurden.

[2]**Aimo:** finnisch-samische Herkunft, zu finn. aimo »vortrefflich, tüchtig«.

Ainran: aus Kenia und Tansania, bedeutet auf Suaheli »Wohlstand«.

Ake: verselbstständigte friesische Kurzform von Namen, die mit »Agi-« (zu german. *agi- »Schrecken«, später überlagert von ahd. ekka »[Schwert]schneide, Spitze«) gebildet wurden (z. B. Agimar, Agimund).

[1]**Akim:** nordische Kurzform von ▸ Joachim.

[2]**Akim:** russische Kurzform von ▸ Joachim.

Akira: japanische Herkunft, Bedeutung »hell, klar«.

Al [æl]: englische Kurzform von Namen, die mit »Al-« beginnen (etwa ▸ Alfred u. a.).

Aladin: zu arab. ʻAlāʾ-ad-Dīn »Erhabenheit des Glaubens«.

Alain [aˈlɛ̃]: aus dem Französischen, keltischer (bretonischer) Ursprung, vielleicht zu al- »Fels«.

Alan, (auch:) Allan; Allen [ˈælən]: aus dem Englischen, keltischer (bretonischer) Ursprung, vielleicht zu al- »Fels«, kam durch die normannischen Eroberer nach England.

Alban, (auch:) Alban: zu lat. Albānus »der aus der Stadt Alba Stammende«.

Albano: italienische Form von ▸ Alban.

Albert: jüngere Form von ▸ Adalbert.

Alberto: italienische und spanische Form von ▸ Albert.

Albertus: latinisierte Form von ▸ Albert.

[1]**Albin:** Nebenform von ▸ Albwin.

[2]**Albin,** (auch:) Albin, Albinus: lateinische Herkunft, ursprünglich römischer Beiname, zu lat. albus »weiß«.

Albrecht: jüngere Form von Adalbrecht (▸ Adalbert).

Albwin, (auch:) Albin: alter deutscher Vorname, ahd. alb »Elf, Naturgeist« + ahd. wini »Freund«.

Aldis: aus Lettland, zu lit. aldeit »lärmen«.

Aldo: verselbstständigte Kurzform von mehreren italienischen Namen germanischer Herkunft (z. B. ▸ Arnaldo, ▸ Rinaldo).

Alec [ˈælɪk]: englische Kurzform von ▸ Alexander.

Alejandro [alɛˈxandro]: spanische Form von ▸ Alexander.

Alessạndro: italienische Form von ▸ Alexander.
Alẹssio: italienische Form von ▸ Alexis.
A̱lex: Kurzform von ▸ Alexander oder ▸ Alexis.
Alexạnder: lateinische Form von griech. Aléxandros (zu aléxō »wehre ab, schütze, verteidige« + anḗr, andrós »Mann«; etwa »der Männer Abwehrende, Schützer«).
Alexandre [alɛkˈsɑ̃:dr]: französische Form von ▸ Alexander.
Alexẹi, (auch:) Alexẹj: russische Form von ▸ Alexis.
Alẹxis, (auch:) Alẹxius: griechischer Ursprung, verselbstständigte Kurzform von Namen, die mit »Alex-« (zu griech. aléxō »wehre ab, schütze«) gebildet sind.
Ạlf: Kurzform von Namen, die mit »Alf-« beginnen (besonders von ▸ Alfred), früher auch Kurzform von ▸ Adolf. Im Englischen ist Alf [ælf] eine Kurzform von Alfred.
Ạlfons, (veraltet auch:) Ạlphons: zugrunde liegt die spanische Form eines westgotischen Namens; der erste Bestandteil entspricht german. *haðu »Kampf«, der zweite Bestandteil entspricht ahd. funs »eifrig, bereit, willig«; die lautliche Umgestaltung erfolgte durch Kreuzung mit dem Namen Hildefonso/Ildefonso (ahd. hiltja »Kampf« + ahd. funs) sowie durch Anlehnung an das häufige Namenglied adal »edel, vornehm; Abstammung, (edles) Geschlecht«..
Alfọnso: spanische und italienische Form von ▸ Alfons.
Ạlfred: aus dem Englischen, altengl. Ælfred, zu altengl. ælf »Elf, Naturgeist« + altengl. rǣd »Rat«.
Alfrẹdo: italienische und spanische Form von ▸ Alfred.
[1]A̱li: Kurzform von Namen, die mit »Al-« beginnen.
[2]A̱li: zu arab. ʻalī »erhaben, edel«.
Aljọscha: russische Koseform von ▸ Alexei.
Allan: ▸ Alan.
Allen: ▸ Alan.

Die schönsten französischen Jungennamen

Claude
Didier
Fabrice
Ives
Jacques
Lucien
Marc
Marcel
Mathieu
Maurice
Maxime
Noel
Pascal
Patrice
Thierry

Alois, (auch:) Aloisius; Aloys; Aloysius: Latinisierung einer italienischen Koseform von Ludovico (▸ Ludwig), der eine altfranzös. Form dieses Namens (Looïs) zugrunde liegt.

Alphons: ▸ Alfons.

Alphonse [al'fõ:s]: französische Form von ▸ Alfons.

Alram: jüngere Form von Adalram (ahd. adal »edel, vornehm; Abstammung, [edles] Geschlecht« + ahd. hraban »Rabe«).

Alrich, (auch:) Ahlrich; Alrik: jüngere Form von Adalrich (ahd. adal »edel, vornehm; Abstammung, [edles] Geschlecht« + ahd. rīhhi »Herrschaft, Herrscher, Macht; reich, mächtig, hoch«).

Alvar: schwedische bzw. englische Herkunft, Bestandteile entsprechen ahd. alf »Elf, Naturgeist« + ahd. heri »Kriegsschar, Heer«.

Álvaro: spanischer ['albaro] und portugiesischer ['alvɐru] Name westgotischen Ursprungs, dessen Etymologie noch ungeklärt ist. Italien. Form: Alvaro [al'va:ro].

[1]**Alvin** ['æl...]: aus dem Englischen, geht zurück auf altengl. Æðelwine oder Ælfwine zu altengl. æðel »edel« bzw. ælf »Elf, Naturgeist« + altengl. wine »Freund«.

[2]**Alvin:** Nebenform von ▸ Alwin, auch schwedisch und norwegisch.

Alwin: jüngere Form von ▸ Albwin oder von Adalwin (ahd. adal »edel, vornehm; Abstammung, [edles] Geschlecht« + ahd. wini »Freund«.

Amadeo: spanische Form von ▸ Amadeus.

Amadeus: aus lateinischen Bestandteilen gebildet, Bedeutung »liebe Gott!«: lat. amā »liebe!« zu amāre »lieben« + deus »Gott«.

Amand, (auch:) Amand: ▸ Amandus.

Amandus, (auch:) Amand; Amand: zu lat. amandus, -a, -um »liebenswürdig, lieblich«, zu amāre »lieben«.

Ambrosius, (auch:) Ambros: zu griech. ambrósios »zu den Unsterblichen gehörend, göttlich«.

Amerigo: italienische Entsprechung von Heimerich (▸ Heinrich).

Ämilius: ▸ Emil.

Amin: zu arab. al amīn »der Vertrauenswürdige«, Beiname des Propheten Mohammed.

Amir: zu arab. amīr »Befehlshaber, Prinz«.

Amnon: aus der Bibel, zu hebr. 'amnōn »treu, zuverlässig«.

Nach der Bibel war Amnon der älteste Sohn König Davids. Er vergewaltigte seine Halbschwester Tamar und wurde deshalb von ihrem Bruder Absalom ermordet.

A̱mon: aus der Bibel, zum hebr. Stamm ’mn »treu sein«. Nach der Bibel war Amon ein König von Juda.

A̱mos: zu hebr. ‘āmōs »der [von Gott] Getragene«. Nach der Bibel war Amos ein Viehhirte aus Tekoa, der von Gott zum Propheten berufen wurde und radikale Kritik an dem unsozialen Verhalten der führenden Kreise Israels übte.

Ạmrit: zu sanskrit. amṛta »unsterblich«.

A̱nand: aus Indien, zu sanskrit. ānanda »Glück, Freude«.

Anasta̱sius: zu griech. anástasis »Auferstehung«.

Ạnatol: geht zurück auf den spätantiken Namen Anatolius. Dieser ist eine männl. Form des griechischen Frauennamens Anatolē (griech. anatolḗ »Sonnenaufgang; Gegend des Sonnenaufgangs; Morgenland, Kleinasien«).

Ạnders: Nebenform von ▸ Andreas, auch schwedisch.

Ạndi: Koseform von ▸ Andreas.

¹Andor [ˈɔndɔr], (deutsch auch:) Ạndor: ungarische Form von ▸ Andreas.

²Ạndor: norwegische oder schwedische Herkunft. Der erste Namenbestandteil entspricht ahd. arn »Adler«, der zweite enthält den Namen des altnordischen Donnergotts Thor.

András [ˈɔndraːʃ]: ungarische Form von ▸ Andreas.

Ạndre, (auch:) Andre̱: oberdeutsche Form von ▸ Andreas, auch als Eindeutschung von französ. ▸ André gebraucht.

André [ãˈdre]: französische Form von ▸ Andreas.

Andre̱a: italienische Form von ▸ Andreas.

Andre̱as: griechischer Ursprung, verselbstständigte Kurzform von Namen, die mit »Andr-« (zu griech. anḗr, andrós »Mann«) gebildet sind.

Andrẹi: eindeutschende Schreibweise von ▸ Andrej oder rumänische Form von ▸ Andreas.

Andrẹj: russische Form von ▸ Andreas.

Ạndres: ▸ Andreas.

Andrew [ˈændruː]: englische Form von ▸ Andreas.

Andri̱es: niederdeutsch-friesische und niederländische Form von ▸ Andreas.

Ạndrik: russische Koseform von Andrej (▸ Andreas).

Andrzej [ˈandʒɛɪ]: polnische Form von ▸ Andreas.

Andy [ˈændɪ]: aus dem Englischen, Koseform von Andrew (▸ Andreas).

Angel ['eɪndʒɛl]: englische Form von ▸ Angelus.
Angelino [...dʒe'li:...]: italienische Koseform von ▸ Angelo.
Angelo ['andʒelo]: italienische Form von ▸ Angelus.
Angelos: zu griech. ángelos »Bote, Bote Gottes, Engel«.
Angelus: lateinische Form von ▸ Angelos.
Angus ['æŋgəs]: englische Form des gälischen Namens Aonghus (»einzige Wahl«).
Anian: Herkunft und Bedeutung umstritten, Namensvorbild ist der aus Irland oder Westfranken stammende heilige Anianus (7./8. Jh.).
Anjo: friesische Koseform von Namen, die mit dem Namenwort arn gebildet sind (▸ Arnold), männl. Bildung zu ▸ Anja oder bulgarische Koseform von ▸ Angelus.
Anno: alter deutscher Vorname, Kurzform von ▸ Arnold.
Anselm: alter deutscher Vorname, zu german. *ans- »Gottheit« + ahd. helm »Helm«.
Ansgar: alter deutscher Vorname, zu german. *ans- »Gottheit« + ahd. gēr »Speer«.
Antal, ungar. Aussprache: ['ɔntɔl]: ungar. Form von ▸ Anton.
Anthony ['æntənɪ]: englische Form von ▸ Anton.
Antoine [ã'twan]: französische Form von ▸ Anton.
Anton, (auch:) Antonius: lateinischer Ursprung, geht zurück auf einen altrömischen Geschlechternamen.
Antonín: tschechische Form von ▸ Anton.
Antonino: aus dem Italienischen, geht zurück auf den römischen Geschlechternamen Antoninus.
Antonio: spanische und italienische Form von ▸ Anton.
Antonius: ▸ Anton.
Arbo: zu ahd. arbeo »der Erbe«.
Archibald: englische Form (über altfranzös. Archimbald) von Erkenbald (ahd. erchan »fest, vornehm, hervorragend« + ahd. bald »kühn«).
Arel: in Israel übliche Variante von ▸ Ariel.
Ares: aus der griechischen Mythologie. Ares, Sohn von Zeus und Hera, war der Gott des Krieges.
Arian: friesische und niederländische Nebenform von ▸ Adrian.
Aribert: romanische Form von ▸ Heribert.
Ariel, (überkonfessionelle Form:) Ariël: hebräischer Ursprung, der noch nicht sicher geklärt ist (hebr. 'arī'ēl »Löwe Gottes« oder »Altar-Herd«?).

Arif: zu türk. arif »weise«.

Arik: Kurzform von mehreren russischen Vornamen.

Aristide: aus dem Französischen, griechischer Ursprung (griech. Aristéidēs, zu griech. áristos »der Beste, der Edelste«, etwa »Sohn des Edelsten«).

Aristoteles: zu griech. áristos »der Beste« und griech. télos »Ziel, Vollendung«.

Arjan, (auch:) Arjen: friesische und niederländische Form von ▸ Adrian.

Arjuna [arˈdʒuːna], (auch:) Arjun [arˈdʒuːn]: zu sanskrit. arjuna »weiß, hell«.

Arman: zu pers. armān »Ideal, Hoffnung, Wunsch«.

Armand [arˈmã]: französische Form von ▸ Hartmann oder ▸ Hermann.

Armando: italienische und spanische Form von ▸ Hartmann oder ▸ Hermann.

Armin: geht zurück auf den Namen des Cheruskerfürsten Arminius, Kurzform zu einem mit german. *ermana, *irmina »allumfassend, groß« gebildeten Namen, wahrscheinlich german. *Ermin-mēraz, latinisiert *Erminomerus. Im 18./19. Jh. wurde Arminius fälschlich mit ▸ Hermann gleichgesetzt.

Arnaldo: spanische und italienische Form von ▸ Arnold.

Arnaud: [arˈno]: französische Form von ▸ Arnold.

Arnd, (auch:) Arndt; Arnt: durch Zusammenziehung entstandene Kurzform von ▸ Arnold.

Arne: nordische Kurzform von Namen, die mit »Arn-« gebildet sind (z. B. Arnvald; vgl. ▸ Arnold).

Arnim: ursprünglich Ortsname (bei Potsdam), vielleicht Vermischung mit ▸ Armin.

Arno: Kurzform von Namen, die mit »Arn-« gebildet sind (z. B. ▸ Arnold).

Die schönsten italienischen Jungennamen

Alessio
Aurelio
Camillo
Fabio
Gino
Lorenzo
Luigi
Massimo
Matteo
Maurizio
Raul
Remo
Silvio
Valerio
Vittorio

Ạrnold, (auch:) Ạrnolt: alter deutscher Vorname, zu ahd. arn »Adler« + ahd. -walt zu waltan »walten, herrschen«.

Ạrnolf: ▸ Arnulf.

Ạrnolt: ▸ Arnold.

Ạrnt: ▸ Arnd.

Ạrnulf, (auch:) Ạrnolf: alter deutscher Vorname, zu ahd. arn »Adler« + ahd. wolf »Wolf«.

A̲ron: ▸ Aaron.

Á̲rpád, ungar. Aussprache: [ˈa:rpa:d]: möglicherweise zu ungar. árpa »Gerste[nkorn]«, geht zurück auf den Anführer eines ungarischen Stammes.

Ạrslan: zu türk. arslan »Löwe«.

¹A̲rt: niederdeutsche und niederländische Kurzform von ▸ Arnold.

²A̲rt: englische Kurzform von ▸ Arthur.

Ạrtur, (auch:) Ạrthur: aus dem Englischen, geht zurück auf den sagenhaften König Arthur, wahrscheinlich keltischer (walisischer) Herkunft, zu kelt. artos »Bär«, möglicherweise aber auch Ableitung von einem römischen Geschlechternamen (Artorius), der dann durch römische Legionäre nach Britannien getragen wurde.

A̲run: zu sanskrit. aruna »rötlich braun, die Farbe der Morgendämmerung, von Gold und Rubinen«, in alten indischen Texten Verkörperung der Morgendämmerung, des Lenkers des Sonnenwagens.

Ạrved: Nebenform von ▸ Arvid.

Ạrvid: nordische Herkunft, geht zurück auf altnord. Arnviðr. Der erste Namenbestandteil entspricht ahd. arn »Adler«, der zweite enthält altnord. viðr »Baum, Wald« und ist wohl als poetische Umschreibung des Kriegers aufzufassen.

Ạrvo: zu finn. arvo »Würde«.

Ạrwed: eindeutschende Schreibweise von ▸ Arved.

Ạrwid: eindeutschende Schreibweise von ▸ Arvid.

Ạrwin: zu ahd. aro »Adler« + ahd. wini »Freund«.

Asạd: zu arab. as'ad »glücklicher«.

Ashley, (auch:) Ashleigh [ˈæʃlɪ]: aus dem Englischen, ursprünglich Orts- und Familienname, altengl. æsc-lēah »Eschenhain«.

Ạslan: türkische Herkunft, Nebenform von ▸ Arslan.

Ạsmus: Kurzform von ▸ Erasmus.

Athana̲sius: zu griech. a-thánatos »unsterblich«.

Attila: geht zurück auf den Namen des Hunnenkönigs Attila, wohl zu got. attila »Väterchen«.

August: zu lat. augustus, -a, -um »heilig; ehrwürdig; erhaben«. Lat. Augustus war ehrender Beiname des ersten römischen Kaisers Gaius Octavianus, dem zu Ehren der achte Monat des Kalenderjahres benannt ist: lat. [mēnsis] Augustus.

Augustin, (auch:) Augustinus: Weiterbildung von Augustus (▸ August).

Aulis: zu finn. aulis »freigiebig«.

Aurel, (auch:) Aurelius: lateinischer Ursprung, geht zurück auf einen altrömischen Geschlechternamen vorrömischer Herkunft.

Aurelio: italienische und spanische Form von ▸ Aurel.

Aurelius: ▸ Aurel.

Austin [ˈɔstɪn]: englische Form von ▸ Augustin.

Avery [ˈeɪvrɪ]: ursprünglich ein englischer Familienname, der auf eine mittelalterliche Form von ▸ Alfred zurückgeht.

Axel: aus dem Schwedischen, umgebildete Kurzform des biblischen Namens ▸ Absalom, gelegentlich auch als Koseform von ▸ Alexander aufgefasst.

Aydın: zu türk. aydın »hell, leuchtend«.

B

Bahne: aus dem Nordfriesischen, Ursprung und Bedeutung unklar.

Balder: ▸ Baldur.

Balduin: Nebenform von ▸ Baldwin.

Baldur, (auch:) Balder: Baldr (wohl zu german. *balðram »Kraft«, *balðraz »mutig, wehrhaft«) ist in der nordischen Mythologie der Sohn Odins und Friggas, der Gott des Lichtes und des Frühlings.

Baldwin, (auch:) Balduin: alter deutscher Vorname, zu ahd. bald »kühn« + ahd. wini »Freund«.

Balthasar: griechische Form eines akkadischen Namens (Bel-scharra-usur »Gott [Baal] erhalte den König«).

Barin: zu pers. barīn »hervorragend«.

Barnabas: griechisch-lateinische Form eines ursprünglich aramäischen Namens, dessen Bedeutung umstritten ist.

In der Apostelgeschichte wird dieser Name als »Sohn des Zuspruchs« (bar nebū'ā) interpretiert, er ist jedoch eher als »Sohn des [Gottes] Nebo« zu deuten.

Barney, (auch:) Barny ['bɑ:nɪ]: englische Koseform von ▸ Barnabas.

Barry ['bærɪ]: irische Herkunft, Kurzform von Bearrach, einem mit gäl. bear »Speer« gebildeten Namen, oder von Fionnb(h)arr (gäl. fionn »weiß, hell« + barr »Kopf«). In Schottland kann der Vorname Barry aus einem Familiennamen entstanden sein, der wiederum auf den gleichlautenden schottischen Ortsnamen zurückgeht.

Barthold: niederdeutsche Nebenform von ▸ Berthold.

Bartholomäus, (überkonfessionelle Form:) Bartolomäus: zu aram. Bar Tolmai »Sohn des Tolmai«, griech. Bartholomaĩos. Nach der Bibel war Bartholomäus einer der Jünger Jesu.

Baruch: zu hebr. bārūk »der Gesegnete«. Baruch war Gefährte und Schreiber des Propheten Jeremia.

Basil [bæzl]: englische Form von ▸ Basilius.

Basilius, (auch:) Basil: griechischer Ursprung, zu griech. basíleios »königlich«.

Bastian: Kurzform von ▸ Sebastian.

Bastien [bas'tjɛ̃]: französische Kurzform von ▸ Sebastian.

Bastin: zu pers. bastīn »geduldig«.

Beatus, (auch:) Beat: zu lat. beātus, -a, -um »glücklich«.

Beda: geht zurück auf Beda [Venerabilis], den Namen des angelsächsischen Kirchenlehrers, Ursprung und Bedeutung ungeklärt.

Bedřich ['bɛdrʒix]: tschechische Form von ▸ Friedrich.

Bekir: türkische Form des arabischen Namens Bakr (arab. bakr »junges Kamel«).

Béla, ungar. Aussprache: ['be:lɔ]: aus dem Ungarischen, wurde in Ungarn mit dem deutschen Namen Adalbert gleichgesetzt; Herkunft ungeklärt, vielleicht ungarisch, türkisch oder slawisch.

Ben: englische Kurzform von ▸ Benjamin.

Bence: ungarische Form von ▸ Vinzenz.

Bendix, (auch:) Bendik: durch Zusammenziehung entstandene Form von ▸ Benedikt.

Benedetto: italienische Form von ▸ Benedikt.

Benedikt, (auch:) Benedict: zu lat. benedictus »gepriesen, gesegnet«.

Bẹngt: schwedische Form von ▸ Benedikt.

Benito: spanische Form von ▸ Benedikt.

Benito: spanische Form von ▸ Benedikt.

Bẹnjamin: aus der Bibel, zu hebr. ben-ymyn »Sohn von rechts, d. h. Sohn des Südens«, zunächst Name des Stammes, der »rechts«, d. h. südlich des einflussreichen Stammes Efraim siedelte, dann übertragen auf den Ahnherrn des Stammes; bereits in der Bibel volksetymologisch umgedeutet: Benjamin, der jüngste Sohn Jakobs, wird von seiner Mutter Rahel, die bei der Geburt stirbt, Benoni (»Sohn des Schmerzes«) genannt; Jakob ändert jedoch seinen Namen in Benjamin (»Sohn der rechten Hand, des Glücks«).

Bẹnnet, (auch:) Bẹnnett: englische Form von ▸ Benedikt.

Bẹnno: alter deutscher Vorname, verselbstständigte Kurzform von Namen, die mit »Bern-« (german. *ber(a)nu- »Bär«) gebildet sind.

Bẹnny: englische Koseform von ▸ Benjamin.

[1]Bẹnt: dänische Form von ▸ Benedikt.

[2]Bẹnt, (auch:) Bẹnte: friesische Kurzform von Namen, die mit »Bern-« beginnen (▸ Bernhard).

Benvenuto: zu italien. benvenuto, -a »willkommen«.

Berend: Kurzform von ▸ Bernhard.

Berengar: romanisierte Form von Bernger (german. *ber(a)nu- »Bär« + ahd. gēr »Speer«).

Bẹrnard, französ. Aussprache: [bɛrˈnaːr], engl. Aussprache: [ˈbəːnəd]: französische und englische Form von ▸ Bernhard.

Bernạrdo: italienische und spanische Form von ▸ Bernhard.

Bẹrnd, (auch:) Bẹrndt: Kurzform von ▸ Bernhard.

Bẹrnhard: alter deutscher Vorname, zu german. *ber(a)nu- »Bär« + ahd. harti, herti »hart, kräftig, stark«.

Die schönsten spanischen Jungennamen

Alfonso
Carlos
Diego
Domingo
Esteban
Felipe
José
Manuel
Pablo
Paco
Pedro
Pepe
Ramón
Rodrigo
Salvador

Berno: alter deutscher Vorname, verselbstständigte Kurzform von Namen, die mit »Bern-« (german. *ber(a)nu- »Bär«) gebildet sind.

Bernt: ▸ Bernd.

Bero: alter deutscher Vorname, zu ahd. bero »Bär«.

Bert: Kurzform von Namen, die mit »Bert-« oder »-bert« gebildet sind, z. B. ▸ Berthold, ▸ Albert.

Berthold, (auch:) Barthold; Bertold; Bertolt: alter deutscher Vorname, zu ahd. beraht »glänzend« + ahd. -walt zu waltan »walten, herrschen«.

Berti: Koseform von Namen, die mit »Bert-« oder »-bert« (ahd. beraht »glänzend«) gebildet sind.

Bertil: ursprünglich deutsche, jetzt schwedische Kurzform von Namen, die mit »Bert-« oder »-bert« (ahd. beraht »glänzend«) gebildet sind.

Bertold, (auch:) Bertolt: ▸ Berthold.

Bertram: alter deutscher Vorname, zu ahd. beraht »glänzend« + ahd. hraban »Rabe«, etwa »glänzender Rabe«.

Bertrand, französ. Aussprache: [bɛrˈtrã], engl. Aussprache: [ˈbəːtrənd]: alter deutscher Vorname, ahd. beraht »glänzend« + ahd. rant »Schild« oder französische bzw. englische Form von ▸ Bertram.

Bilge: türkische Herkunft, Bedeutung »der Weise«.

Bill: englische Kurzform von William (▸ Wilhelm).

Billy: englische Koseform von ▸ Bill.

Birger: nordische (schwedische) Herkunft, wohl zu dem altnordischen Verb bjarga »helfen«, etwa »hilfreich, Helfer«.

Birk: in Deutschland ursprünglich alemannische Kurzform von ▸ Burkhard, seit Beginn des 20. Jh.s auch in Skandinavien vergeben und von dort als nordischer Name erneut nach Deutschland gelangt.

Bjarne: norwegische Nebenform von ▸ Björn.

Björn: nordische Herkunft, zu norweg. bjørn, schwed. björn »Bär«.

Blasius: aus dem Lateinischen, Bedeutung unbekannt.

Boas: aus der Bibel, zu hebr. bōʻōz »in ihm ist Stärke«. Nach dem Alten Testament war Boas ein jüdischer Grundbesitzer, der Rut heiratete.

Bob: englische Koseform von ▸ Robert.

Bobby: englische Koseform von ▸ Robert.

Bodo, (auch:) Boto; Botho: alter deutscher Vorname, geht

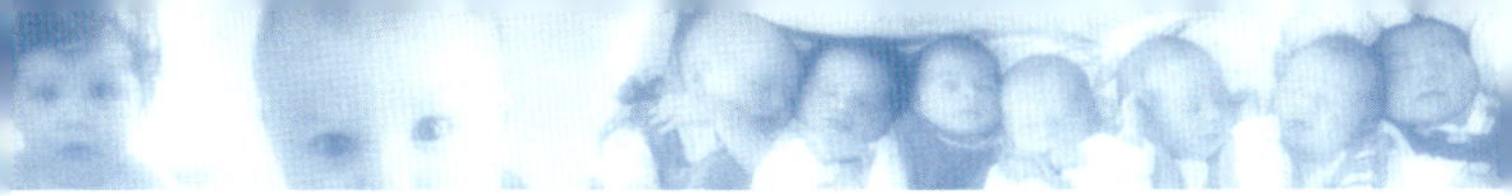

zurück auf altsächs. bodo »Gebieter«, später umgedeutet zu ahd. boto »Bote«.

Bogdan: aus dem Polnischen oder Russischen, bedeutet – wie auch Theodor – eigentlich »Gottesgeschenk«, zu urslaw. *bogь »Gott« + dan, zu urslaw. *dati »geben«.

Bohdan: tschechische und slowakische Form von ▸ Bogdan.

Bojan: russische, polnische, tschechische, slowakische, bulgarische, serbische oder kroatische Herkunft, geht entweder zurück auf eine Partizipform des Verbs bojati sę »sich fürchten« (etwa »furchtsam«) oder auf eine Ableitung von Namen wie Bojeslav/Bojislav (urslaw. *bojь »Kampf« + urslaw. *slava »Ruhm, Ehre«).

Bolko: entweder verkürzte Form aus älterem Boldeko (Kurzform von Namen, die mit »Bald-« gebildet sind) oder Kurzform des polnischen Vornamens Bolęsław (urslaw. *bol'e »mehr« + urslaw. *slava »Ruhm, Ehre«).

Bongani: aus Südafrika; Bedeutung in der Zulu-Sprache: »Sei dankbar!«.

Börge: nordische Herkunft, zu dän. Børge, Nebenform von ▸ Birger.

Boris: aus dem Russischen oder Bulgarischen, Kurzform von ▸ Borislav.

Borislav, (auch:) Borislaw: slawische Herkunft, russ., bulg., serb., kroat. Borislav, poln. Borzysław (zu urslaw. *borti »kämpfen« + urslaw. *slava »Ruhm, Ehre«).

[1]Borja: (vor allem serbische, kroatische, slowenische) Koseform von ▸ Borislav.

[2]Borja [ˈbɔrxa]: spanische Herkunft, verselbstständigter Beiname des heiligen Franz von Borja.

Bork: niederdeutsche Kurzform von ▸ Burkhard.

Borromäus: latinisierte Form des italienischen Familiennamens Borromeo.

Die schönsten finnischen Jungennamen

Aimo	Lauri
Aulis	Matti
Heikki	Mikko
Ilmar	Paavo
Jarmo	Toivo
Juhani	Veikko
Kalle	

Bọsse, (auch:) Bọsso: niederdeutsche Koseform von ▸ Burkhard.

Bo̱to, (auch:) Bo̱tho: alter deutscher Vorname, Nebenform von ▸ Bodo.

Brad [bræd]: englische Herkunft, Kurzform von ▸ Bradley.

Bradley [ˈbrædlɪ]: englische Herkunft, ursprünglich ein Familienname nach einem Ortsnamen zu altengl. brad »breit« und altengl. lēah »Wald, Lichtung«: »breite Waldlichtung«.

Brady [breɪdɪ]: geht zurück auf einen englischen Familiennamen nach einem körperlichen Merkmal (»breites Auge«) oder nach dem Wohnsitz (»wohnhaft bei der breiten Insel«) bzw. auf die englische Form des irischen Familiennamens Mac Brádaigh (»Nachkomme des Brádach«).

Brandon [ˈbrændən]: aus dem Englischen, ursprünglich ein Orts- und Familienname, zu altengl. brōm »Ginster« + altengl. dūn »Hügel«: »Ginsterhügel«; zum Teil auch um eine Variante von ▸ Brendan.

Brạnko: serbische, kroatische oder slowenische Herkunft, Kurzform von Branislav (zu urslaw. *borniti »[be]kämpfen« + urslaw. *slava »Ruhm, Ehre«).

Brendan [ˈbrɛndən]: englische Schreibweise des altirischen Namens Bréanainn (»Prinz«).

Brian, (auch:) Bryan [ˈbraɪən]: aus dem Englischen, irischer oder bretonischer Ursprung, wahrscheinlich zu kelt. *brigonos »hoch, erhaben, edel«.

Bro̱der: friesischer und nordischer Vorname mit der Bedeutung »Bruder«.

Bro̱r: durch Zusammenziehung entstandene Form von ▸ Broder.

Bruce [bru:s]: aus dem Englischen, geht zurück auf den Namen eines schottischen Adelsgeschlechts normannischen Ursprungs, leitet sich ab von einem bisher nicht genau bestimmbaren Ortsnamen in der Normandie.

Bru̱n: alter deutscher Vorname, zu ahd. brūn »braun«, ▸ Bruno. Brun war Beiname des Gottes Odin und verhüllender Name für den Bären.

Bru̱no: latinisierte Form von ▸ Brun.

Bryan: ▸ Brian.

Bryn [brɪn]: geprägt nach walisisch bryn »Hügel«.

Bülẹnt: zu türk. bülent »hoch«.

Bụrkhard, (auch:) Bụrchard; Bụrghard; Bụrghardt; Bụrg-

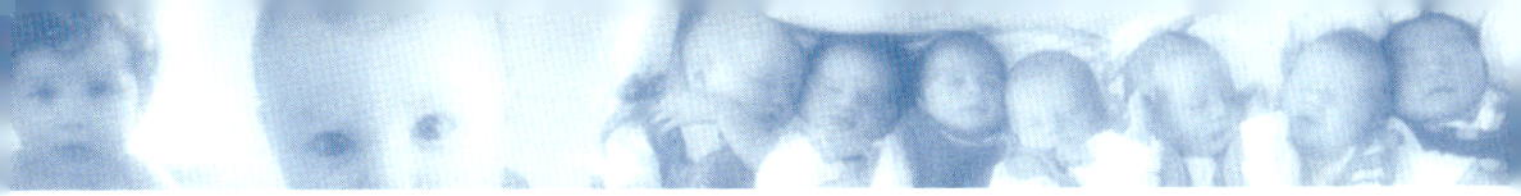

hart; Bụrkhart; Bụrkart: alter deutscher Vorname, ahd. burg »Burg, Zufluchtsstätte, Schutz« + ahd. harti, herti »hart, kräftig, stark«.

Burt [bə:t]: Kurzform des englischen Familien- und Vornamens Burton, der wiederum auf den gleichlautenden Ortsnamen zurückgeht, oder Schreibvariante von engl. Bert, Kurzform von ▸ Albert.

Bụsso: niederdeutsche Koseform von ▸ Burkhard.

C

Caden [ˈkeɪdən]: ursprünglich ein irischer Familienname, der aus Mac Cadáin (»Sohn des Cadán«) hervorgegangen ist.

Caesar: ▸ Cäsar.

[1]Cạius: ältere lateinische Schreibweise des römischen Vornamens Gaius, dessen Etymologie noch ungeklärt ist.

[2]Cạius: männl. Vorn., Latinisierung von ▸ Kai in Anlehnung an ▸ [1]Caius.

Cajetạn: ▸ Kajetan.

Caleb [ˈkeɪləb]: englische Form von ▸ Kaleb, die vor allem in den USA und Australien gebräuchlich ist.

Callum [ˈkæləm]: schottisch-gälische Form des Namens des aus Irland stammenden heiligen Columba (zu lat. columba »Taube«; latinisierte Form seines irischen Klosternamens Colum Cille »Taube der Kirche«).

Calvin [ˈkæl...]: aus dem Englischen, geht zurück auf den Genfer Reformator Johannes Calvin, zu lat. calvus »kahlköpfig«.

Cameron [ˈkæmərən]: geht zurück auf einen schottischen Familiennamen. So heißt einer der großen Clans in den Highlands, zu gäl. cam shron »gekrümmte Nase«.

Camịll: ▸ Camillus.

Camille [kaˈmij]: französische Form von ▸ Camillus.

Camịllo, (eindeutschend:) Kamịllo: italienische Form von ▸ Camillus.

Camịllus, (auch:) Kamịllus; Camịll; Kamịll: lateinische Herkunft. Camillus war der Beiname des altrömischen Geschlechts der Furii und wird in Verbindung gebracht mit den camillī, edelgeborenen Knaben, die den Priestern bei den Opfern halfen.

Can [dʒɑn]: zu türk. can »Seele, Leben«.

Candidus, (auch:) Candid: zu lat. candidus, -a, -um »blendend weiß; fleckenlos; heiter; rein, lauter, ehrlich«.

Carel: ▸ Karel.

Carl: Schreibvariante von ▸ Karl.

Carlino: Erweiterung von ▸ Carlo.

Carlo: italienische Form von ▸ Karl.

Carlos: spanische Form von ▸ Karl.

Carmelo: männl. Form von ▸ Carmela.

Caro: italienischer Ursprung, kommt zwar in Italien seit dem Spätmittelalter vereinzelt vor, vermutlich jedoch eher Neubildung zu italien. caro, -a »lieb, teuer«.

Carol, (auch:) Karol: geht zurück auf die latinisierte Form von ▸ Karl, Carolus, auch rumänisch und englisch.

Carolus, (auch:) Karolus: latinisierte Form von ▸ Karl.

Carsten: ▸ Karsten.

Cary ['kærɪ]: englische Herkunft, ursprünglich ein Familienname, der wiederum auf den gleichlautenden Ortsnamen (Devon, Somerset) zurückgeht.

Cäsar, (auch:) Caesar; Cesar: lateinische Herkunft, Beiname im Geschlecht der Julier, Bedeutung unbekannt; die bekannteste der vier volksetymologischen Deutungen der Antike stellte ihn zu dem Verb caedere, caesum »schlagen, hauen, [heraus]schneiden«, weil der erste Träger dieses Namens bei der Geburt aus dem Mutterleib herausgeschnitten worden sein soll. Der berühmteste Namensträger war Gaius Julius Cäsar, römischer Feldherr und Staatsmann.

Casimir: ▸ Kasimir.

Caspar, (auch:) Casper: ▸ Kaspar.

Cassian, (auch:) Kassian: aus dem Lateinischen, Weiterbildung von ▸ Cassius.

Cassius: lateinischer Ursprung, geht zurück auf einen altrömischen Geschlechternamen.

Castor: ▸ Kastor.

Cay: ▸ Kai.

Cecil ['sɛsl]: englische Form des altrömischen Geschlechternamens Caecilius (▸ Cäcilie).

Cedric, (auch:) Cedrik ['sɛ...]: aus dem Englischen, erfunden von Walter Scott für eine Gestalt seines Romans »Ivanhoe«, vielleicht eine ungenaue Wiedergabe des Namens des angelsächsischen Gründers des Königreichs Wessex, Cerdic.

Cees, (auch:) Kees: niederländische Kurzform von ▸ Cornelius.

Celal [dʒɛˈlal]: türkische Form des arabischen Namens Djalal.

Cem [dʒɛm]: türkische Herkunft, Bedeutung »Herrscher, König«.

Cemal [dʒɛˈmal]: türkische Form des arabischen Namens ▸ Djamal.

Cemil [dʒɛˈmil]: türkische Form des arabischen Namens ▸ Djamil.

Cengiz [dʒɛŋˈgiz], (auch:) Cengizhan [dʒɛŋgizˈhan]: türkische Formen des Namens des Gründers des Mongolischen Weltreichs, Dschingis Khan, Bedeutung vielleicht »ozeangleicher Herrscher«.

Cesar: ▸ Cäsar.

César [seˈzar]: französische Form von ▸ Cäsar.

Cesare [ˈtʃe:zare]: italienische Form von ▸ Cäsar.

Çetin [tʃɛˈtin]: zu türk. çetin »feurig, lebhaft«.

Chaim, (auch:) Haim: zu neuhebr. chayim »Leben«.

Charles, engl. Aussprache: [tʃɑ:lz], französ. Aussprache: [ʃarl]: englische und französische Form von ▸ Karl.

Charlie, (auch:) Charley; Charly [tʃ...]: englische Koseform von Charles (▸ Karl).

Che [tʃe]: geht zurück auf den Spitznamen des aus Argentinien stammenden Politikers und Guerillaführers Ernesto Guevara; im Spanischen kein Vorname, sondern eine Interjektion, mit der man in Argentinien, Bolivien und Uruguay Verwunderung ausdrückt bzw. Personen und Tiere ruft. Guevaras Spitzname zielte vor allem auf seine argentinische Sprechweise ab.

Chen [tʃen]: chinesische Herkunft, Bedeutung »groß«.

Chester [ˈtʃɛ...]: englische Herkunft, geht zurück auf den gleichlautenden englischen Familiennamen mit der Bedeutung »jemand aus der Stadt Chester«.

Die schönsten schwedischen Jungennamen

Anders	Jonne
Bengt	Laurens
Bertil	Mats
Birger	Olof
Göran	Sixten
Gösta	Staffan
Inger	

Chlodwig: geht zurück auf den Namen des ersten katholischen Frankenkönigs, entspricht ▸ Ludwig.

Chris, (auch:) Kris; Cris: aus dem Englischen, Kurzform von Christopher (▸ Christoph).

Christel, (oberdeutsch auch:) Christl: Koseform von ▸ Christian.

Christen: Nebenform von ▸ Christian.

Christer: ▸ Krister.

Christian, (auch:) Cristian; Kristian: lat. Chrīstiānus »zu Christus gehörend, Anhänger Christi, Christ«.

Christl: ▸ Christel.

Christof: ▸ Christoph.

Christoffer: ältere Form von ▸ Christoph oder Schreibvariante von engl. ▸ Christopher.

Christoph, (auch:) Christof; Kristof: zu griech. Christophóros »Christus tragend«.

Christopher: englische Form von ▸ Christoph.

Christos: aus dem Griechischen, Kurzform von Christóphoros (▸ Christoph).

Ciarán, (auch:) Kieran ['kɪərən]: irische Herkunft, ursprünglich ein Beiname, der auf eine Verkleinerungsform von gäl. ciar »schwarz« zurückgeht.

Claas: niederdeutsche und niederländische Kurzform von ▸ Nikolaus.

Clas: ▸ Klas.

Claude [klo:d]: französische Form von ▸ Claudius.

Claudio: italienische und spanische Form von ▸ Claudius.

Claudius, (auch:) Klaudius: geht zurück auf einen römischen Geschlechternamen, Herkunft und Bedeutung unbekannt.

Claus: ▸ Klaus.

Clemens, (auch:) Klemens; Clement: zu lat. clēmēns »mild, gnädig«.

Clint: aus dem Englischen, Kurzform von ▸ Clinton.

Clinton ['klɪntən]: englische Herkunft, ursprünglich ein Familienname, der wiederum auf einen Ortsnamen zurückgeht.

Clive [klaɪv]: englische Herkunft, ursprünglich ein Familienname, der sich wiederum von einem Örtlichkeitsnamen zu altengl. clif »Klippe, Felsen, steiler Abhang« ableitet.

Colin, (auch:) Collin: aus dem Englischen, Koseform von Nicholas (▸ Nikolaus).

Conan [ˈkɔnən]: irische Herkunft, englische Schreibweise des gälischen Namens Cónán, ursprünglich ein Beiname, der auf eine Verkleinerungsform von gäl. cú »Jagdhund« zurückgeht.

Connor [ˈkɔnə]: englische Form des irischen (gälischen) Namens Conchobhar, dessen Bedeutung umstritten ist.

Cọnny: Koseform von ▸ Konrad.

Cọnrad: ▸ Konrad.

Cọnradin: ▸ Konradin.

Cọnstantin: ▸ Konstantin.

Corbi̲nian: ▸ Korbinian.

Cọrd, (auch:) Cọrdt: ▸ Kord.

Corentin [kɔrɑ̃ˈtɛ̃]: französische Form des bretonischen Namens Kaourantin, dessen Bedeutung umstritten ist.

Corey [ˈkɔ:rɪ]: ursprünglich ein englischer Familienname, der auf einen altnordischen Personennamen zurückgeführt wird.

Cọrin: aus dem Englischen, geht zurück auf eine französische Form von ▸ Quirin.

Corne̲l: verkürzte Form von ▸ Cornelius.

Corne̲lio: italienische und spanische Form von ▸ Cornelius.

Corne̲lis: Nebenform von ▸ Cornelius, auch niederländisch.

Corne̲lius, (auch:) Corne̲l; Cornẹll; Korne̲l; Korne̲lius: lateinischer Ursprung, geht zurück auf einen altrömischen Geschlechternamen.

Cornẹll: verkürzte Form von ▸ Cornelius, auch englisch [kɔ:ˈnɛl].

Corra̲do: italienische Form von ▸ Konrad.

Cọrry [ˈkɔrɪ]: Variante von ▸ Corey. Die Verwendung als Vorname setzte in den 1960er-Jahren ein. Der Name wird vor allem von afroamerikanischen Eltern vergeben.

Corvi̲n: verkürzte Form des römischen Beinamens Corvinus (zu lat. corvus »Rabe«).

Die schönsten nordischen Jungennamen

Arvid	Ivar
Dag	Krister
Einar	Leif
Erik	Olaf
Finn	Per
Gunnar	Stig
Ingvar	Torin

Co̱simo, (auch:) Cọsmo: italienische Form von ▸ Kosmas. Der Name war traditionell in der Familie der Medici (Cosimo I., Großherzog der Toskana, Förderer der Künste, 16. Jh.).

Coşkun [dʒɔʃˈkun]: türkische Herkunft, zu türk. coşkun »begeistert, feurig, lebhaft«.

Cọsmas: latinisierende Schreibung von ▸ Kosmas.

Cọsmo: ▸ Cosimo.

Craig [kreɪg]: geht zurück auf einen schottischen Familiennamen (gäl. creag »Felsenspitze, Klippe«).

Crispi̱n, (auch:) Crispi̱nus: lateinischen Ursprungs, Erweiterung des römischen Namens Crispus (zu lat. crispus »kraushaarig«).

Crịstian: ▸ Christian.

Cụrd, (auch:) Cụrt: ▸ Kurt.

Curtis [ˈkəːtɪs]: englische Herkunft, ursprünglich ein Familienname, der auf altfranzös. curteis »höfisch, zum Hof gehörig« zurückgeht.

Cyrịllus, (auch:) Cyrịll; Kyrịll: zu griech. kýrios »Herr [Gott]«.

Cy̱rus, engl. Aussprache: [ˈsaɪərəs]: persischer Herkunft, dessen Bedeutung unklar ist. Die latinisierte Form Cyrus geht auf Kyros, die griechische Form von altpers. Kuruš, zurück. Kyros war der Name des persischen Königs und Gründers des altpersischen Weltreichs (6. Jh. v. Chr.). In England war der Name besonders in puritanischen Familien beliebt.

D

Da̱a̱n: niederländische Kurzform von ▸ Daniel.

Da̱g: verselbstständigte, nordische Kurzform von Namen, die mit »Dag-« (german. *daga- »Tag, helle Zeit«) gebildet sind.

Dale [deɪl]: aus dem Englischen, ursprünglich ein Familienname, der einen Talbewohner bezeichnete, zu engl. dale »Tal«.

Damia̱n: zu griech. damázein »bezwingen«.

Damia̱no: italienische Form von ▸ Damian.

Damien [daˈmjɛ̃]: französische Form von ▸ Damian.

¹Da̱n: aus der Bibel, hebräischer Ursprung, Bedeutung »Er

[Gott] hat gerichtet«. Nach dem Alten Testament war Dan, ein Sohn Jakobs, der Ahnherr einer der zwölf Stämme Israels.

[2]Dan [dæn]: englische Kurzform von ▸ Daniel.

[3]Da̲n: zu altnord. Danr »Däne«.

Da̲niel: aus der Bibel, Herkunft unsicher, zu hebr. din'ēl »Gott richtet« oder akkad. danānu-ēl »Gott ist mächtig«.

Danie̲le: italienische Form von ▸ Daniel.

Dani̲lo: serbische, kroatische, bulgarische, makedonische Form von ▸ Daniel.

Dạnkmar, (auch:) Tạnkmar; Thạnkmar: alter deutscher Vorname, zu ahd. thank »Denken; Gedanke; Erinnerung; Dank« + māri »bekannt, berühmt, angesehen«.

Danny [...æ...]: englische Koseform von ▸ Daniel.

Da̲no: bulgarische Koseform von ▸ Daniel, ▸ Bogdan, ▸ Jordan.

Dạnte: italienische Herkunft, alte Kurzform von dem spätlateinischen mittelalterlichen Wunschnamen Durante (zu lat. dūrāns, Partizip Präsens von dūrāre »ausdauern, aushalten«, auch im christlichen Sinn: »ausdauernd im Glauben«).

Da̲ny: Koseform von ▸ Daniel.

Dạrian: aus dem Serbischen, Kroatischen und Slowenischen, Ableitung von Božidar (urslaw. *boži »göttlich« + dar, zu urslaw. *dati »geben«).

Da̲rio: italienische Form von ▸ Darius.

Dari̲us: persischer Ursprung, geht zurück auf den Thronnamen dreier Perserkönige, vor allem Darius' I., des Großen. Altpersisch Dāraya-vauš »das Gute festhaltend, Inhaber des Guten« ergibt griech. Dareĩos, lat. Dārīus.

Dạrko: tschechische, bulgarische, serbische, kroatische, makedonische Koseform von ▸ Darius.

Darrell ['dærəl]: aus dem Englischen, ursprünglich ein nor-

Die schönsten polnischen Jungennamen

Bojan	Marek
Filip	Mikolai
Jakub	Mirek
Janusz	Tadeusz
Jerzy	Tadzio
Karol	Tomasz
Marcin	

mannischer Adelsname (de Arel, Darel), der die Herkunft aus Airelle (Calvados) bezeichnete.

Darryl: englische Herkunft, wohl eine Variante von ▸ Darrel.

Dave [deɪv]: aus dem Englischen, Koseform von ▸ David.

Da̲vid: aus der Bibel, vermutlich hebräischer Ursprung, Bedeutung wahrscheinlich »Liebling«, vielleicht aber auch »Vatersbruder« oder aber ein Thronname.

Da̲vide: italienische Form von ▸ David.

Davis [ˈdeɪvɪs]: ursprünglich ein aus ▸ David entstandener englischer Familienname.

Davụt: türkische Form von ▸ David (über arabisch Dā'ūd).

Dean [diːn]: aus dem Englischen, hervorgegangen aus einem Familiennamen, zu mittelengl. deen aus lat. decānus »Vorsteher eines Kathedralkapitels« oder altengl. denu »Tal«.

De̲mian: nach der russischen und ukrainischen Form Dem'jan von ▸ Damian.

Denis [dəˈnɪ]: französische Form von ▸ Dionys[ius].

Deniz [dɛˈniz]: zu türk. deniz »Meer«.

Dẹnnis: aus dem Englischen, geht zurück auf ▸ Dionys[ius].

Dẹnny: englische Koseform von ▸ Dennis.

Denys: französische Herkunft, ältere Form von ▸ Denis.

De̲rek: niederdeutsche, durch Zusammenziehung entstandene Kurzform von ▸ Dietrich, möglicherweise bei Wiederaufnahme in den 1960er-Jahren auch Entlehnung des englischen Vornamens Derek.

De̲rik, (auch:) Dẹrk: Variante von niederdt. ▸ Derek.

Dẹrrick: Variante von ▸ Derek.

Deside̲rius: zu lat. dēsīderium »Sehnsucht, Wunsch«.

Dẹtlef, (auch:) De̲tlef; Dẹtlev; De̲tlev: niederdeutscher Vorname, zu altsächs. thiad »Volk« + altsächs. leva »Erbe, Nachlass, Sohn, Tochter«.

Dẹtmar, (auch:) De̲tmer; Dẹttmar: niederdeutsche Form von ▸ Dietmar.

Di̲an: wohl verkürzte Form von ▸ Gordian.

Dịck: englische Koseform von ▸ Richard.

Dịdi: Koseform von ▸ Dietrich und ▸ Dieter.

Didier [diˈdje]: französische Form von ▸ Desiderius.

Di̲ederik: Nebenform von ▸ Dietrich.

Di̲edrich: Nebenform von ▸ Dietrich.

Di̲ego: spanische Herkunft; im Gegensatz zur verbreiteten Auffassung, span. Diego habe sich aus Sant Jago (= Jakob)

durch falsche Abtrennung des »t« entwickelt, geht ein neuer Deutungsansatz von einem Namen keltischen Ursprungs aus (kelt. di »besonders« + kelt. *daco/dago »gut«), der im 10. Jh. in Nordspanien in der latinisierten Form Didacus überliefert ist.

Diemo: Kurzform von ▸ Dietmar.

Dierk: niederdeutsch-friesische Kurzform von ▸ Dietrich.

Dieter, (auch:) Diether: alter deutscher Vorname, zu ahd. thiot »Volk« + ahd. heri »Kriegsschar, Heer«, in neuerer Zeit auch als Kurzform von ▸ Dietrich gebraucht.

Diether: ▸ Dieter.

Dietmar, (auch:) Detmar; Detmer; Dẹttmar; Dịttmar: alter deutscher Vorname, zu ahd. thiot »Volk« + ahd. māri »bekannt, berühmt, angesehen«.

Dietrich: alter deutscher Vorname, zu ahd. thiot »Volk« + ahd. rīhhi »Herrschaft, Herrscher, Macht; reich, mächtig, hoch«, also »im Volk mächtig«.

Dietz: Koseform von ▸ Dietrich.

Dimịtri, (auch:) Dmịtri; Dimịtrij: russische Form von Demetrius (griech. Dēmḗtrios »der Fruchtbarkeitsgöttin Demeter zugehörig«).

Dimítrios: neugriechische Form von altgriech. Dēmḗtrios (▸ Dimitri).

Dimo: Kurzform von Namen, die mit »Diet-« gebildet sind, besonders von ▸ Dietmar.

Dino: italienische Kurzform von Namen, die auf »-dino« ausgehen (z. B. Bernardino, Corradino).

Dion: Kurzform von ▸ Dionys(ius).

Dionys: ▸ Dionysius.

Dionysius, (auch:) Dionys: zu griech. Dionýsios »der dem Gott Dionysos Geweihte«.

Dịrk: niederdeutsche, durch Zusammenziehung entstandene Kurzform von ▸ Dietrich.

Die schönsten russischen Jungennamen

Aljoscha	Grischa
Andrik	Ilja
Arik	Kolja
Demian	Kosta
Dimitri	Mitja
Fedor	Pawel
Grigori	Wanja

Dirko: Erweiterung von ▸ Dirk.
Dittmar: Nebenform von ▸ Dietmar.
Djamal [dʒa'ma:l]: zu arab. djamāl »Schönheit«.
Djamil [dʒa'mi:l]: zu arab. djamīl »schön, hübsch«.
Dmitri: Nebenform von ▸ Dimitri.
Dobo: aus Kenia und Tansania, bedeutet auf Suaheli »klein«.
Dodo: Lallform zu zweigliedrigen alten deutschen Namen, die ein »d« enthalten (z. B. ▸ Rudolf).
Dolf: Kurzform von Namen, die auf »-dolf« ausgehen, besonders von ▸ Rudolf, ▸ Adolf.
Domenic: gekürzt aus ▸ Domenico.
Domenico: italienische Form von ▸ Dominikus.
Domenik: deutsche Schreibweise für ▸ Domenic.
Domingo: spanische Form von ▸ Dominikus.
Dominic: verkürzt aus ▸ Dominicus, auch englisch.
Dominicus: ▸ Dominikus.
Dominik: verkürzt aus ▸ Dominikus.
Dominikus, (auch:) Dominicus; Dominik: zu lat. dominicus »zum Herrn gehörend«.
Dominique: französische Form von ▸ Dominikus.
Don: aus dem Englischen, Kurzform von ▸ Donald.
Donald: aus dem Englischen, zu kelt. *dubno »Welt« + *walos »mächtig«.
Donat, (auch:) Donat; Donatus: zu lat. dōnāre »schenken«, Bedeutung »der [Gott oder von Gott] Geschenkte«.
Donato: italienische Form von ▸ Donat.
Donatus: ▸ Donat.
Dori: zu neuhebr. dori »meine Generation«.
Dorian ['dɔ:rɪən]: aus dem Englischen, vermutlich von Oscar Wilde für die Hauptperson seines Romans »Das Bildnis des Dorian Gray« geschaffen, vielleicht Ableitung von engl. the Dorian »der Dorier«.
Doron: zu griech. dōron »Geschenk, Gabe«.
Dries, (auch:) Drees: niederdeutsche Kurzform von ▸ Andreas.
Durs: Herkunft und Bedeutung nicht sicher geklärt, vielleicht abzuleiten von ahd. thurs, turs »Dämon, Riese« ; im alemannischen Raum Südwestdeutschlands und in der Schweiz auch als Zusammenziehung von Sankt Urs (mit falscher Abtrennung des -t, das zu D- wird) belegt (▸ Urs).

Dursun: zu türk. durmak »bleiben«: »er möge [am Leben] bleiben!«

Dustin [ˈdʌ...]: aus dem Englischen, geht zurück auf einen Familiennamen unklarer Herkunft.

Dylan [ˈdɪlən]: aus dem Englischen, ungeklärte Herkunft, Name eines legendarischen walisischen Helden.

E

Ebbo, (auch:) Ebo: verselbstständigte Kurzform von Namen, die mit »Eber-« (ahd. ebur »Eber«) gebildet sind (z. B. von ▸ Eberhard).

Eberhard, (auch:) Eberhardt; Eberhart: alter deutscher Vorname, ahd. ebur »Eber« + ahd. harti, herti »hart, kräftig, stark«, etwa »stark, kräftig wie ein Eber«.

Ebo: ▸ Ebbo.

Eckard, (auch:) Eckardt; Eckart: Nebenform von ▸ Eckehard.

Eckbert, (auch:) Eckbrecht; Egbert: alter deutscher Vorname, zu ahd. ekka »[Schwert]schneide, Spitze« + ahd. beraht »glänzend«.

Eckehard, (auch:) Eckehart; Ekkehard; Eckhard; Eckhart; Eckard; Eckardt; Eckart; Eggert: alter deutscher Vorname, zu ahd. ekka »[Schwert]schneide, Spitze« + ahd. harti, herti »hart, kräftig, stark«.

Ed: englische Kurzform von Edward (▸ Eduard).

Eddi: Koseform von ▸ Eduard.

Eddy, (auch:) Eddie: engl. Koseform von Edward (▸ Eduard).

Ede: niederdeutsch-friesische Kurzform von Namen, die mit »Ed-« beginnen.

Eden: aus der Bibel, nach dem Namen des Paradieses (hebr. gan ʻēden »der Garten Eden«).

Die schönsten türkischen Jungennamen

Adem	Melek
Arif	Metin
Can	Nabil
Davut	Selim
Ferit	Sinan
Halil	Turan
Halit	Yunus
Kerim	

Edgar: zu altengl. ēad »Erbgut, Besitz« + altengl. gār »Speer«.

Edi: Koseform von Namen, die mit »Ed-« beginnen (z. B. ▸ Eduard).

Edmond [ɛdˈmɔ̃]: französische Form von ▸ Edmund.

Edmund: zu altengl. ēad »Erbgut, Besitz« + altengl. mund »Schutz, Schützer«.

Edo, (auch:) Eddo: niederdeutsch-friesische Kurzform von Namen, die mit »Ed-« beginnen.

Édouard [eˈdwa:r]: französische Form von ▸ Edward.

Eduard: aus dem Französischen, englischer Ursprung, ▸ Edward.

Edvard: schwedische und norwegische Form von ▸ Edward.

Edward [ˈɛdwəd]: zu altengl. ēad »Erbgut, Besitz« + altengl. weard »Hüter«.

Edwin: zu altengl. ēad »Erbgut, Besitz« + altengl. wine »Freund«.

Edzard: ursprünglich friesische Form von ▸ Eckehard.

Efraim: ▸ Ephraim.

Egbert: Nebenform von ▸ Eckbert.

Egid, (auch:) Egidius: ▸ Ägid.

Eginhard: alter deutscher Vorname, zu german. *agi- »Schrecken«, später überlagert von ahd. ekka »[Schwert]schneide, Spitze« + ahd. harti, herti »hart, kräftig, stark«.

Egino: alter deutscher Vorname, verselbstständigte Kurzform von Namen, die mit »Egin-« gebildet sind (z. B. ▸ Eginhard).

Egmont: niederdeutsche und niederländische Form von ▸ Egmund.

Egmund: jüngere Form von Agimund (zu german. *agi- »Schrecken«, später überlagert von ahd. ekka »[Schwert]schneide, Spitze« + ahd. munt »Schutz, Schützer«.

Egon: Nebenform von ▸ Egino.

Ehrhard: ▸ Erhard.

Eike, (auch:) Eiko; Aik; Aike; Aiko; Eyck; Eyk; Eycke; Eyke; Eyko: niederdeutsche Kurzform von Namen, die mit »Ecke-« oder »Eg-« gebildet sind (z. B. ▸ Eckehard).

Eiko, (auch:) Aiko: ▸ Eike.

Einar: zu altnord. Einarr aus german. *aina »ein, allein« +

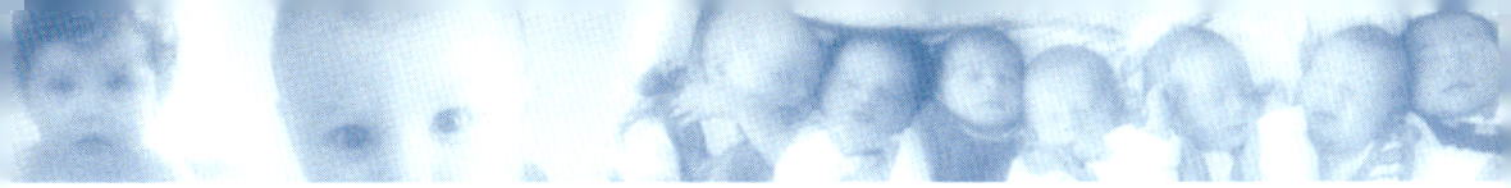

urnordisch harjaR, altnord. herr »Heer; Heerführer, Krieger«, etwa »der allein kämpft«.

Einhard, (auch:) Einhart: zu ahd. ein »ein, einzig; allein« + ahd. harti, herti »hart, kräftig, stark«.

Eirik: norwegische Form von ▸ Erik.

Ekke: Kurzform von Namen, die mit »Ek-«, »Eck-« oder »Eg-« beginnen.

Ekkehard, (auch:) Ekkehardt; Ekkehart: ▸ Eckehard.

Eli: aus der Bibel, zu hebr. ʻēlī, Kurzform eines Namens, dessen Bedeutung unsicher ist, vielleicht »Oberer«.

Elia: Nebenform von ▸ Elias, auch italienisch.

Eliakim: englische Schreibweise von ▸ Eljakim.

Elian: aus dem Französischen, geht zurück auf den Beinamen Aelianus, eine Ableitung des römischen Geschlechternamens Aelius.

Eliano: italienische Form von ▸ Elian.

Elias, (überkonfessionelle Form:) Elija: aus der Bibel, zu hebr. ʼēlīyāh »[mein] Gott ist Jahwe«. Nach der Bibel war Elias ein großer Prophet, der – von eindrucksvollen Wundern bestätigt – gegen den Baalskult kämpfte.

Elieser, (auch:) Eliezer: aus der Bibel, zu hebr. ʻēlīʻezer »mein Gott ist Hilfe«.

Eligius: zu lat. ēligere »auswählen, erwählen«.

Elija: ▸ Elias.

Elijah [ɪˈlaɪdʒə]: englische Form von ▸ Elias.

Elimar: Nebenform von ▸ Elmar.

Elio: italienische oder spanische Form des römischen Geschlechternamens Aelius.

Eliot, (auch:) Elliot: aus dem Englischen, ursprünglich ein Familienname, der wiederum auf eine altfranzösische Koseform von ▸ Elias zurückgeht.

Elis: schwedische Form von ▸ Elias.

Elischa: aus der Bibel, vielleicht ursprünglich zu hebr. ʻēlyašaʻ »Gott hat geholfen«.

Eljakim: aus der Bibel, zu hebr. ʻēlyāqīm »Gott wird aufrichten«.

Elko: niederdeutsch-friesische Koseform von Namen, die mit »Adel-« (ahd. adal »edel, vornehm; Abstammung, [edles] Geschlecht«) oder mit »Agil-«, »Egil-« (zu german. *agi- »Schrecken«, später überlagert von ahd. ekka »[Schwert]schneide, Spitze«) gebildet sind.

Ellis: aus dem Englischen, nach dem gleichlautenden Fami-

liennamen, der wiederum auf eine im Mittelalter geläufige Form von ▸ Elias zurückgeht.

Ẹlmar, (auch:) Ẹlmer; Elimar: jüngere Form von Adalmar (ahd. adal »edel, vornehm; Abstammung, [edles] Geschlecht« + ahd. māri »bekannt, berühmt, angesehen«).

[1]Ẹlmo: Kurzform von ▸ Elmar.

[2]Ẹlmo: italienische Kurzform von ▸ Erasmus.

Éloi [eˈlwa]: französische Form von ▸ Eligius.

Eloy [eˈlɔi̯]: spanische Form von ▸ Eligius.

Ẹlrich, (auch:) Ẹlrik: jüngere Form von Adalrich (ahd. adal »edel, vornehm; Abstammung, [edles] Geschlecht« + ahd. rīhhi »Herrschaft, Herrscher, Macht; reich, mächtig, hoch«).

Ẹlso: friesische Koseform von Namen, die mit »El-« (zu ahd. adal »edel, vornehm; Abstammung, [edles] Geschlecht«) beginnen, oder männliche Bildung zu ▸ Elsa.

Elton [ˈɛltən]: englische Herkunft, ursprünglich ein Familienname nach dem gleichlautenden Ortsnamen.

Elvin: englische Herkunft, ▸ [1]Alvin.

Ẹlvis: angloamerikanischer Ursprung, Herkunft und Bedeutung unklar.

Emanuel: Nebenform von ▸ Immanuel, auch schwedisch.

Ẹmerich: ▸ Emmerich.

Emil: aus dem Französischen, geht zurück auf lat. Aemilius, einen altrömischen Geschlechternamen.

Emilio: italienische und spanische Form von ▸ Emil.

Emịn: türkische Form von ▸ Amin.

Emmanuel: Nebenform von ▸ Emanuel, auch französisch.

Ẹmmeram, (auch:) Ẹmmeran: lateinisch-romanische Form des westfränkischen Namens *Ermenhram (german. *ermana, *irmina »allumfassend, groß«, später Namenglied mit verstärkender Bedeutung + ahd. hraban »Rabe«).

Ẹmmerich, (auch:) Ẹmerich: alter deutscher Vorname, Nebenform von Amalrich/Emelrich, dessen erster Bestandteil kennzeichnend für die Namen des ostgotischen Königsgeschlechts der Amaler oder Amelungen ist (vgl. got. *amals »tüchtig, tapfer«), von ▸ Heinrich oder von Ermenrich (german. *ermana, *irmina »allumfassend, groß«, später Namenglied mit verstärkender Bedeutung + ahd. rīhhi »Herrschaft, Herrscher, Macht; reich, mächtig, hoch«).

Ẹmmo: verselbstständigte Kurzform von Namen, die mit »Em-« oder »Erm-« beginnen (▸ Emmerich, ▸ Ermin).

Ẹndres: Nebenform von ▸ Andreas.

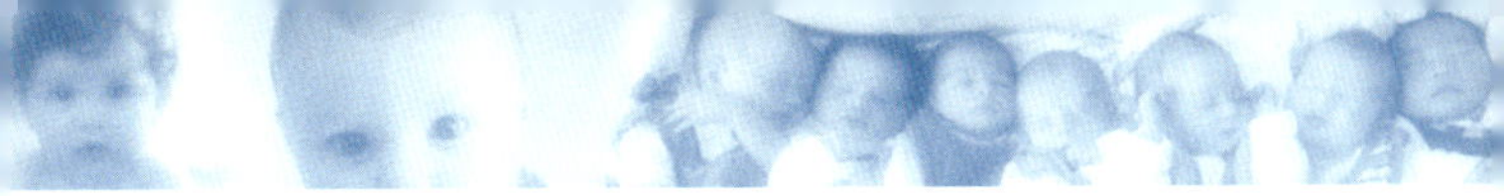

Endrik: Variante von ▸ Hendrik.

Engelbert: alter deutscher Vorname; der erste Bestandteil, ursprünglich der Stammesname der Angeln, wurde seit der Christianisierung der Germanen zunehmend als »Engel« aus griech./lat. angelus verstanden; der zweite Bestandteil ist ahd. beraht »glänzend«. Der Name konnte somit als »glänzend wie ein Engel« gedeutet werden.

Engin: zu türk. engin »weit, endlos«, im Sinne von »unendliche Weite, offenes Meer«.

Ennio: italienische Form des römischen Geschlechternamens Ennius.

Enno: verselbstständigte niederdeutsch-friesische Kurzform von Namen, die mit »Egin-« (▸ Eginhard), »Ein-« (▸ Einhard) oder »Arn-« (▸ Anno) gebildet sind.

Enric: südfranzösische [ãˈrik] und katalanische [ənˈrik] Form von ▸ Heinrich.

Enrico, (deutsch auch:) Enriko: italienische Form von ▸ Heinrich.

Enrique [enˈrike]: spanische Form von ▸ Heinrich.

Enzo, (auch:) Enzio: italienische Form von Heinz (▸ Heinrich).

Ephraim, (auch:) Efraim: aus der Bibel, hebr. ʼeprayim, wahrscheinlich zu hebr. ʼeper »Gebiet« + Lokalformativ -ayim; ursprünglich wohl Landschaftsname, der einen der zwölf Stämme Israels bezeichnete, dann übertragen auf den Ahnherrn dieses Stammes, den zweiten Sohn des Patriarchen Josef.

Eppo: ▸ Ebbo.

Erardo: italienische und spanische Form von ▸ Erhard.

Erasmus: zu griech. erásmios »liebenswürdig, begehrenswert«.

Erdoğan [ɛrdɔːˈɑn]: zu türk. erdoğan »männlicher Falke«.

Die schönsten arabischen Jungennamen

Asad	Malik
Farid	Munir
Faruk	Murad
Harun	Musa
Ilyas	Rafik
Ismail	Rahim
Karim	Said
Latif	Tarek

E̲rhard, (auch:) E̲hrhard; E̲rhart: alter deutscher Vorname, zu ahd. ēra »Ehre, Ansehen« + ahd. harti, herti »hart, kräftig, stark«.

Ẹric: englische Form von ▸ Erik.

Érịc, (auch:) Érịk: französische Form von ▸ Erik.

E̲rich: hochdeutsche Form des nordischen und niederdeutsch-friesischen Vornamens ▸ Erik.

E̲rik: dänische/schwedische Herkunft, zu altnord. Eiríkr aus german. *aina »ein, allein« + altnord. ríkr »mächtig; Herrscher« oder niederdeutsch-friesische Herkunft, zu altsächs. ēra »Ehre« oder altsächs. ēwa »Gesetz« + altsächs. rīki »mächtig; Herrscher«.

Erin ['eɪrən]: englische Form von gäl. Éirinn, Dativ von Éire »Irland«.

Erkạn: zu türk. er »Mann« + türk. kan »Blut«.

Ẹrmin: verselbstständigte Kurzform von Namen, die mit »Ermen-« (german. *ermana, *irmina »allumfassend, groß«, später Namenglied mit verstärkender Bedeutung) gebildet wurden.

Ernest ['ɜ:nɪst]: englische Form von ▸ Ernst.

Ernẹsto: italienische und spanische Form von ▸ Ernst.

Ẹrno: Kurzform von ▸ Ernst oder von Namen, die mit »Ern-«, »Arn-« (ahd. arn »Adler«) gebildet wurden.

Ẹrnst: alter deutscher Vorname, zu ahd. ernust »Ernst, Eifer; Kampf, Sorge«.

Erọl: zu türk. erol »sei ein Mann!«.

E̲ros: Name des Gottes der Liebe in der altgriechischen Mythologie. Mit seinen Pfeilen brachte er Liebe, aber auch Unruhe und Unglück zu Göttern und Menschen.

Ẹrrol, (auch:) Ẹrroll: geht zurück auf einen schottischen Familiennamen, dem wiederum ein Ortsname zugrunde liegt.

Ẹrwin, (auch:) Ẹrwein: alter deutscher Vorname, Herkunft unsicher, zu ahd. heri »Kriegsschar, Heer« oder altsächs. evur »Eber« + ahd./altsächs. wini »Freund«.

Ẹsra, (älter auch:) Ẹzra: aus der Bibel übernommen, zu aram. ʻezrāʼ »Hilfe« oder Kurzform des hebr. Namens Asarja »Jahwe hat geholfen«. Nach der Bibel war Esra ein Schriftgelehrter, der als Bevollmächtigter des persischen Königs Artaxerxes nach Jerusalem ging und dem Gesetz Moses wieder seine ursprüngliche Geltung verschaffte.

Estẹban: spanische Form von ▸ Stephan.

Ethan, (überkonfessionelle Form:) Etan: aus der Bibel, zu hebr. 'ētān »der Langlebige«.

Étienne [e'tjɛn]: französische Form von ▸ Stephan.

Etzel: alter deutscher Vorname, Koseform von Namen, die mit »Adal-« gebildet sind (althochdeutsche Form: Atzilo), oder hochdeutsche Form des Namens des Hunnenkönigs ▸ Attila.

Eugen, (auch:) Eugen: zu lat. Eugenius zu griech. eugenḗs »wohlgeboren, von edler Abkunft, edel«.

Eugene ['ju:dʒi:n]: englische Form von ▸ Eugen.

Eugène [ø'ʒɛn]: französische Form von ▸ Eugen.

Eugenio, italien. Aussprache: [eu̯'dʒɛ:ni̯o], span. Aussprache: [eu̯'xeni̯o]: italienische und spanische Form von ▸ Eugen.

Eusebius: zu griech. eusebḗs »fromm, gottesfürchtig«.

Evan ['ɛvən]: englische Schreibweise von Iefan, einer walisischen Form von ▸ Johannes.

Ewald: alter deutscher Vorname, zu ahd. ēwa »Gesetz, Ordnung« + ahd. -walt zu waltan »walten, herrschen«.

Eyck, (auch:) Eyk; Eycke; Eyke; Eyko: Nebenform von ▸ Eike.

Ezra: ältere Form von ▸ Esra, auch englisch.

F

Fabian: lateinischer Ursprung, geht zurück auf einen mit der Endung »-ānus« zu dem römischen Geschlechternamen ▸ Fabius gebildeten Beinamen.

Fabien [fa'bjɛ̃]: französische Form von ▸ Fabian.

Fabio: italienische und spanische Form von ▸ Fabius.

Fabius: lateinischer Ursprung, geht zurück auf einen altrömischen Geschlechternamen, vielleicht zu lat. *fabis »edel«.

Fabrice [fa'bris]: französische Form von Fabricius (▸ Fabrizio).

Fabrizio: aus dem Italienischen, geht zurück auf den altrömischen Geschlechternamen Fabricius.

Falco: ▸ Falko.

Falk: ▸ Falko.

Falko, (auch:) Falk; Falco: alter deutscher Vorname, eher zum Stammesnamen der Falhen (Ostfalen, Westfalen) als zu ahd. falko »der Falke«.

Farid: zu arab. farīd »einzigartig, unvergleichlich« zu arab. farada »einzigartig/einmalig sein«.

Faruk: zu arab. farūq »der fähig ist, zwischen Recht und Unrecht, Wahrheit und Lüge zu unterscheiden«.

Faust: ▸ Faustus.

Faustin: geht zuück auf lat. Faustinus, eine Ableitung von ▸ Faustus.

Fausto: italienische und spanische Form von ▸ Faustus.

Faustus, (auch:) Faust: lateinischer Ursprung, geht zurück auf einen römischen Beinamen, lat. faustus »günstig, beglückend, Glück bringend«.

Federico: italienische und spanische Form von ▸ Friedrich.

Fedor, (auch:) Feodor: aus dem Russischen, transliterierte (buchstabengetreue) Form von russ. ▸ Fjodor.

Feike, (auch:) Feiko: friesische Lall- und Koseform von Namen, die mit »Fried-« gebildet sind.

Felice [fe'li:tʃe]: italienische Form von ▸ Felix.

Felician: ▸ Felizian.

Felipe: spanische Form von ▸ Philipp.

Felix: zu lat. fēlīx »fruchtbar; glücklich; Glück bringend«, ursprünglich ein römischer Beiname, der als Wunschname aufgefasst werden kann.

Felizian, (auch:) Felician: lateinischer Ursprung, Weiterbildung von ▸ Felix.

Feodor: ▸ Fedor, ▸ Fjodor.

Ferdi: Kurzform von ▸ Ferdinand.

Ferdinand: aus dem Spanischen, germanischer Ursprung, span. Fernando zu got. *frith »Schutz vor Waffengewalt, Friede« + got. *nanth »Kühnheit«, gelangte mit den Westgoten nach Spanien.

Ferdinando: italienische Form von ▸ Ferdinand.

Ferenc ['fɛrɛnts]: ungarische Form von ▸ Franz.

Ferit: türkische Form von ▸ Farid.

Fernando: spanische Form von ▸ Ferdinand, auch in Italien geläufig.

Ferry: niederländische Koseform von ▸ Ferdinand.

Fidel: ▸ Fidelis.

Fidelio: spanische und italienische Form von ▸ Fidelius.

Fidelis, (auch:) Fidel: geht zurück auf einen spätrömischen Personennamen zu lat. fidēlis »treu, zuverlässig; rechtgläubig; Christ«.

Fidelius: Weiterbildung von ▸ Fidelis.

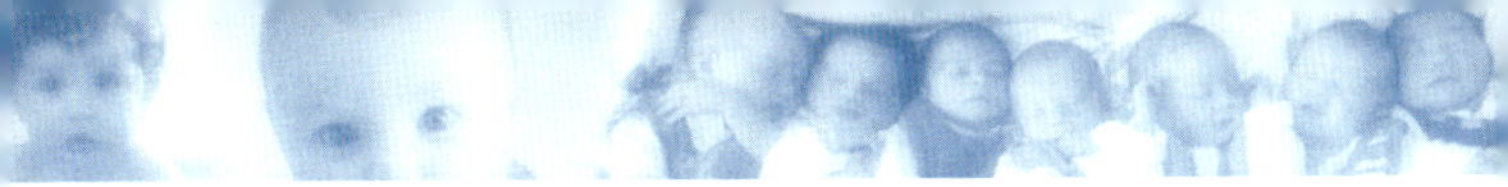

Fịlip: niederländische, schwedische, norwegische, polnische, tschechische Form von ▸ Philipp.

Filịppo: italienische Form von ▸ Philipp.

Fịnian: ▸ Finnian.

[1]**Fịnn,** (auch:) Fy̱nn: nordische Herkunft, bezeichnet einen Angehörigen des finnischen Volkes.

[2]**Fịnn,** (auch:) Fionn [fɪˈəʊn]: irischer Ursprung, zu gäl. fionn »weiß, hell, blond«.

Finnegan [ˈfɪnɪgən]: englische Form des ursprünglich irischen Familiennamens Ó Fionnagáin (zu gäl. fionn »weiß, hell, blond«).

Fịnnian, (auch:) Fịnian, engl. Aussprache: [ˈfɪnɪən]: englische Form des irischen Namens Finnén (zu gäl. fionn »weiß, hell, blond«).

Fjo̱dor, (auch:) Fe̱dor; Fe̱odor: russische Form von ▸ Theodor.

Fla̱vio: italienische Form von ▸ Flavius.

Fla̱vius: lateinischer Ursprung, zu dem römischen Geschlechternamen Flavius, zu lat. flāvus »blond«.

Flo̱rens: lateinischer Ursprung, geht zurück auf den gleichlautenden römischen Beinamen, zu lat. flōrēns »blühend, jugendlich blühend«.

Florent [...ˈrã]: französische Form von Florentius (▸ Florens).

Flo̱rentin: lateinischer Ursprung, geht zurück auf den römischen Beinamen Florentinus, eine Weiterbildung von ▸ Florens.

Flo̱renz: lateinischer Ursprung, geht zurück auf den römischen Beinamen Florentius, eine Weiterbildung von ▸ Florens.

Flo̱restan: geht wohl zurück auf eine südfranzösische Bildung zu lat. flōrēre »blühen«, flōrēscere »aufblühen«.

Flo̱ri: Koseform von ▸ Florian.

Die schönsten (alt)griechischen Jungennamen

Dimítrios
Jánnis
Jórgos
Kóstas
Leander
Leonid
Lysander
Manólis
Míkis
Níkos
Pávlos
Timon
Vasílios

Florian: lateinischer Ursprung, geht zurück auf Florianus, eine Weiterbildung von ▸ Florus.

Florin, (auch:) Florin: lateinischer Ursprung, geht zurück auf den römischen Beinamen Florinus, eine Weiterbildung von ▸ Florus. Dieser Name wird oft als lautliche Variante von ▸ Florian empfunden.

Floris: lateinischer Ursprung, geht zurück auf den gleichlautenden römischen Beinamen, eine Ableitung von ▸ Florus.

Florus: lateinischer Ursprung, geht zurück auf den gleichlautenden römischen Beinamen; zugrunde liegt nicht eine männl. Bildung zu ▸ Flora, sondern das alte lateinische Adjektiv flōrus, das ursprünglich (wie auch flāvus, vgl. ▸ Flavius) »blond« bedeutete, später aber »blühend«.

Floyd [flɔɪd]: aus dem Englischen, gibt annähernd die walisische Aussprache (»Ll-« = »Fl-«) von ▸ Lloyd wieder.

Flurin: rätoromanische Form von ▸ Florin.

Flynn [flɪn]: englische Form des irischen Familiennamens Ó Floinn (zu gäl. flann »rot, rötlich«).

Folke: Kurzform von Namen, die mit »Volk-« gebildet sind (z. B. Volkhard und Volkmar).

Folker: ▸ Volker.

Francesco [...ˈtʃes...]: italienische, ursprüngliche Form von ▸ Franziskus.

Francis [ˈfrɑːnsɪs]: englische Form von ▸ Franziskus.

Francisco [...ˈθis...]: spanische Form von ▸ Franziskus.

Franciscus: ▸ Franziskus.

Franco: italienische Form von ▸ Frank, auch Kurzform von Francesco (▸ Franziskus).

François [frɑ̃ˈswa]: französische Form von ▸ Franziskus.

¹Franjo: slowenische, kroatische, serbische Koseform von ▸ Franziskus.

²Franjo: Doppelform aus ▸ Fran(z) und ▸ Jo(sef).

Frank: alter deutscher Vorname, zu ahd. Franko »der Franke«. Der gleichbedeutende englische Vorname Frank wird, vor allem in den USA, auch als Kurzform von Francis (▸ Franziskus) aufgefasst.

Franklin [ˈfræŋklɪn]: aus dem Englischen, ursprünglich ein Familienname zu mittelengl. frankeleyn »freier, aber nicht adliger Grundbesitzer«.

Franko: eindeutschende Schreibung von ▸ Franco.

Frans: niederländische Form von ▸ Franz.

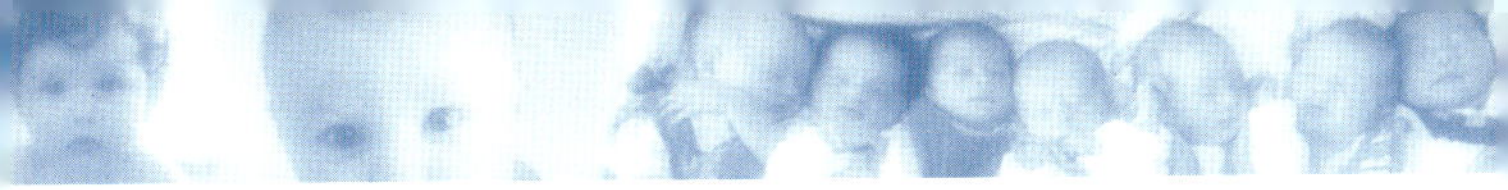

František ['frantiʃɛk]: tschechische Form von ▸ Franziskus.

Franz: deutsche Form von ▸ Franziskus, einer Latinisierung von italien. Francesco.

Franziskus, (auch:) Franciscus: latinisierte Form von italien. Francesco. Der Name geht zurück auf den heiligen Franz von Assisi, der eigentlich Giovanni Bernardone hieß. Francesco (»Französlein«) wurde er nach der Meinung einiger von seinem Vater genannt, als dieser nach seiner Geburt von einer Reise nach Frankreich zurückkehrte, andere dagegen sind der Ansicht, der junge Giovanni habe Sprache und Lebensart eines Franzosen so vorzüglich beherrscht, dass ihm seine Freunde diesen Spitznamen gegeben hätten.

[1]Fred: Kurzform von ▸ Alfred und ▸ Manfred sowie niederdeutsche und friesische Kurzform von Frederik (▸ Friedrich).

[2]Fred: Kurzform der englischen Vornamen ▸ Alfred und ▸ Frederick.

Freddi: Koseform von ▸ [1]Fred.

Freddy, (auch:) Freddie: englische Koseform von ▸ [2]Fred.

Frédéric: französische Form von ▸ Friedrich.

Frederick: englische Form von ▸ Friedrich.

Frederico: portugiesische Form von ▸ Friedrich.

Frederik: niederdeutsche, dänische und niederländische Form von ▸ Friedrich.

Fredi: ▸ Freddi.

Fredo: Erweiterung von ▸ [1]Fred oder Kurzform von ▸ Alfredo.

Fredric, engl. Aussprache: ['frɛdrɪk]: englische Variante von Frederick (▸ Friedrich).

Fredrich, (auch:) Fredrik: niederdeutsche Form von ▸ Friedrich.

Die schönsten Jungennamen auf *-ian*

Adrian
Cassian
Damian
Darian
Dorian
Elian
Fabian
Florian
Julian
Kassian
Kilian
Luzian
Marian
Maximilian
Sebastian
Silvian

Fredy: ▸ Freddi oder ▸ Freddy.

Freerk, Freek: ▸ Frerk.

Frerich, (auch:) Frerik: durch Zusammenziehung entstandene niederdeutsch-friesische Kurzform von Frederich (▸ Friedrich).

Frerk, (auch:) Freerk; Freek: durch Zusammenziehung entstandene niederdeutsch-friesische Kurzform von ▸ Frederik.

Frider: ▸ Frieder.

Fridericus: latinisierte Form von ▸ Friedrich.

Fridhelm: ▸ Friedhelm.

Frido: ▸ Friedo.

Fridolin, (auch:) Friedolin: westfränkische Herkunft, gebildet mit german. *friþu »Schutz vor Waffengewalt, Friede« und der romanischen Koseendung »-lenus«.

Fridtjof: ▸ Frithjof.

Fried: Kurzform von Namen, die mit »Fried-« gebildet sind, besonders von ▸ Friedrich.

Friedel: Koseform von Namen, die mit »Fried-« oder »-fried« gebildet sind, besonders von ▸ Friedrich, ▸ Fridolin und ▸ Gottfried.

Friedemann, (auch:) Friedmann: alter deutscher Vorname, Koseform von Zusammensetzungen mit »Fried-« (ahd. fridu »Schutz vor Waffengewalt, Friede«) und der alten Koseendung »-man(n)«.

Frieder, (auch:) Frider: Kurzform von ▸ Friedrich.

Friedhelm, (auch:) Fridhelm: zu ahd. fridu »Schutz vor Waffengewalt, Friede« + ahd. helm »Helm«.

Friedmann: ▸ Friedemann.

Friedo, (auch:) Frido: Kurzform von Namen, die mit »Fried-« zusammengesetzt sind.

Friedolin: ▸ Fridolin.

Friedrich: alter deutscher Vorname, zu ahd. fridu »Schutz vor Waffengewalt, Friede« + ahd. rīhhi »Herrschaft, Herrscher, Macht; reich, mächtig, hoch«.

Friso, (auch:) Frieso: alter deutscher Vorname, zum Stammesnamen ahd. Friesan »Friesen«.

Frithjof: aus altnord. Friðþjófr, zu altnord. frið »Friede« + altnord. þjófr »Dieb, Räuber«; zweiter Namenbestandteil möglicherweise auch Ableitung von german. *þewa-, altengl. þēow »Diener«.

Fritz: Koseform von ▸ Friedrich.

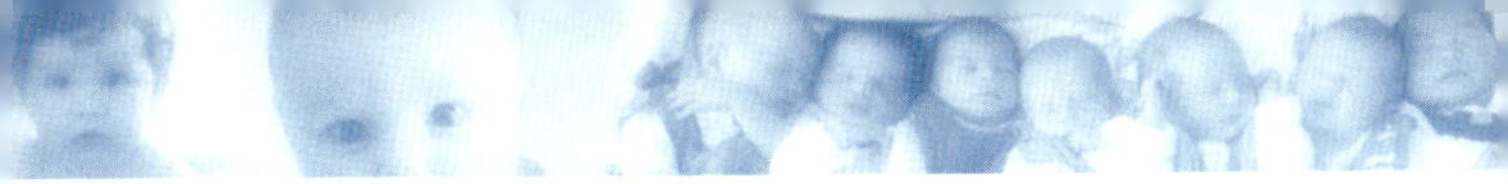

Fuad: zu arab. fu'ād »Herz«.

Fulvio: italienische Form des altrömischen Geschlechternamens Fulvius, zu lat. fulvus, -a, -um »rotblond«.

Fynn: ▸ [I]Finn.

G

Gábor: ungarische Form von ▸ Gabriel.

Gabriel: aus der Bibel, zu hebr. gabar »stark sein« + 'ēl »Gott«, also etwa »Gott hat sich stark gezeigt«, oder zu hebr. geber »Mann« + 'ēl »Gott«, etwa »Mann Gottes«.

Gabriele: italienische Form von ▸ Gabriel.

Gaël [ga'ɛl]: aus dem Französischen, zugrunde liegt der Name der keltischen Stämme, die im 5. Jh. v. Chr. Irland und Schottland besiedelten.

Gaetano: italienische Form von ▸ Kajetan.

Gallus: zu lat. Gallus »der Gallier«.

Gandolf: alter deutscher Vorname, erster Bestandteil »Gand-« vielleicht zu altisländ. gandr »Stab, Zauberstab, Zauberei; [Wer]wolf«, zweiter Bestandteil ahd. wolf »Wolf«.

Ganesch, (auch:) Ganẹsh; Ganẹsha: zu sanskrit. gana »Menge« + sanskrit. īśa »Herr«, etwa »Herr der Menge«. Ganescha, der älteste Sohn des Gottes Schiva mit dem Kopf eines Elefanten und einem dicken menschlichen Körper, wird u. a. als Gott der Weisheit verehrt.

Gangolf: alter deutscher Vorname, Umkehrung von ▸ Wolfgang.

Garai: aus Zimbabwe, bedeutet in der Schona-Sprache »ruhig«.

Gareth ['gærɪθ]: aus dem Englischen, wohl keltischer

Die schönsten Jungennamen auf *-ius*

- Caius
- Cassius
- Claudius
- Cornelius
- Darius
- Fabius
- Julius
- Laurentius
- Livius
- Lucius
- Marius
- Mauritius
- Silvius
- Tiberius
- Valerius

Ursprung, Ausgangsform und Bedeutung jedoch umstritten. Gareth ist der Name eines Ritters in der Artussage.

Gạrlef: niederdeutsche und friesische Form des heute nicht mehr gebräuchlichen Vornamens Gerleib (ahd. gēr »Speer« + altsächs. leva »Erbe, Nachlass, Sohn, Tochter«).

Gạrrelt: friesische Form von ▸ Gerald.

Gạrrit: durch Zusammenziehung entstandene friesische Form von ▸ Gerhard.

Garry: Nebenform von ▸ Gary.

Ga̲rvin: englische Form von ▸ Gerwin.

Gạrwin: niederdeutsche Form von ▸ Gerwin.

Gary [ˈgærɪ]: aus dem Englischen, geht zurück auf den amerikanischen Filmschauspieler Gary Cooper (eigtl. Frank Cooper). Die Änderung seines Vornamens in »Gary« wurde ihm von seiner Agentin vorgeschlagen, die aus Gary (Indiana) stammte. Die Stadt wurde nach dem Industriellen E. H. Gary benannt. Dem Familiennamen Gary liegt eine Koseform des alten Vornamens Garrett, einer Ableitung von ▸ Gerhard, zugrunde.

Gaspạr: spanische Form von ▸ Kaspar.

Gáspár [ˈgaːʃpaːr]: ungarische Form von ▸ Kaspar.

Gaspard [...ˈpaːr]: französische Form von ▸ Kaspar.

Gạspare: italienische Form von ▸ Kaspar.

Ga̲u̲denz: lat. Gaudentius, Weiterbildung von lat. gaudēns »sich freuend«.

Gauthier, (auch:) Gautier [goˈtje]: französische Form von ▸ Walter.

Gavin [ˈgævɪn]: aus dem Englischen, keltischer Ursprung, Bedeutung umstritten, geht zurück auf den Namen eines Ritters aus den Artussagen (französ. Gauvain, dt. Gawan/ Gawein).

Gẹbhard: alter deutscher Vorname, zu ahd. geba »Gabe« + ahd. harti, herti »hart, kräftig, stark«.

Ge̲deon: ▸ Gideon.

Gene [dʒiːn]: aus dem Englischen, Kurzform von Eugene (▸ Eugen).

Genna̲di, (auch:) Genna̲dij: aus dem Russischen, zu griech. gennádas »edel, von edler Geburt«.

Gennaro [dʒeˈnaːro]: italienische Form von lat. Januarius (Ableitung von Jānus, dem römischen Gott von Anfang und Ende).

Ge̲o: Kurzform von ▸ Georg.

Geoffrey [ˈdʒɛfrɪ]: aus dem Englischen, Vermischung mehrerer Namenstämme, german. *gawja »Gau« und walah »der Fremde« + german. *friþu- »Schutz vor Waffengewalt, Friede«.

Georg, (auch:) Georg: zu griech. geōrgós »Landmann, Bauer«.

George [dʒɔ:dʒ]: englische Form von ▸ Georg.

Georges [ʒɔrʒ]: französische Form von ▸ Georg.

Geórgios: neugriechische Form von ▸ Georg.

Gerald, (auch:) Gerold: alter deutscher Vorname, jüngere Form von Gerwald (ahd. gēr »Speer« + ahd. -walt zu waltan »walten, herrschen«).

Geralf: zu ahd. gēr »Speer« + ahd. alf »Elf, Naturgeist«.

Gérard [ʒeˈrar]: französische Form von ▸ Gerhard.

Gerardo, italien. Aussprache: [dʒeˈrardo], span. Aussprache: [xeˈrardo]: italienische und spanische Form von ▸ Gerhard.

Gerd, (auch:) Gert: durch Zusammenziehung entstandene Kurzform von ▸ Gerhard.

Gereon, (auch:) Gerion: geht zurück auf den heiligen Gereon, wohl zu griech. gérōn »Greis«.

Gerhard, (auch:) Gerhart: alter deutscher Vorname, zu ahd. gēr »Speer« + ahd. harti, herti »hart, kräftig, stark«.

Gerion: ▸ Gereon.

Gerit: ▸ Gerrit.

Gerke, (auch:) Gerko: niederdeutsch-friesische Koseform von Namen, die mit »Ger-« gebildet sind, besonders von ▸ Gerhard.

Germain [ʒɛrˈmɛ̃]: französische Form von ▸ [1]German.

[1]German, (auch:) Germanus: zu lat. Germānus »Germane« oder lat. germānus, -a »Bruder, Schwester«.

[2]German: russische Form von ▸ Hermann.

Germanus: ▸ [1]German.

Germar: zu ahd. gēr »Speer« + ahd. māri »bekannt, berühmt, angesehen«.

Gernot, (auch:) Gernot: alter deutscher Vorname, zu ahd. gēr »Speer« + ein zu altwestnord. hnióða »stoßen, schlagen« gehörendes Namenglied in der Bedeutung »Kampf«.

Gero: alter deutscher Vorname, Kurzform von Namen, die mit »Ger-« gebildet sind, besonders von ▸ Gerhard.

Gerold: jüngere Form von Gerwald (▸ Gerald).

Gerolf, (auch:) Gerulf: alter deutscher Vorname, zu ahd. gēr »Speer« + ahd. wolf »Wolf«.

Gérôme: aus dem Französischen entlehnte Schreibvariante von ▸ Jérôme.

Geronimo [dʒeˈronimo]: italienische Form von ▸ Hieronymus.

Gẹrrit, (auch:) Ge̲rit; Gẹrret; Gẹrriet: durch Zusammenziehung entstandene friesische Form von ▸ Gerhard.

[1]**Gẹrry:** beliebte Kurzform von ▸ Gerhard.

[2]**Gerry** [ˈdʒɛrɪ]: englische Herkunft, Kurzform von ▸ Gerald.

Gẹrschom: aus der Bibel, hebräische Herkunft, wohl künstliche Bildung in Anlehnung an hebr. ger »Fremdling« + hebr. šām »dort« für den biblischen Gerschom, einen aus dem Exil heimkehrenden Priester.

Gẹrschon: aus der Bibel, hebräische Herkunft, wohl Nebenform von ▸ Gerschom. Nach der Bibel war Gerschon ein Sohn Levis und der Ahnherr einer Levitenklasse, die niedere Tempeldienste verrichtete.

Gẹrson: Nebenform von ▸ Gerschon.

Gẹrt: Nebenform von ▸ Gerd.

Ge̲rulf: ▸ Gerolf.

Gẹrvin: ▸ Gerwin.

Gẹrwin, (auch:) Gẹrvin: alter deutscher Vorname, zu ahd. gēr »Speer« + ahd. wini »Freund«.

Giacomo [ˈdʒa:...]: italienische Form von ▸ Jakob.

Gian [dʒan]: rätoromanische Kurzform von ▸ Johannes. Im Italienischen ist Gian, verkürzt aus ▸ Gianni, kein selbstständiger Vorname, sondern Bestandteil von Doppelformen wie z. B. Giancarlo und von Namenkombinationen wie z. B. Gian Lorenzo (▸ Laurentius).

Gianni [ˈdʒani]: italienische Kurzform von Giovanni (▸ Johannes).

Gi̲deon, (auch:) Ge̲deon; Gi̲dion; Gi̲don: aus der Bibel, Bedeutung nicht sicher geklärt, wahrscheinlich zu hebr. ga'da' »schneiden, fällen«.

Gie̲sbert: ▸ Gisbert.

Gịl: Kurzform von Namen wie ▸ Gilbert, Gilbrecht oder friesische Kurzform zu Namen, die mit »Gild-« (ahd. gelt »Entgeld, Lohn, Opfer«) oder »Gis-« (vgl. ▸ Giselbert) gebildet wurden.

Gịlbert, (auch:) Gịlbrecht: jüngere Form von ▸ Giselbert.

[1]**Gịldo:** italienische Kurzform von Ermenegildo (zu german. *ermana, *irmina »allumfassend, groß«, später Namen-

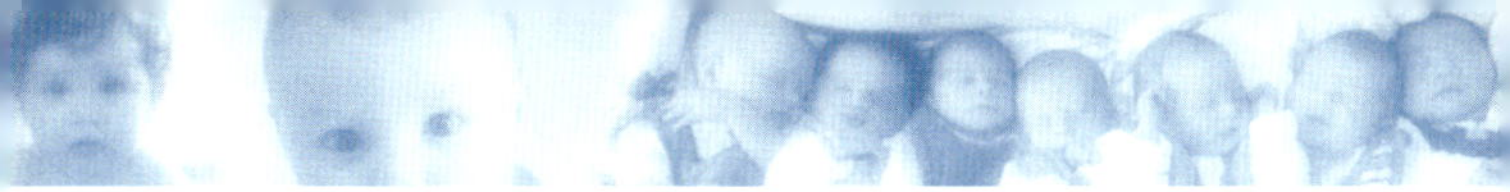

glied mit verstärkender Bedeutung, + ahd. gelt »Entgelt, Lohn, Opfer«).

[2]Gịldo: verselbstständigte Kurzform von Namen, die mit »Gild-« als erstem Bestandteil (z. B. Gildebrecht) gebildet wurden (▸ [1]Gildo).

Giles [dʒaɪlz]: englische Form von ▸ Ägid.

Gilles [ʒil]: französische Form von ▸ Ägid.

Gillian [ˈgɪlɪən]: aus dem Englischen entlehnte Nebenform des gälischen Namens Gillean (»Diener des heiligen Johannes«).

Gino: Koseform von italienischen Namen, die auf »-gi« (▸ Luigi) oder »-gio« (▸ Giorgio) enden, auch von Giovannino (▸ Giovanni).

Gioacchino [dʒoaˈkiːno]: italienische Form von ▸ Joachim.

Gion [dʒon]: rätoromanische Kurzform von ▸ Johannes.

Giorgio [ˈdʒɔrdʒo]: italienische Form von ▸ Georg.

Giovanni [dʒoˈvanni]: italienische Form von ▸ Johannes.

Gịsbert, (auch:) Gi̲e̲sbert: alter deutscher Vorname, jüngere Form von ▸ Giselbert.

Gi̲selbert: alter deutscher Vorname, zu ahd. gīsal »Geisel; Bürge, Unterpfand« + ahd. beraht »glänzend«.

Gi̲selher: alter deutscher Vorname, zu ahd. gīsal »Geisel; Bürge, Unterpfand« + ahd. heri »Kriegsschar, Heer«. Der Name ist bekannt durch den Giselher des Nibelungenliedes, den jüngsten Bruder König Gunthers.

Gi̲so: alter deutscher Vorname, verselbstständigte Kurzform von Namen, die mit »Gisel-« gebildet sind (z. B. ▸ Giselbert und ▸ Giselher).

Giuliano [dʒuˈli̯aːno]: italienische Form von ▸ Julian.

Giulio [ˈdʒuːli̯o]: italienische Form von ▸ Julius.

Giuseppe [dʒuˈzɛpe]: italienische Form von ▸ Josef.

Glẹnn, (auch:) Glẹn: aus dem Englischen, geht wahrschein-

Die schönsten Jungennamen auf *-as/-ias*

Andreas	Matthias
Cosmas	Nicholas
Elias	Nicklas
Jeremias	Nikias
Jonas	Silas
Josias	Thomas
Kostas	Tobias
Lukas	

lich zurück auf einen von gäl. gleann »Tal« abgeleiteten Familiennamen.

Go̱dehard, (auch:) Go̱dhard: niederdeutsche Form von ▸ Gotthard.

Gọdy: Kurzform von Namen, die mit »Gode-« (ahd. got »Gott«) gebildet sind.

Go̱lo: alter deutscher Vorname, Lallform von Namen, die mit »Gott-« gebildet sind, wie z. B. ▸ Gottfried, ▸ Gotthard.

Gọran: bulgarische, serbische, kroatische Ableitung von ▸ Gregor.

Gö̱ran: schwedische Form von ▸ Georg.

Gọrch: niederdeutsche Form von ▸ Georg.

Gorden: englische Variante von ▸ Gordon.

Gọrdian: lateinische Herkunft, geht zurück auf den römischen Geschlechternamen Gordianus.

Gordon [ˈgɔrdn]: englische Herkunft, ursprünglich Familienname eines alten schottischen Adelsgeschlechts, dem ein Ortsname in Berwickshire oder in der Normandie zugrunde liegt. Durch die große Popularität des britischen Generals Charles George Gordon wurde Gordon als Vorname gebräuchlich.

Gọ̈sta: schwedische Kurzform von ▸ Gustav.

Gọswin: alter deutscher Vorname, zu german. *gauta- »Gote« + ahd. wini »Freund«.

Gọttfried: alter deutscher Vorname, zu ahd. got »Gott« + ahd. fridu »Schutz vor Waffengewalt; Friede«.

Gọtthard: alter deutscher Vorname, zu ahd. got »Gott« + ahd. harti, herti »hart, kräftig, stark«.

Gọttlieb: aus der Zeit des Pietismus, Übersetzung von ▸ Amadeus und ▸ Theophil oder Umdeutung des alten Namens Goteleib (ahd. got »Gott« + ahd. leiba »Nachkomme, Sohn«) in Anlehnung an das Adjektiv »lieb«.

Gọ̈tz: Kurzform von Namen, die mit »Gott-« gebildet sind, besonders von ▸ Gottfried.

Graham [ˈgreɪhəm]: ursprünglich schottischer Familienname, der auf einen Ortsnamen zurückgeht.

Gratia̱n, (auch:) Grazia̱n: lat. Gratianus, zu lat. grātus »anmutig, willkommen, teuer, lieb«.

Grẹg: Kurzform von ▸ Gregory.

Gre̱gor: geht zurück auf Gregorius, einen spätrömischen Beinamen, griech. grēgoréō »wachen, wachsam sein«.

Gregory: englische Form von ▸ Gregor.
Gretus: männl. Bildung zu ▸ Grete.
Grigori, (auch:) Grigorij: russische Form von ▸ Gregor.
Grigórios [gri'ɣɔrjɔs]: neugriechische Form von ▸ Gregor.
Grischa: russische Koseform von Grigori (▸ Gregor).
Guido ['gi:do], ['gui:do]: romanisierte Form von ▸ Wido.
Guillaume [gi'jom]: französische Form von ▸ Wilhelm.
Gunar: in den nordischen Sprachen nicht gebräuchliche Schreibvariante von ▸ Gunnar.
Günay: zu türk. gün »Sonne« + türk. ay »Mond«.
Gunder: dänische Nebenform von ▸ Gunnar.
Gundolf, (auch:) Guntolf: alter deutscher Vorname, zu ahd. gund »Kampf« + ahd. wolf »Wolf«.
Gundram: ▸ Guntram.
Gunnar: nordische Entsprechung von ▸ Günter.
Gunter, (auch:) Gunther: Nebenform von ▸ Günter.
Günter, (auch:) Günther: alter deutscher Vorname, zu ahd. gund »Kampf« + ahd. heri »Kriegsschar, Heer«.
Gunther: ▸ Gunter.
Günther: ▸ Günter.
Guntmar: alter deutscher Vorname, zu ahd. gund »Kampf« + ahd. māri »bekannt, berühmt, angesehen«.
Guntolf: ▸ Gundolf.
Guntram, (auch:) Gundram: alter deutscher Vorname, zu ahd. gund »Kampf« + ahd. hraban »Rabe«.
Guntwin: alter deutscher Vorname, zu ahd. gund »Kampf« + ahd. wini »Freund«.
Gus: Kurzform von ▸ Angus, Augustus (▸ August), auch deutsche Kurzform von ▸ Gustav.
Gustav, (auch:) Gustaf: aus dem Schwedischen, erster Namenbestandteil nach älterer Auffassung zu altschwed. guth »Gott« oder altschwed. göt »Gote«, zweiter Bestand-

Die schönsten Jungennamen auf *-i*

Ali
Dimitri
Dori
Gennadi
Giovanni
Grigori
Heikki
Jordi
Levi
Luigi
Mani
Matti
Sami
Takumi
Wassili

teil zu altschwed. stav »Stab«; nach neuerer, von manchen bezweifelter Meinung geht der Name auf slawische Kontakte zur späten Wikingerzeit zurück und ist als urslaw. *gostь »Fremder, Gast« + urslaw. *slava »Ruhm, Ehre« zu verstehen.

Gustave [gys'tav]: französische Form von ▸ Gustav.

Gustel: Koseform von ▸ August und ▸ Gustav.

Guy [gi]: französische Form von ▸ Guido, auch englisch.

Gwenaël [gvena'ɛl]: aus dem Französischen entlehnt, moderne Form des bretonischen Namens Gwenhael (breton. gwenn »weiß« + breton. hael »großzügig«).

György ['djørdj]: ungarische Form von Georg.

H

Haakon: ▸ Hakon.

Habib: zu arab. ḥabīb »geliebt, lieb; Liebling«.

Hadrian: ▸ Adrian.

Hagen: zu ahd. hag, hagan »Einhegung, Hag«, bekannt durch den Hagen von Tronje des Nibelungenliedes.

Haider: ▸ Heider.

Haiko: ▸ Heiko.

Haimo: ▸ Heimo.

[1]**Hajo,** (auch:) Haje: ▸ Heio.

[2]**Hajo:** verkürzte Form von ▸ Hansjoachim.

Hakan: zu türk. hakan »Herrscher«.

Hakim: zu arab. ḥakīm »weise, vernünftig, klug«.

Hakon, (auch:) Haakon: aus dem Nordischen, zu german. *hanha, altwestnord. há »Ross« + konr »Nachkomme, Sohn«.

Hal [hæl]: englische Kurzform von ▸ Harry.

Haldor: nordische Herkunft, zu altnord. hallr »Stein« + altnord. Þórr, dem Namen des Donnergottes Thor.

Halil: türkische Form von Khalil.

Halit: türkische Form von Khalid.

Halldor: ▸ Haldor.

[1]**Hamid:** zu arab. ḥāmid »dankbar, preisend« .

[2]**Hamid:** aus dem Arabischen, verkürzte Form von Abdulhamid (arab. ʻabd »Diener« + arab. Al-Hamīd »der Gepriesene«: »Diener [Gottes,] des Gepriesenen«).

Hanjo: verkürzte Form von ▸ Hansjoachim.

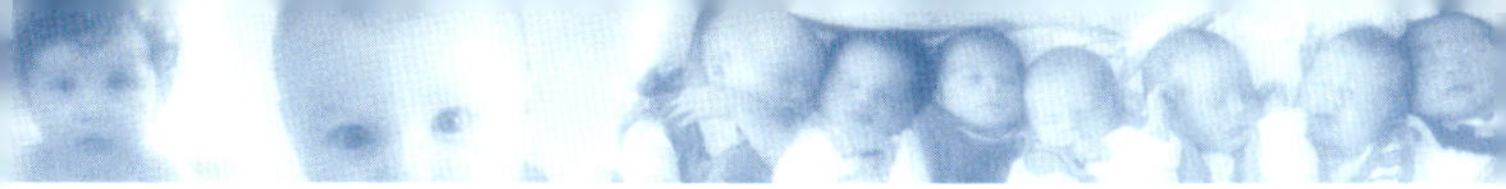

Hạnke, (auch:) Hạnko; Hạnk: niederdeutsch-friesische Koseform von ▸ Johannes.

Hạnko: ▸ Hanke.

Hạnnes: Kurzform von ▸ Johannes, auch finnisch.

Hạnno: Kurzform von ▸ Johann[es].

Hạns, (selten auch:) Hạnns: seit dem ausgehenden Mittelalter häufigste Kurzform von ▸ Johannes, wird häufig auch mit anderen Namen verbunden, z. B. Hansdi̲e̲ter.

Hạ̈nsel, (auch:) Hạnsel: süddeutsche Koseform von ▸ Hans.

Hạnsi: Koseform von ▸ Hans.

Ha̲rald: dänische, norwegische, schwedische Entsprechung von Herold.

Hạrbert: niederdeutsch-friesische Form von ▸ Herbert.

Hạrdi, (auch:) Hạrdy: Koseform von Namen, die mit »Hart-« oder »-hard« gebildet sind (z. B. ▸ Hartmut oder ▸ Gerhard).

Hạrdo: Kurzform von Namen, die mit »Hart-« oder »-hard« gebildet sind (z. B. ▸ Hartmut oder ▸ Gerhard).

Hạrdy: ▸ Hardi.

Hạriolf: in der ersten Hälfte des 20. Jh.s wieder belebte Form von ▸ Herolf.

Hạrk, (auch:) Hạrke: altfries. *Harika, *Herika, verselbstständigte friesische Koseform von Namen, die mit ahd. heri »Kriegsschar, Heer« gebildet sind.

Ha̲ro: ▸ Harro.

[1]Ha̲rold: niederdeutsche Form von ▸ Herold.

[2]Harold: englische Entsprechung von ▸ Herold.

Hạrri: deutsche Schreibvariante von ▸ Harry.

Hạrro, (auch:) Ha̲ro: friesische Kurzform von Harmen und ▸ Harbert.

Hạrry: aus dem Englischen, Nebenform von ▸ Henry.

Hạrtmann: alter deutscher Vorname, zu ahd. harti, herti »hart, kräftig, stark« + ahd. man »Mann; Mensch«.

Die schönsten Jungennamen auf -*y*

Benny	Kenny
Bobby	Larry
Cary	Lenny
Freddy	Marty
Harry	Ricky
Henny	Ronny
Jerry	Sammy

Hartmut, (auch:) Hartmuth: alter deutscher Vorname, zu ahd. harti, herti »hart, kräftig, stark« + ahd. muot »Sinn, Gemüt, Geist«.

Harun: arabischer Ursprung, entspricht dem biblischen Namen ▸ Aaron.

Harvey [ha:vɪ]: aus dem Englischen, bretonischer Ursprung (▸ Hervé), gelangte mit den normannischen Eroberern nach England.

Hasan: türkische Form von ▸ Hassan.

Hassan: zu arab. ḥasan »schön, gut«. So hieß ein Enkel des Propheten Mohammed.

Hasso: nach dem Volksstamm der Hessen, zu ahd. Hassi »Hessen«, oder Koseform von Namen, die mit »Hart-« gebildet sind.

Hauke, (auch:) Hauko: friesische Koseform von ▸ Hugo und von Zusammensetzungen mit »Hug-« (ahd. hugu »Gedanke, Verstand, Geist, Sinn«).

Haymo: ▸ Heimo.

Hayo: ▸ Heio.

Hector: Schreibvariante von ▸ Hektor, auch englisch.

Heider, (auch:) Haider: Kurzform von Heiderich oder dem alten Namen Heidenreich (ahd. heidan »Heide« + ahd. rīhhi »Herrschaft, Herrscher, Macht; reich, mächtig, hoch«).

Heikki: finnische Form von ▸ Henrik.

Heiko, (selten auch:) Haiko; Heike; Heyko: niederdeutsch-friesische Koseform von ▸ Heinrich.

Heilmar, (auch:) Helimar; Helmar; Helmer: alter deutscher Vorname, zu ahd. heil »gesund, unversehrt, heil« + ahd. māri »bekannt, berühmt, angesehen«.

Heimeran: ▸ Emmeram.

Heimito: Eindeutschung von span. Jaimito, Koseform von Jaime, der spanischen Form von ▸ Jakob.

Heimo, (selten auch:) Haimo; Haymo: alter deutscher Vorname, verselbstständigte Kurzform von Namen, die mit »Heim-« (ahd. heim »Haus«) gebildet sind.

Hein, (auch:) Heine: besonders niederdeutsch-friesische Kurzform von ▸ Heinrich.

Heinar: ▸ Heiner.

Heine: ▸ Hein.

Heiner, (auch:) Heinar: Kurzform von ▸ Heinrich.

Heini: Koseform von ▸ Heinrich.

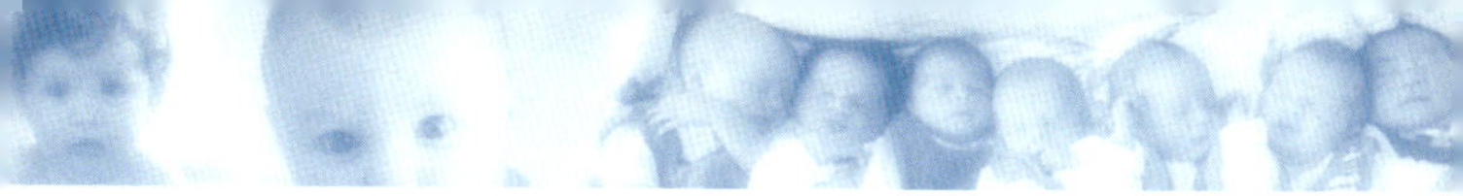

Heinke, (auch:) Heinko: niederdeutsch-friesische Koseform von ▸ Heinrich.

Heinko: ▸ Heinke.

Heino: Kurzform von ▸ Heinrich.

Heinrich: alter deutscher Vorname, der sich aus Heimrich (ahd. heim »Haus« + ahd. rīhhi »Herrschaft, Herrscher, Macht; reich, mächtig, hoch«) entwickelt hat.

Heintje: friesische und niederländische Koseform von ▸ Heinrich.

Heinz: Koseform von ▸ Heinrich, häufig auch Bestandteil von Doppelformen wie z. B. Heinzdieter.

Heio, (auch:) Haje; Hajo; Hayo; Heye; Heyo: durch Zusammenziehung entstandene friesische Kurzform von Namen, die mit ahd. hag, hagan »Einhegung, Hag« gebildet wurden.

Hektor, (auch:) Hector: wohl zu griech. échō in der Bedeutung »[durch Kampf] erwerben, an sich nehmen«; geht zurück auf den Namen des trojanischen Helden. Nach der Ilias fällt Hektor im Kampf gegen Achill.

Helgar: nordische Herkunft, Neubildung in Anlehnung an ▸ Helge oder ▸ Helga.

Helge: zu altnord. heilagr »heilig«.

Helger: zu ahd. heil »gesund, unversehrt, heil« + ahd. gēr »Speer«, z. T. auch Variante von ▸ Helgar.

Helgo: latinisierte Form von ▸ Helge, auch schwedisch.

Helimar: ▸ Heilmar.

Helios, (auch:) Helio: zu griech. hḗlios »Sonne«. In der griechischen Mythologie war Helios der Sonnengott.

Hellmuth: ▸ Helmut.

Helm: Kurzform von Namen, die mit »Helm-« gebildet sind.

Helmar: ▸ Heilmar.

Helmbrecht: alter deutscher Vorname, zu ahd. helm »Helm« + ahd. beraht »glänzend«.

Helmer: ▸ Heilmar.

Helmut, (auch:) Helmuth; Hellmut; Hellmuth: lässt sich zwar als niederdeutsche Variante von Heilmut (ahd. heil »gesund, unversehrt, heil« + ahd. muot »Sinn, Gemüt, Geist«) oder als Neubildung mit den Namenbestandteilen »Helm-« und »-mut« (in der Schreibung »Hellmut« oft auch im Sinne von »heller Mut« ausgelegt) erklären, aller Wahrscheinlichkeit nach aber aus Helmold (ahd. helm

»Helm« + ahd. -walt zu waltan »walten, herrschen«) entstanden.

Hẹndrick: Schreibvariante von ▸ Hendrik.

Hẹndrik: niederländische Form von ▸ Heinrich, auch friesisch.

Hẹnner: Kurzform von ▸ Heinrich.

Hẹnnes: Kurzform von ▸ Johannes.

Hẹnnig, (auch:) Hẹnning: niederdeutsch-friesische Koseform von ▸ Johannes oder ▸ Heinrich, auch in Skandinavien geläufig.

Hẹnno: Kurzform von ▸ Heinrich oder ▸ Johannes.

Hẹnny: Koseform von ▸ Heinrich oder ▸ Johannes.

Henri [ãˈri]: französische Form von ▸ Heinrich.

Hẹnrich: niederdeutsch-friesische Form von ▸ Heinrich.

Hẹnrick: Schreibvariante von ▸ Henrik.

Hẹnrik: niederdeutsch-friesische Form von ▸ Heinrich, auch dänisch, norwegisch und schwedisch.

Hẹnry: englische Form von ▸ Heinrich.

Henryk [ˈxɛnrik]: polnische Form von ▸ Heinrich.

He̲rald: ▸ Herold.

Hẹrbert, (auch:) He̲ribert: alter deutscher Vorname, zu ahd. heri »Kriegsschar, Heer« + ahd. beraht »glänzend«.

Hẹrdan: alter deutscher Vorname, Kurzform der älteren Namensform Herdegan bzw. Herdegen (ahd. heri »Kriegsschar, Heer« + ahd. thegan, degan »[junger] Held, Krieger«).

He̲ribert: ▸ Herbert.

Hẹrm: Kurzform von ▸ Hermann.

Hẹrman: ältere Schreibvariante von ▸ Hermann, auch schwedisch, dänisch, niederländisch, englisch, polnisch.

Hẹrmann, (auch:) Hẹrrmann: alter deutscher Vorname, zu ahd. heri »Kriegsschar, Heer« + ahd. man »Mann«.

Hẹrmes: aus der griechischen Mythologie. Hermes ist der Sohn des Zeus und Bote der Götter des Olymps.

He̲ro: ostfriesische Kurzform von Namen, die mit »Her-« gebildet sind.

He̲rold: alter deutscher Vorname, zu ahd. heri »Kriegsschar, Heer« + ahd. -walt zu waltan »walten, herrschen«.

Hẹrolf, (auch:) Hạriolf: alter deutscher Vorname, zu ahd. heri »Kriegsschar, Heer« + ahd. wolf »Wolf«.

Hẹrrmann: Nebenform von ▸ Hermann.

Hervé [ɛrˈve]: französische Form des bretonischen Namens

Haeruiu, Bedeutung, vielleicht zu kelt. haer- »Kampf« und -uiu »lebhaft, munter«.

Hẹsso: ▸ Hasso.

Heye: ▸ Heio.

Heyko: ▸ Heiko.

Heyo: ▸ Heio.

Hieronymus: zu griech. hierós »heilig, geheiligt, den Göttern geweiht« und ónoma »Name, Ruf«.

Hikmẹt: zu türk. hikmet »Weisheit« aus gleichbedeutend arab. ḥikmat.

Hilarius, (auch:) Hilar: zu lat. hilarus, -a, -um »heiter, fröhlich«.

Hịldmar: ▸ Hilmar.

Hịlger: jüngere Form von Hildeger (ahd. hiltja »Kampf« + ahd. gēr »Speer«).

Hịlko: friesische Koseform von Namen, die mit »Hilde-«, »Hil-« beginnen.

Hịlmar, (auch:) Hịlmer; Hịldmar: jüngere Form von Hildemar (ahd. hiltja »Kampf« + ahd. māri »bekannt, berühmt, angesehen«).

Hịnderk: friesische Form von ▸ Heinrich.

Hịndrik: friesische Form von ▸ Heinrich.

Hịnnerk: niederdeutsch-friesische Form von ▸ Heinrich.

Hịnrik, (auch:) Hịnrich: niederdeutsch-friesische Form von ▸ Heinrich.

Hịnz: Kurzform von ▸ Heinrich.

Hiob, (auch:) Job; Ijob: aus der Bibel, hebräischer Ursprung, zu hebr. ʼiyyōb »wo ist mein Vater [Gott]«. Hiob ist die Namensform, die Luther wählte, während Job die Namensform der Vulgata, der lateinischen Bibelübersetzung, und Ijob die ökumenische Namensform ist. Nach der Bibel ist Hiob der von Gott geprüfte Mann, der aber an Gott festhält.

Die schönsten Jungennamen auf *-on*

Aaron	Jadon
Amon	Jaron
Anton	Leon, Lion
Egon	Marlon
Gereon	Simon
Gideon	Timon
Hakon	Yaron

Hippolyt: zu griech. híppos »Pferd« + lýō »lösen«, also etwa »der die Pferde loslässt«.

Hjalmar: zu altnord. Hjalmarr zu altnord. hjalmr »Helm« + urnord. harjaR, altnord. herr »Heer; Heerführer, Krieger«.

Ho: chinesische Herkunft, Bedeutung »gut«.

Hoimar: Herkunft und Bedeutung umstritten, entweder zu ahd. heim »Haus« oder zu ahd. hugu »Gedanke, Verstand, Geist, Sinn« + ahd. māri »bekannt, berühmt, angesehen«.

Holger: dänische/schwedische Herkunft, zu altnord. holmr »Insel« + altnord. geirr »Speer«.

Holly: Koseform von Namen, die mit »Ho-« beginnen.

Holm: zu altnord. Holmr zu altnord. holmr »Insel«.

Homer: Herkunft umstritten, wurde u. a. zu griech. hómēros »Geisel« gestellt, vielleicht aber auch vorgriechischer Name.

Horant: zu ahd. hōh »hoch« + ahd. rant »Schild«.

Horatio: ▸ Horatius.

Horatius: lateinischer Ursprung, geht zurück auf einen altrömischen Geschlechternamen.

Horst: erscheint erstmals in einer Chronik des 15. Jh.s für den angelsächsischen Heerführer Horsa (zu altengl. hors »Pferd«), entweder in Angleichung an den zusammen mit ihm genannten Hengist (zu altengl. hengest »Hengst«) oder an das Wort Horst »Gehölz, Dickicht«.

Hosea: aus der Bibel, hebräischer Ursprung, zu hebr. hōšeā »Er [Gott] hat geholfen«. Nach der Bibel war Hosea ein Prophet, der sich gegen den Götzendienst und die politischen und sozialen Missstände wandte.

Howard [ˈhaʊəd]: aus dem Englischen, geht zurück auf den gleichlautenden Familiennamen; leitet sich z. T. von dem mittelalterlichen Namen Houart, Huward ab, dessen Bestandteile ahd. hugu »Gedanke, Verstand, Geist, Sinn« und ahd. wart »Hüter, Schützer« entsprechen.

Hubert, (latinisiert:) Hubertus: alter deutscher Vorname, jüngere Form von Hugbert, Hugubert (ahd. hugu »Gedanke, Verstand, Geist, Sinn« + ahd. beraht »glänzend«).

Hubertus: ▸ Hubert.

Hugh [hjuː]: englische Form von ▸ Hugo.

Hugo: alter deutscher Vorname, verselbstständigte Kurzform von Namen, die mit »Hug-« (ahd. hugu »Gedanke, Verstand, Geist, Sinn«) gebildet sind.

Hụmbert: alter deutscher Vorname, der sich aus der Namensform Hunber[h]t (wahrscheinlich zu german. *hun »Tier-, besonders Bärenjunges« + ahd. beraht »glänzend«) entwickelt hat.

Hụnno: Kurzform von Namen, die mit »Hun-« gebildet sind.

Hu̱nold: alter deutscher Vorname, wahrscheinlich zu german. *hun »Tier-, besonders Bärenjunges« + ahd. -walt zu waltan »walten, herrschen«.

Hunter [ˈhʌntə]: ursprünglich ein Familienname, dem eine Berufsbezeichnung (»Jäger«) zugrunde liegt.

Hụsain, (auch:) Hụsayn: ▸ Hussein.

Hüseyịn: türkische Form von ▸ Hussein.

Hụssein, (auch:) Hụsain; Hụsayn: Verkleinerungsform von arab. ḥasan »schön, gut«.

Hyazịnth, (auch:) Hyazịnthus: zu griech. Hyákinthos, dessen Bedeutung unklar ist. Nach der griechischen Sage wurde Hyazinth, der Liebling Apolls, von diesem versehentlich mit einem Diskus getötet. Aus seinem Blut entsprang die Hyazinthe.

I

Ian [ɪən]: schottische Form von ▸ John.

I̱bo: verselbstständigte friesische Kurzform unbekannten Ursprungs.

I̱brahim: arabische (Ibrahīm) und türkische Form von ▸ Abraham. Ibrahim gilt über seinen Sohn ▸ Ismail als Stammvater der Araber und Erbauer der ersten Kaaba.

[1]Ịddo: verselbstständigte Kurzform von heute nicht mehr gebräuchlichen Vornamen, die mit »Id-« (vielleicht zu altnord. ídh »Werk, Tätigkeit«) gebildet wurden.

[2]Ịddo: biblische Herkunft, zu hebr. ʼiddō, wohl Kurzform von yedaʻyāh »Jahwe erwählt ihn«, oder zu hebr. ʻiddō, wohl Kurzform von ʻadāyāh »Jahwe ist wohltätig«.

Ịdo: neuhebräische Form von ▸ [2]Iddo.

Idri̱s: zu arab. Idrīs, zu arab. darasa »studieren, lernen«; im Islam Name eines Propheten.

Igna̱tius, (auch:) Ịgnatz; Ịgnaz: Name des heiligen Ignatius von Loyola, Gründer des Jesuitenordens, der eigentlich Íñigo López de Recalde (▸ Inigo) hieß, sich später aber nach dem heiligen Märtyrer Ignatius (zu dem alten römischen Geschlechternamen Egnatius) nannte.

Igor, aus dem Russischen, geht zurück auf altnordisch Ingvarr, Yngvarr (▸ Ingvar). Der Name gelangte im frühen Mittelalter mit den Warägern nach Russland.

Ijob: ▸ Hiob.

[1]Ike: verselbstständigte friesische Kurzform unbekannten Ursprungs.

[2]Ike [aɪk]: englische Kurzform von Isaac (▸ Isaak).

[1]Ilan: serbische, kroatische Ableitung von Ilija (▸ Elias).

[2]Ilan: neuhebräischer Ursprung, Bedeutung »Baum«.

Ildefons: westgotische Herkunft; der erste Bestandteil entspricht ahd. hiltja »Kampf«, der zweite ahd. funs »eifrig, bereit, willig«.

Ilías: neugriechische Form von ▸ Elias.

Ilja, russische Form von ▸ Elias.

Ilko: bulgarische Koseform von Ilija (▸ Elias); vielleicht auch männl. Bildung zu ▸ [2]Ilka.

Ilmar: estnische und schwedische Form des finnischen Namens Ilmari (zu finn. ilma »Luft«).

Ilyas: arabische (Ilyās) und türkische Form von ▸ Elias.

Immanuel, (auch:) Imanuel: aus der Bibel, zu hebr. ʿimmānū'ēl »mit uns [ist] Gott«, wohl ein Heilsruf des Tempelkultes. Unter diesem Namen kündigt der Prophet Jesaja nach neutestamentlichem Verständnis den Messias an. Die griechisch-lateinische Form von Immanuel ist ▸ Emanuel.

Immo, (auch:) Imo: verselbstständigte Kurzform von Namen, die mit »Irm[en]-« (german. *ermana, *irmina »allumfassend, groß«, später Namenglied mit verstärkender Bedeutung) gebildet wurden.

Imre: ungarische Form von ▸ Emmerich.

Indra: aus der indischen vedischen Mythologie, Name des Gottes der Atmosphäre und des Himmels, der über den Regen herrscht, gehört wahrscheinlich zu sanskrit. ind »tropfen« bzw. indu »ein Tropfen« + -ra »besitzend«, meint also den »die Regentropfen Besitzenden«.

Ingemar: ▸ Ingmar.

Inger: schwedische Nebenform von ▸ Ingvar.

Ingfried: alter deutscher Vorname, zu ahd. Ing[wio] – Name einer germanischen Gottheit + ahd. fridu »Schutz vor Waffengewalt, Friede«.

Inghard: alter deutscher Vorname, zu ahd. Ing[wio] – Name einer germanischen Gottheit + ahd. harti, herti »hart, kräftig, stark«.

Ingmar: Nebenform von ▸ Ingomar, auch schwedisch und norwegisch.

Ingo: verselbstständigte Kurzform von Namen, die mit »Ingo-« gebildet sind.

Ingolf, (auch:) Ingulf: alter deutscher Vorname, zu ahd. Ing[wio] – Name einer germanischen Gottheit + ahd. wolf »Wolf«.

Ingomar, (auch:) Ingemar; Ingmar: alter deutscher Vorname, zu ahd. Ing[wio] – Name einer germanischen Gottheit + ahd. māri »bekannt, berühmt, angesehen«.

Ingulf: ▸ Ingolf.

Ingvar: zu altnord. Yngvarr; zum ersten Namenbestandteil siehe ▸ Ingeborg, der zweite enthält urnord. harjaR, altnord. herr »Heer; Heerführer, Krieger«.

Inigo: deutsche und englische Form von span. Íñigo, das über En(n)ego aus Enneco, einem im Mittelalter im Baskenland und in Nordspanien verbreiteten Namen mit umstrittener Etymologie, hervorgegangen ist.

Inko: männl. Bildung zu ▸ Inke.

Inno: verselbstständigte friesische Kurzform unsicherer Herkunft oder Kurzform von ▸ Innozenz.

Innozenz: geht zurück auf den römischen Beinamen Innocentius, zu lat. innocēns »unschuldig«.

Ino: Variante von ▸ Inno oder italienische Kurzform von Namen, die auf »-ino« ausgehen (z. B. ▸ Angelino, ▸ Antonino).

Ioánnis: neugriechische Form von ▸ Johannes.

Ion: friesische und rumänische Form von ▸ Johannes.

Die schönsten Namen großer Schriftsteller

Albert Camus
Anton Tschechow
Arthur Miller
Daniel Defoe
Elias Canetti
Franz Kafka
Gabriel García Marquez
Johann Wolfgang von Goethe
Jonathan Swift
Jorge Luis Borges
Jules Verne
Martin Walser
Max Frisch
Milan Kundera
Stefan Zweig
Thomas Mann
Umberto Eco

Irenäus: zu griech. eirḗnē »Frieden«.

Iring: Herkunft und Bedeutung unklar. Markgraf Iring kommt im Nibelungenlied vor.

Irmin: verselbstständigte Kurzform von Namen, die mit »Irmin-« (german. *ermana, *irmina »allumfassend, groß«, später Namenglied mit verstärkender Bedeutung) gebildet sind.

Irmo: verselbstständigte Kurzform von Namen, die mit »Irm[in]-« (german. *ermana, *irmina »allumfassend, groß«, später Namenglied mit verstärkender Bedeutung) gebildet sind.

Irving [ˈəːvɪŋ]: aus dem Englischen, geht zurück auf einen schottischen Orts- und Familiennamen.

Isaak, (auch:) Isaac: aus der Bibel, zu hebr. yis·hāq, yis·hāq-'ēl »Gott lächelt [dem Kind] zu«. Nach der Bibel war Isaak der Sohn Abrahams und Saras und einer der Erzväter Israels.

Isger: jüngere Form von Isenger (ahd. īsan »Eisen« + ahd. gēr »Speer«).

Ishaq, (auch:) Ishak: arabische Form von ▸ Isaak.

Ishmael [ˈɪʃmeɪəl]: englische Form von ▸ Ismael.

Isidor: zu griech. Isídōros »Geschenk der Göttin Isis«.

Ismael: aus der Bibel, zu hebr. yišmā'ēl »Gott erhörte«. Nach der Bibel war Ismael der Sohn Abrahams und der ägyptischen Sklavin Hagar.

Ismail: arabische (Ismāʿīl), türkische und russische Form von ▸ Ismael. Nach islamischer Tradition gilt Ismāʿīl als Stammvater der Araber.

Ismar: alter deutscher Vorname, zu ahd. īsan »Eisen« + ahd. māri »bekannt, berühmt, angesehen«.

Ismet: zu arab. 'iṣmat »Reinheit, Freiheit von Sünde«.

Iso: alter deutscher Kurzform von Namen, die mit »Is-« (ahd. īsan »Eisen«) gebildet sind.

Israel: aus der Bibel, zu hebr. Yisrā'el), dessen Herkunft unklar ist: zu hebr. 'el »Gott« + hebr. sārā »kämpfen, herrschen«, also »Gott herrscht« bzw. »kämpft«, oder zu hebr. yāšār »aufrecht«, Beiname des Patriarchen Jakob.

István: ungarische Form von ▸ Stephan.

Italo: aus dem Italienischen, Bedeutung »der Italiener«.

Itimu: aus Kenia, bedeutet in der Kikuju-Sprache »Speer«.

Ivan: ▸ Iwan.

Ivano: italienische Form von ▸ Iwan.

Ivar: nordische Herkunft, Entstehung umstritten, entweder zu altnord. ýr »Eibe, Bogen aus Eibenholz« + altnord. herr »Heer; Heerführer, Krieger« oder Nebenform von ▸Ingvar.

Iver: dänische und norwegische Variante von ▸Ivar.

Ives [ˈi:v]: deutsche Schreibvariante des französischen Vornamens ▸Yves.

[1]Ivo, (selten auch:) Iwo: alter deutscher Vorname, zu ahd. īwa »Eibe; Bogen aus Eibenholz«. Mit dem german. Wort urverwandt ist kelt. *ivos, kymr. ywen, breton. ivin mit der gleichen Bedeutung, sodass der Name auch keltischen Ursprungs sein könnte.

[2]Ivo: serbische Kurzform von ▸Johannes.

Iwan, (auch:) Ivan: russische Form von ▸Johannes.

Iwo: ▸[1]Ivo.

J

Jaak: niederländische Kurzform von ▸Jakob.

Jaap: niederländische Kurzform von ▸Jakob.

Jack [dʒæk]: aus dem Englischen, Koseform von John (▸Johannes), entwickelte sich aus Jehan, Jan durch Hinzufügung des Kosesuffixes »-kin« (Jankin, Jackin), wird gelegentlich, unter dem Einfluss von französ. Jacques, als Kurzform von ▸James aufgefasst.

Jackie, (auch:) Jacky [ˈdʒækɪ]: Koseform von ▸Jack.

Jacob: Schreibvariante von ▸Jakob, auch niederländisch und englisch.

Jacques [ʒɑk]: französische Form von ▸Jakob.

Jaden, (auch:) Jayden [ˈdʒeɪdən]: englische Nebenform von ▸Jadon.

Jadon: aus der Bibel, hebräische Herkunft, wohl Kurzform eines Namens mit der Bedeutung »Jahwe herrscht«. Nach dem Alten Testament war Jadon einer der Männer, die nach der Rückkehr aus dem Babylonischen Exil beim Wiederaufbau der Mauer von Jerusalem halfen.

Jahn: ▸Jan.

Jaime [ˈxai̯me]: spanische Form von ▸Jakob, die aus spätlat. Jacomus hervorgegangen ist.

Jaimie, (auch:) Jaimy [ˈdʒeɪmɪ]: Koseform von ▸James.

Jake [dʒeɪk]: ursprünglich englische Variante von ▸Jack, hat sich aber zu einem selbstständigen Vornamen entwickelt.

Jakim: slawische (z. B. bulgarische, makedonische, weißrussische) Form von ▸Joachim.

Jakob, (auch:) Jacob: aus der Bibel, hebräischer Ursprung, bedeutet eigentlich »Er [Gott] möge schützen«, wird aber bereits im Alten Testament volksetymologisch als »Fersenhalter« und »er betrügt« verstanden. Nach der Bibel brachte Jakob seinen Zwillingsbruder Esau durch List um dessen Erstgeburtsrecht und durch Betrug um den väterlichen Segen.

Jakobus: latinisierte Form von ▸Jakob.

Jakov: russische Form von ▸Jakob.

Jakub: tschechische, slowakische und polnische Form von ▸Jakob.

Jamal: ▸Djamal.

James [dʒeɪmz]: englische Form von ▸Jakob.

Jamie [ˈdʒeɪmɪ]: schottische Koseform von ▸James.

Jamil: ▸Djamil.

Jan: niederdeutsche, friesische, niederländische, schwedische, polnische, tschechische Form von ▸Johannes.

Janek: polnische und tschechische Koseform von Jan (▸Johannes).

Janick, (auch:) Janic: Schreibvariante von ▸Janik, ▸Jannik, ▸Yannick.

Janik: slowenische oder eingedeutschte tschechische (Janík) Koseform von ▸Jan oder Schreibvariante von ▸Jannik, ▸Yannick.

Janis: niederländische und lettische (Janis) Form von ▸Johannes, auch Schreibvariante von ▸Jannis.

Janko: niederdeutsch-friesische oder slawische (z. B. bulgarische) Koseform von ▸Jan.

Jankó [ˈjɔŋko]: ungarische Koseform von ▸János.

Jann: niederdeutsch-friesische Variante von Jan (▸Johannes).

Janne: niederdeutsch-friesische, niederländische, norwegische, schwedische, finnische Kurzform von ▸Johannes.

Jannek: Koseform von ▸Jann.

Jannes: niederdeutsch-friesische Kurzform von ▸Johannes.

Janni, (auch:) Janny: Koseform von ▸Jann.

Jannik, (auch:) Jannick; Janic: Ableitung von ▸Johannes,

deren genaue Herkunft nicht eindeutig zu ermitteln ist, am ehesten neu belebte niederdeutsch-friesische Koseform von ▸Jann oder Entlehnung des dänischen Vornamens Jannik, der wiederum deutschen oder slawischen Ursprungs sein kann; möglicherweise aber auch eine Schreibvariante des tschechischen Vornamens Janík, des slowenischen Vornamens ▸Janik oder des bretonischen Vornamens ▸Yannick.

Jạnning: niederdeutsche Koseform von ▸Jan.

Jạnnis: niederländisch-friesische Kurzform von ▸Johannes.

Jạ́nnis: neugriechische Form von ▸Johannes.

Jạnno: Ableitung von ▸Jann.

Jạnny: ▸Janni.

Jạno: Ableitung von ▸Jan, auch tschechisch, serbisch, kroatisch oder ungarisch.

Já̱nos: ungarische Form von ▸Johannes.

Ja̱nosch: eindeutschende Schreibung von ▸János.

Janpe̱ter: Doppelform aus ▸Jan und ▸Peter.

Jạns: niederdeutsch-friesische Kurzform von ▸Johannes.

[1]Ja̱nus: latinisierte Form von ▸Jan, auch niederländische Kurzform von Adrianus (▸Adrian).

[2]Ja̱nus: geht zurück auf den Namen des doppelgesichtigen römischen Gottes des Anfangs und des Endes, nach dem der Monat Januar benannt ist.

Ja̱nusch: eindeutschende Schreibung von ▸Janusz.

Janusz ['januʃ]: polnische Koseform von ▸Jan.

Ja̱red, engl. Aussprache: ['dʒærɪd]: aus dem Englischen, biblische Herkunft (hebr. yered, yāred von ungesicherter Herkunft; vielleicht zur hebr. Wurzel yrd »herabsteigen«.

Jạrmo, (auch:) Jạrno: finnische Form von ▸Jeremias.

Ja̱ro: Kurzform von ▸Jaromir und ▸Jaroslaw.

Die schönsten Namen großer Schauspieler

Antonio Banderas
Ben Stiller
Brad Pitt
Colin Firth
Dustin Hoffman
George Clooney
Keanu Reeves
Marlon Brando
Michael Douglas
Moritz Bleibtreu
Orlando Bloom
Paul Newman
Robert Redford
Robin Williams
Til Schweiger
Tom Hanks, *Tom* Cruise

Jaromir: aus dem Polnischen oder Tschechischen, zu urslaw. *jarь »kühn, stark, zornig, streng« + urslaw. *mirь »Frieden«, auch Ersatz für german. mār, mēr »bekannt, berühmt, angesehen«.

Jaron: vielleicht zu griech. hierós »heilig, geheiligt, den Göttern geweiht«.

Jaroslaw, (auch:) Jaroslav: aus dem Polnischen oder Tschechischen, zu urslaw. *jarь »kühn, stark, zornig, streng« + urslaw. *slava »Ruhm, Ehre«.

Jascha: Koseform von Jakov, der russischen Form von ▸ Jakob.

Jason: griech. Iásōn, vielleicht zu griech. iáesthai »heilen«. Jason war der Anführer der Argonauten, die nach Kolchis zogen, um das Goldene Vlies zu holen.

Jaspar: niederdeutsche Form von ▸ Kaspar.

Jasper: niederdeutsche, friesische, niederländische und englische Form von ▸ Kaspar.

Javier [xaˈbi̯ɛr]: spanische Form von ▸ Xaver.

Jean [ʒã]: französische Form von ▸ Johannes.

Jeff [dʒɛf]: aus dem Englischen übernommene Kurzform von ▸ Jeffrey.

Jeffrey, (auch:) Jeffry [ˈdʒɛfrɪ]: englische Herkunft, Nebenform von ▸ Geoffrey.

Jenning: niederdeutsche Koseform von ▸ Johannes.

Jenő: aus dem Ungarischen, ursprünglich wohl ein Stammesname, der im 19. Jh. als Entsprechung von ▸ Eugen in Gebrauch kam.

Jens: dänische und niederdeutsch-friesische Form von ▸ Johannes.

Jeremia: ▸ Jeremias.

Jeremiah, engl. Aussprache: [dʒɛrɪˈmaɪə]: englische Form von ▸ Jeremias.

Jeremias, (überkonfessionelle Form:) Jeremia: aus der Bibel, zu hebr. yimeyāhū »Jahwe erhöht«. Jeremias ist der zweite der vier großen Propheten des Alten Testaments.

Jeremy [ˈdʒɛrɪmɪ]: englische Form von ▸ Jeremias.

Jeroen [jeˈru:n]: niederländische Form von ▸ Hieronymus.

Jérôme [ʒeˈro:m]: französische Form von ▸ Hieronymus.

Jerónimo [xeˈronimo]: spanische Form von ▸ Hieronymus.

Jerry [ˈdʒɛrɪ]: aus dem Englischen übernommene Koseform von ▸ Jeremy und ▸ Gerald.

Jerzy [ˈjɛʒi]: polnische Form von ▸ Georg.

Jesaja: biblische Herkunft, zu hebr. yešaʻyāh »Jahwe hat geholfen«. Jesaja, Sohn des Amoz, war einer der ersten großen Unheilspropheten der Weltgeschichte.

Jeschua: aus der Bibel, zu hebr. yešūaʻ, Kurzform von yehōšūaʻ »Jahwe ist Retter«.

Jesko: zugrunde liegt wohl eine slawische Ableitung von ▸ Johannes oder ▸ Jaroslaw.

Jesper: dänische Form von ▸ Kaspar.

Jesse: aus der Bibel, über griech. Iessai entstandene lateinische Form von hebr. yišay (wohl »Mann von …«). Überkonfessionelle Form: Isai. Nach der Bibel war Isai der Vater Davids und somit einer der Ahnen Jesu.

Jesus: griechisch-lateinische Form des hebräischen Namens ▸ Joschua; wurde im deutschen Sprachbereich bis in die Neuzeit aus religiöser Scheu nicht als Vorname vergeben, erscheint dann ganz vereinzelt ab dem 16. Jh., wird ab 1961 in Deutschland gerichtlich als Vorname nicht mehr zugelassen, bis ihn 1998 ein Amtsgericht als Zweitnamen wieder erlaubt.

Jim [dʒɪm]: englische Kurzform von James (▸ Jakob).

Jimmy [ˈdʒɪmɪ]: Koseform von ▸ Jim.

Jiri: eindeutschende Schreibung von Jiří, tschechische Form von ▸ Georg.

Jirka, (auch:) Jirko: tschechische Koseform von Jiří (▸ Georg).

Jo, engl. Aussprache: [dʒoʊ]: Kurzform von Namen, die mit »Jo-« beginnen, besonders von ▸ Johannes. Englisch Jo ist eine Kurzform von ▸ Joseph.

Joachim, (auch:) Joachim, (überkonfessionelle Form:) Jojakim: zu hebr. yōyākīm »Jahwe möge aufrichten«. Nach den neutestamentlichen apokryphen Schriften war Joachim der Mann der heiligen Anna, der Mutter Marias.

Job: ▸ Hiob.

Die schönsten Namen von Sängern

Bob Marley, *Bob* Dylan
David Bowie
Eric Clapton
Falco
George Michael
Jan Delay
Justin Timberlake
Lenny Kravitz
Michael Jackson
Mick Jagger
Peter Gabriel, *Peter* Maffay
Robby Williams
Xavier Naidoo

Jọbst: entstanden aus der Vermischung von ▸Job und ▸Jost.

Jọchen, (auch:) Jọchem; Jọchim: Kurzform von ▸Joachim.

Jọckel: landschaftliche Koseform von ▸Jakob.

Jodokus, (auch:) Jodok: keltischer (bretonischer) Ursprung, zu kelt. jud »Herr«.

Joe [dʒoʊ]: englische Kurzform von ▸Joseph.

Joel, (überkonfessionelle Form:) Joël: aus der Bibel, zu hebr. yōʼēl »Jahwe ist Gott«. Joel war einer der Propheten des Alten Testaments.

Johan: Schreibvariante von ▸Johann, auch niederländisch.

Johann, (auch:) Johạnn: verkürzte Form von ▸Johannes.

Johạnnes, (überkonfessionelle Form:) Johạnan: aus der Bibel, hebräischer Ursprung; griechische Form von hebr. yōḥānān »Jahwe hat Gnade erwiesen«.

¹John: durch Zusammenziehung entstandene niederdeutsche Form von ▸Johann.

²John [dʒɔn]: englische Form von ▸Johannes.

Johnny: Koseform von ▸John.

Jon: durch Zusammenziehung entstandene niederdeutsche Form von ▸Johann oder Kurzform von ▸Jonas oder ▸Jonathan; im Englischen Schreibvariante von ▸John.

Jonas, (überkonfessionelle Form:) Jona: aus der Bibel, zu hebr. yōnā »Taube«. Nach der Bibel war Jonas ein Prophet. Er wurde vor dem Ertrinken durch einen großen Fisch (Walfisch) gerettet, der ihn verschlang und dann ans Land spie.

Jonathan, (überkonfessionelle Form:) Jonatan: aus der Bibel, zu hebr. yōnātān »Jahwe hat gegeben«. Nach der Bibel war Jonathan der älteste Sohn König Sauls.

Jọnne: schwedische Koseform von ▸Johannes.

Jọnny: Koseform von niederdt. ▸Jon oder englische Schreibvariante von ▸Johnny.

Joost: ▸Jost.

Joram: aus der Bibel, zu hebr. yōrām »Jahwe ist erhaben«.

Jöran: Nebenform von schwed. Göran (▸Georg).

Jọrdan: geht zurück auf den Namen des Flusses in Palästina, in dem Jesus getauft wurde.

Jọrdi, südfranz. Aussprache: [ʒɔrˈdi], katalan. Aussprache: [ˈʒɔrdi]: südfranzösische und katalanische Form von ▸Georg.

Jọ̈rg, (auch:) Jọrg: Variante von ▸Georg.

[1]**Jorge:** Variante von Jorg (▸ Jörg).

[2]**Jorge,** span. Aussprache: ['xɔrxe], portugies. Aussprache: ['ʒɔrʒi]: spanische und portugiesische Form von ▸ Georg.

Jörgen: niederdeutsch-friesische Nebenform von ▸ Jürgen.

Jórgos ['jɔrɣɔs]: neugriechische Herkunft, volkstümliche Kurzform von Geórgios (▸ Georg).

Jorin: friesische/niederländische Ableitung von ▸ Gregor oder ▸ Georg.

Joris: niederdeutsch-friesische und niederländische Form von ▸ Gregor[ius] oder ▸ Georg.

Jork, (auch:) Jörk: friesische Koseform von Namen, die mit »Eber-«, »Ever-« gebildet sind, die dadurch entstanden ist, dass das »E-« zu »Jo-« wurde und das »b-/v-« ausgestoßen wurde. Anschließend wurde ein -k-Suffix angehängt.

Jörn: durch Zusammenziehung entstandene Form von ▸ Jörgen.

Jos, (auch:) Joss: verselbstständigte Kurzform von ▸ Jodokus, auch Kurzform von Namen, die mit »Jos-« beginnen (z. B. ▸ Josef).

[1]**Joscha:** eindeutschende Schreibung von ungar. Jósa, Koseform von ▸ Josef.

[2]**Joscha:** aus der Bibel, hebr. yōšā »Jahwe ist eine Gabe«.

Joschka: eindeutschende Schreibung von ungar. Jóska, Koseform von ▸ Josef; auch russische Koseform von ▸ Hiob.

Joschua: ▸ Josua.

José [xo'se]: spanische Form von ▸ Josef.

Josef, (auch:) Joseph: aus der Bibel, zu hebr. yōsep »hinweggenommen hat Jahwe meine [Rahels] Schmach« oder »Jahwe möge [noch einen Sohn] dazugeben«. Nach der Bibel war Josef der 11. Sohn Jakobs.

Joseph, französ. Aussprache: [ʒo'sɛf], engl. Aussprache:

Die schönsten Namen großer Komponisten

Alban Berg
Antonio Vivaldi
Benjamin Britten
Carl Maria von Weber
Claude Débussy
Domenico Scarlatti
Felix Mendelssohn Bartholdy
Frédéric Chopin
Giacomo Puccini
Igor Strawinsky
Johannes Brahms
Maurice Ravel
Max Reger
Peter Tschaikowsky
Richard Wagner

[ˈdʒoʊsɪf]: ältere Schreibvariante von ▸Josef, auch französisch und englisch.

Josh [dʒɔʃ]: englische Kurzform von Joshua (▸Josua).

Joshua [ˈdʒɔʃwə]: englische Form von ▸Josua.

Josias, (auch:) Josia; (überkonfessionelle Form:) Joschija: aus der Bibel, zu hebr. yō'šiyyāh »Jahwe möge gewähren« oder »Jahwe bringt hervor«.

Joss: ▸Jos.

Josse: ursprünglich französische Form von ▸Jodokus.

Jost, (auch:) Joost: geht zurück auf Josse, die altfranzösische Namensform von ▸Jodokus.

Josua, (auch:) Joschua: aus der Bibel, zu hebr. yehōšūa' »Jahwe ist Retter«. Nach der Bibel war Josua Helfer und Begleiter des Mose. Nach dessen Tod führte er Israel ins Westjordanland. Er hieß, bevor Mose ihn umbenannte, ▸Hosea.

Jovan: serbische Form von ▸Johannes.

Juan [xu̯an]: spanische Form von ▸Johannes.

Juda: aus der Bibel, Etymologie unsicher, vielleicht zur hebr. Wurzel ydh(y) »preisen«. Nach der Bibel war Juda, der Ahnherr des gleichnamigen Stammes, ein Sohn Jakobs und Leas.

Juhani: finnische Form von ▸Johannes.

Jules [ʒyl]: französische Form von ▸Julius.

Julian: lateinischer Ursprung, geht zurück auf Julianus, einen von ▸Julius abgeleiteten Beinamen.

Julien [ʒyˈljɛ̃]: französische Form von ▸Julian.

Julio [ˈxuli̯o]: spanische Form von ▸Julius.

Julius: lateinischer Ursprung, altrömischer Geschlechtername. Der bekannteste Angehörige des Geschlechts der Julier ist Gaius Julius Cäsar, dem zu Ehren der siebente Monat des Kalenderjahrs benannt ist: lat. [mēnsis] Jūlius.

Jupp: rheinische Kurzform von ▸Josef.

Jurek: aus dem Polnischen, Koseform von Jerzy (▸Georg).

Jürg: oberdeutsche Form von ▸Georg.

Jürgen: niederdeutsche Form von ▸Georg.

Jurij, (auch:) Juri: russische Form von ▸Georg.

Jürn: Kurzform von ▸Jürgen.

Jussuf: eindeutschende Form von ▸Yusuf.

Just: ▸Justus.

[1]**Justin,** (auch:) Justin: ▸Justinus.

[2]**Justin** [ˈdʒʌstɪn]: englische Form von ▸Justinus.

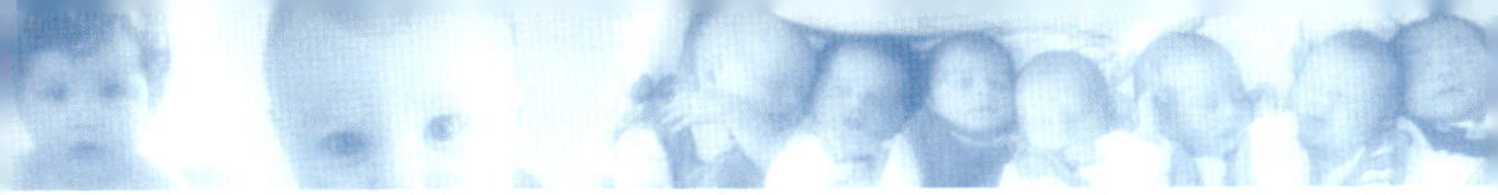

Justinus, (auch:) Justin: lateinischer Ursprung, Weiterbildung von ▸ Justus.

Justus, (auch:) Just: lateinischer Ursprung, lat. iūstus, -a, -um »gerecht; rechtschaffen, redlich«.

K

Kaan ['ka:an]: zu türk. kaan, älter kağan »Fürst«.

Kai, (auch:) Kaj; Kay; Cai; Cay: friesische oder nordische Herkunft, Bedeutung umstritten, vielleicht friesische kindersprachliche Form von Garrit (▸ Gerhard) oder Klais (▸ Nikolaus), möglicherweise auch Verkürzung des lateinischen Vornamens Caius, dessen Herkunft noch unbekannt ist.

Kaj: ▸ Kai.

Kajetan, (auch:) Kajetan; Cajetan; Cajetan: zu dem römischen Beinamen Caietanus »aus der Stadt Gaeta, lat. Cāiēta, stammend«.

Kajo: Erweiterung von ▸ Kai oder Neubildung aus ▸ Karl + ▸ Josef.

Kaleb: aus der Bibel, hebräischer Ursprung, wohl Kurzform eines mit dem Element kalb- »Hund« beginnenden Namens, wobei »Hund« entweder zur Selbsterniedrigung des Namensträgers dienen konnte oder im Sinne von »treuer Diener« oder auch als »hundswütig« verstanden wurde.

Kalle: schwedische und finnische Koseform von ▸ Karl.

Kálmán: türkische Herkunft, zu türk. kalmak »bleiben«, etwa »der, der [am Leben] bleibt«, wurde jedoch mit dem Heiligennamen ▸ Koloman gleichgesetzt.

Kamill: ▸ Camillus.

Die schönsten Namen großer Sportler

Boris Becker
David Beckham
Fabian Hambüchen
Franz Beckenbauer
Georg Hackl
Jan Ullrich
Lewis Hamilton
Lionel Messi
Lukas Podolski
Matthias Steiner
Paul Biedermann
Philipp Lahm
Rafael Nadal
Roger Federer
Sebastian Vettel

Kamillo: ▸ Camillo.

Kamillus: ▸ Camillus.

Kandoro: aus Kenia und Tansania, bedeutet auf Suaheli »Süßkartoffel«.

Kani: aus Kenia und Tansania, bedeutet auf Suaheli »Kraft, Stärke«.

Karel: tschechische und niederländische Form von ▸ Karl.

Karim: zu arab. karīm »wohltätig, großmütig«. Karim ist eine der Bezeichnungen des Propheten Mohammed.

Karl, (auch:) Carl: alter deutscher Vorname, Herkunft umstritten, eher abzuleiten als von ahd. kar[a]l »Mann; Ehemann« ist der Name von einer Koseform eines mit ahd. heri »Kriegsschar, Heer« gebildeten Namens, dem im westfränkisch-romanischen Mischgebiet die romanische Koseendung »-olus« angehängt wurde. Auch das Anfangs-K erklärt sich durch romanische Wiedergabe des germanischen H- als C-. Karl ist häufig Bestandteil von Doppelformen wie z. B. Karlheinz und Karldieter.

Karlo: eindeutschende Schreibweise von ▸ Carlo.

Karol: polnische Form von ▸ Karl, auch Schreibvariante ▸ Carol.

Karolus: ▸ Carolus.

Károly ['ka:roj]: ungarische Form von ▸ Karl.

Karsten, (auch:) Carsten: niederdeutsche Form von ▸ Christian.

Kasimir, (auch:) Casimir: aus dem Polnischen (Kazimierz), zu urslaw. *kaziti »verderben, vernichten« + urslaw. *mirь »Frieden«, auch Ersatz für german. *mār, mēr »bekannt, berühmt, angesehen«.

Kaspar, (auch:) Caspar; Casper; Kasper; Jasper; Jaspar: zu altpers. kandschwar »Schatzmeister«, zu altpers. gandsch »Schatz«, davon abgeleitet lat. gaza »Schatzkammer, besonders orientalischer Fürsten«.

Kassian: ▸ Cassian.

Kastor, (auch:) Castor: griechischer Ursprung. Nach der griechischen Sage war Kastor einer der Dioskuren.

Kay: Schreibvariante von ▸ Kai.

Kaya: zu türk. kaya »Fels«.

Kazuo: zu japan. kazu »Frieden« + japan. o »Mann«.

Keanu [kɪ'ænu]: hawaiische Herkunft, hawaiisch ke anu »der Kühle«.

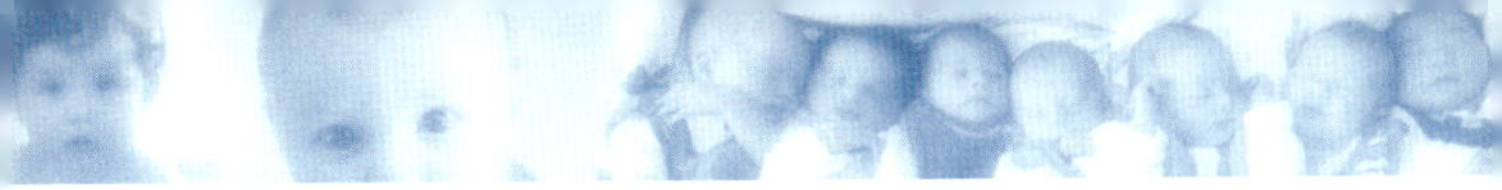

Kees: ▸ Cees.

Keith [ki:θ]: aus dem Englischen übernommen, geht zurück auf einen schottischen Orts- und Familiennamen.

Kelly: ursprünglich ein englischer Familienname, dem der irische Familienname O'Ceallaigh »Nachkomme des Ceallach« oder ein schottischer Ortsname zugrunde liegen kann.

Kelvin: geht zurück auf einen schottischen Flussnamen, Kelvin kam in England vielleicht unter dem Einfluss von Namen wie ▸ Calvin und ▸ Melvin auf.

Kemal: zu türk. kemâl »Vollkommenheit« .

Ken: Kurzform von ▸ Kenneth.

Kenan: aus der Bibel, zu hebr. qēnān, wohl zu hebr. qayin »Lanze«, in übertragenem Sinn »Schmied« + Verkleinerungsendung -ān, also »kleiner Schmied«.

Kenneth [ˈkɛnɪθ]: aus dem Englischen, keltischer Ursprung, von zwei gälischen Namen ableitbar: Cinaed (wahrscheinlich »aus Feuer geboren«) und Coinneach (»hübsch«).

Kenny: Koseform von ▸ Kenneth.

Keno: friesische Form von ▸ Kuno.

Kent: ursprünglich ein Familienname, der jemanden bezeichnete, der aus der Grafschaft Kent stammte.

Kerim: türkische Form von ▸ Karim.

Kerst: verkürzte Form von ▸ Kersten.

Kersten: niederdeutsche Form von ▸ Christian.

Kevin: irischer Ursprung, zugrunde liegt der gälische Name Caoimhín, ursprünglich ein Beiname (Verkleinerungsform zu gäl. caomh »anmutig«).

Kian [ˈkɪæn]: zu irisch cian »alt, anhaltend, fortdauernd«.

Kieran, (auch:) Kieren; Kieron [ˈkɪərən]: englische Form des irischen Namens Ciarán (zu gäl. ciar »schwarz«).

Kilian: geht zurück auf den Namen des heiligen Kilian, zu altir. killena »Kirchenmann«, eines irischen Missionars, der im 7. Jh. als Wanderbischof nach Würzburg kam.

¹Kim: englische Herkunft, Kurzform des ursprünglichen Familiennamens Kimball oder von ▸ Kimberley.

²Kim: russische, schwedische, norwegische Kurzform von ▸ Joachim.

Kimi: finnische Kurzform von ▸ Joachim.

Kiran: aus Indien, zu sanskrit. kirana »Staub; Strahl«, später »Lichtstrahl«, besonders »Sonnen-, Mondstrahl«.

Kirk [kə:k]: schottische/englische Herkunft, ursprünglich

ein Familienname nach dem Wohnsitz bei einer Kirche, zu altnord. kirkja »Kirche«.

Kirsten: niederdeutsche Form von ▸ Christian.

Kjell: schwedische und norwegische Kurzform von ▸ Kjetil.

Kjetil: zu altnord. ketill »[Opfer]kessel« oder »Helm«.

Klaas, (auch:) Claas: niederdeutsche und niederländische Kurzform von ▸ Nikolaus.

Klas, (auch:) Clas: Kurzform von ▸ Nikolaus.

Klaudius: ▸ Claudius.

Klaus, (auch:) Claus: Kurzform von ▸ Nikolaus. Klaus ist auch Bestandteil von Doppelformen wie z. B. Klausdieter.

Klemens: ▸ Clemens.

Knut, (auch:) Knud: aus dem Nordischen, Herkunft unklar, vielleicht aus dem Deutschen entlehnt (vgl. mhd. knūz »waghalsig, vermessen, keck« oder ahd. kind »Sohn, Nachkomme«) oder zu altnord. knútr »Knute«.

Kolja: russische Koseform von Nikolai (▸ Nikolaus).

Koloman, (auch:) Koloman: geht zurück auf Columbanus (zu lat. columba »Taube«), die latinisierte Form des irischen Klosternamens Colum (vgl. auch ▸ Callum).

Konrad, (auch:) Conrad: alter deutscher Vorname, zu ahd. kuoni »kühn, tapfer« + ahd. rāt »Rat, Beratung, Ratgeber«, etwa »kühn in der Beratung«.

Konradin, (auch:) Conradin: Koseform von ▸ Konrad.

Konstantin, (auch:) Constantin: lateinischer Ursprung, geht zurück auf den römischen Beinamen Constantinus, eine Weiterbildung von Constantius (zu lat. cōnstāns »standhaft«).

Korbinian, (auch:) Korbinian; Corbinian: Erweiterung zu lat. corvus »Rabe«, vermutlich eine durch die lat. Endung »-īniānus« erweiterte Übersetzung des häufig vorkommenden Namens Hraban »Rabe«.

Kord, (auch:) Cord; Cordt: niederdeutsche Kurzform von ▸ Konrad.

Kornel: ▸ Cornelius.

Kornelius: ▸ Cornelius.

Kosmas, (auch:) Cosmas: zu griech. kósmios »geschmückt, wohlgeordnet, bedacht«.

Kosta: russische, serbische, kroatische Koseform von ▸ Konstantin.

Kóstas: neugriechische Koseform von ▸ Konstantin.

Kostja: russische Koseform von ▸ Konstantin.

Kris: Schreibvariante von ▸ Chris.

Krischan: niederdeutsche Form von ▸ Christian.

Krischna, (auch:) Krishna: indischer Ursprung, Bedeutung »der Dunkle, der Blauschwarze«, geht zurück auf den mythischen indischen Helden Krischna, der als achte Erscheinung des Gottes Wischnu gilt. Krischna wird in der Kunst immer mit dunkelblauer Hautfarbe dargestellt.

Krister: nordische Nebenform von ▸ Christian. Lett. Form: Kristers.

Kristian: (vorwiegend skandinavische) Schreibvariante von ▸ Christian.

Kristof: (vorwiegend skandinavische) Schreibvariante von ▸ Christoph.

Kristoffer: (vorwiegend skandinavische) Schreibvariante von ▸ Christopher.

Kuno: alter deutscher Vorname, verselbstständigte Kurzform von ▸ Konrad.

Kurt, (auch:) Curt; Curd: alter deutscher Vorname, verselbstständigte Kurzform von ▸ Konrad.

Kyle [kaɪl]: englischer Ursprung, geht zurück auf einen schottischen Familiennamen, der auf einem Orts- oder Flurnamen (zu gäl. caol »eng«) beruht.

Kyrill: ▸ Cyrillus.

Kyros: ▸ Cyrus.

L

Laban: aus der Bibel, zu hebr. lābān »weiß«.

Ladislaus, (auch:) Ladislav; Ladislaw: lateinische Form von poln. Władysław, tschech. Vladislav, Ladislav (urslaw. *vold- »herrschen« + urslaw. *slava »Ruhm, Ehre«).

Lais, (überkonfessionelle Form:) Lajisch: aus der Bibel, zu hebr. layiš »Löwe«.

Lajos [ˈlɔjoʃ]: ungarische Form von ▸ Ludwig.

Lamar: englische Herkunft, verkürzte Form des Familiennamens Delamare, dem der häufige französische Ortsname La Mare (»Teich, Tümpel, Lache«) zugrunde liegt.

Lambert, (auch:) Lammert: jüngere Form von Lambrecht/Lamprecht (ahd. lant »Land« + ahd. beraht »glänzend«).

Lambertus: latinisierte Form von ▸ Lambert.

Landelin: ▸ Landolin.

Lando: alte Kurzform von Namen, die mit »Land-« gebildet sind (z. B. ▸ Landolf und ▸ Lambert).

Landolf: alter deutscher Vorname, zu ahd. lant »Land« + ahd. wolf »Wolf«.

Landolin, (auch:) Landelin: alte deutsche Koseform von ▸ Lando.

Larry ['læ...]: englische Kurzform von Laurence, Lawrence (▸ Laurentius).

Lars: schwedische, dänische und norwegische Form von ▸ Laurentius.

Lasar: Nebenform von Lazar (▸ Lazarus).

Laslo: eindeutschende Schreibung von ungar. László (▸ Ladislaus).

Lasse: schwedische und norwegische Koseform von ▸ Lars.

László ['la:slo:]: ungarische Form von ▸ Ladislaus.

Latif: arabischer Ursprung, gekürzte Form von Abd-el-Latif (arab. ʻabd »Diener« + arab. al latîf »der Gütige, Sanftmütige«, einer der Beinamen Allahs: »Diener [Gottes,] des Gütigen«).

Lauren ['lɔ:rən]: englische Herkunft, Kurzform von ▸ Laurence.

Laurence ['lɔrəns]: englische Form von ▸ Laurentius.

Laurens: schwedische Form von ▸ Laurentius.

Laurent [lo'rã]: französische Form von ▸ Laurentius.

Laurentius, (auch:) Laurenz; Lorenz: lateinischer Ursprung, geht zurück auf den römischen Beinamen Laurentius (»der aus der Stadt Laurentum Stammende«), schon früh durch volkstümliche Anlehnung an lat. laurus »Lorbeer; Lorbeerkranz« zu »der Lorbeerbekränzte« umgedeutet.

Lauri: Koseform von Laurenz (▸ Laurentius), auch englisch, schwedisch, finnisch.

Laurids ['lau̯ris]: dänische Variante von ▸ Laurits.

Laurin: Herkunft und Bedeutung unklar. Laurin ist der Name des Zwergenkönigs in der Heldendichtung um Dietrich von Bern.

Laurits, (auch:) Lauritz: dänische Form von ▸ Laurentius, auch norwegisch.

Lawrence ['lɔrəns]: englische Form von ▸ Laurentius.

Lazarus, (auch:) Lazar; Lasar: aus der Bibel, latinisierte Form von hebr. laʻzār, einer Abkürzung von ʼēl-ʻāzār »dem Gott hilft«. Eine biblische Gestalt ist der arme Lazarus, der im Mittelalter der Patron der Bettler und Armen war.

Leander: wohl zu griech. laós, leṓs »Volk« und anḗr, andrós »Mann«.

Leandro: italienische und spanische Form von ▸ Leander.

Lee, (auch:) Leigh [li:]: ursprünglich ein englischer Familienname, dem ein Örtlichkeitsname zu altengl. lēah »Wald; Lichtung; Wiese« zugrunde liegt.

Leif: nordische Kurzform von Zusammensetzungen mit -leifr »Erbe, Hinterlassenschaft«.

Leigh: ▸ Lee.

Len: englische Kurzform von Leonard (▸ Leonhard).

Lenard: ▸ Lennard.

Lenert: ▸ Lennert.

Lenhard: ▸ Leonhard.

Lennard, (auch:) Lenard: englische Nebenform von ▸ Leonard.

Lennart: schwedische Form von ▸ Leonhard.

Lennert: niederdeutsche Form von ▸ Leonhard.

Lenny: englische Koseform von Leonard (▸ Leonhard).

¹Leo: griechischer und lateinischer Ursprung, geht zurück auf den spätrömischen Beinamen Leo (lat. leo »Löwe«).

²Leo: Kurzform von ▸ Leonhard und ▸ Leopold.

Leon: Variante von ▸ ¹Leo oder Kurzform von ▸ Leonhard.

Léon [leˈõ]: französische Form von ▸ ¹Leo.

Leonard, (auch:) Lennard; Lenard [ˈlɛnəd]: englische Form von ▸ Leonhard.

Léonard [leoˈna:r]: französische Form von ▸ Leonhard.

Leonardo: italienische Form von ▸ Leonhard.

Leonhard: ahd. lewo »Löwe«, entlehnt aus lat. leo, leōnis »Löwe« + ahd. harti, herti »hart, kräftig, stark«; besonders im romanisch-germanischen Mischgebiet des Frankenreiches kann das erste Namenglied aber auch direkt aus dem Lateinischen stammen.

Leonid: zum Personennamen Léōn, aus griech. léōn

Die schönsten Namen großer Forscher

Albert Einstein
Alexander von Humboldt
Charles Darwin
Georg Simon Ohm
Gregor Mendel
Heinrich Schliemann
Isaac Newton
Jacob Grimm
Justus Liebig
Linus Pauling
Max Planck
Niels Bohr
Nikolaus Kopernikus

»Löwe« mit dem patronymischen Suffix -ídēs, also »Sohn des Leon«.

Leopold, (auch:) Luitpold: alter deutscher Vorname, der auf die Latinisierung von ▸ Luitpold zurückgeht.

Leslie: aus dem Englischen, zugrunde liegt ein schottischer Orts- und Familienname; ursprünglich männl. Vorname, seit den 1960er-Jahren in den USA häufiger als Mädchenname verwendet.

Lester: phonetische Schreibung des englischen Orts- und Familiennamens Leicester, Verwendung als Vorname seit dem 19. Jh.

Lev: ▸ Lew.

Levent: zu türk. levent »junger Held«.

Levi, (auch:) Levy: aus der Bibel, hebräischer Ursprung, wird in der Bibel volksetymologisch mit der Wurzel lwh »sich anschließen« in Verbindung gebracht, Urbedeutung möglicherweise »Anhänger, Verehrer des Gottes …«.

Levin, (auch:) Lewin: niederdeutscher Vorname, zu altsächs. liof »lieb, wert, freundlich« + altsächs. wini »Freund«.

Levy: Schreibvariante von ▸ Levi.

Lew, (auch:) Lev [ljɛf]: russische Form von ▸ Leo.

Lewin: ▸ Levin.

Lewis [ˈluːɪs]: englische Form von ▸ Ludwig.

Lex: Kurzform von ▸ Alexander oder ▸ Alexis, auch englisch.

Li: chinesische Herkunft, Bedeutung »Pflaumenbaum«.

Liam [ˈliːəm]: ursprünglich irische Kurzform von William (▸ Wilhelm).

Lian: chinesische Herkunft, Bedeutung »anmutiger Weidenbaum«.

Liborius, (auch:) Libor; Börries: lateinischer Ursprung, Bedeutung unklar.

Lienhard: oberdeutsche Nebenform von ▸ Leonhard.

Linnart: ▸ Lennart.

Lino: italienische Form von ▸ Linus oder Kurzform von Namen auf »-lino« (z. B. ▸ Angelino).

Linus: griechische/lateinische Herkunft, Bedeutung unklar. In der griechischen Mythologie war Línos, Sohn des Apollon, Lehrer des Herakles in der Musik.

Lion: Variante von ▸ Leo(n).

Lionel, (auch:) Lyonel [ˈlaɪənl]: aus dem Englischen, geht zurück auf eine altfranzösische Koseform von ▸ Léon.

Livio: italienische Form von ▸ Livius.

Livius: lateinischer Ursprung, geht zurück auf einen römischen Geschlechternamen ungeklärter Herkunft und Bedeutung.

Lloyd [lɔɪd]: englische Schreibweise eines ursprünglich walisischen Vor- und Familiennamens (zu walisisch llwyd »grau«).

Logan [ˈloʊgən]: ursprünglich ein schottischer Orts- und Familienname.

Loic: aus dem Französischen (Loïc), wohl Koseform von Loeiz, der bretonischen Form von ▸ Louis.

Lois: Kurzform von ▸ Alois.

Loren: Kurzform von ▸ Lorenz, auch englische Variante von ▸ Lauren.

Lorenz: deutsche Form von ▸ Laurentius.

Lorenzo: italienische Form von ▸ Laurentius.

Lorin: englische Variante von ▸ Loren.

Loris: italienische männl. Bildung zu ▸ Lora.

Lothar, (selten auch:) Lotar: alter deutscher Vorname, zu ahd. hlūt »laut, berühmt« + ahd. heri »Kriegsschar, Heer«.

Lou [lu:]: Kurzform von ▸ Louis.

Louis [luˈɪ], engl. Aussprache [ˈlu:ɪs]: französische Form von ▸ Ludwig, auch englisch.

Lovis: niederdeutsche Form von ▸ Louis.

Lu: Kurzform von ▸ Ludwig.

Luc [lyk]: französische Form von ▸ Lukas.

Luca: italienische Form von ▸ Lukas.

Lucas: ▸ Lukas.

Lucian, (auch:) Luzian: geht zurück auf den römischen Beinamen Lucianus, Weiterbildung von ▸ Lucius.

Luciano [luˈtʃa:no]: italienische Form von Lucianus (▸ Lucian).

Lucien [lyˈsjɛ̃]: französische Form von Lucianus (▸ Lucian).

Lucio [ˈlu:tʃo]: italienische Form von ▸ Lucius.

Lucius, (auch:) Luzius: geht zurück auf einen alten, sehr verbreiteten römischen Vornamen (Praenomen), zu lat. lūx »Licht«, also »der Lichte, der Glänzende« oder »der bei Tagesanbruch Geborene«.

Lüder: niederdeutsche Form von Liuther (ahd. liut »Volk« + ahd. heri »Kriegsschar, Heer«).

Ludewig: ▸ Ludwig.

Ludger: niederdeutsche Form von Liutger (ahd. liut »Volk« + ahd. gēr »Speer«).

Ludo: Kurzform von Namen, die mit »Lud-« (z. B. ▸ Ludolf) gebildet sind.

Ludolf: zu ahd. liut »Volk« + ahd. wolf »Wolf«.

Ludwig, (auch:) Ludewig: alter deutscher Vorname, zu ahd. hlūt »laut, berühmt« + ahd. wīg »Kampf, Krieg«.

Ludwin: ▸ Luitwin.

Luigi [lu'i:dʒi]: italienische Form von ▸ Ludwig.

[1]Luis: eindeutschende Schreibung von französ. ▸ Louis.

[2]Luis: spanische Form von ▸ Ludwig.

Luitpold, (auch:) Lupold; Leopold: alter deutscher Vorname, zu ahd. liut »Volk« + ahd. bald »kühn«.

Luitwin, (auch:) Ludwin; Lutwin: alter deutscher Vorname, zu ahd. liut »Volk« + ahd. wini »Freund«.

Luka: russische, serbische, kroatische Form von ▸ Lukas oder Eindeutschung von italienisch ▸ Luca.

Lukas, (auch:) Lucas: lateinischer Ursprung, mit dem griechischen Suffix »-âs« gebildete Ableitung von ▸ Lucius (etwa »der große Lúkios/Lucius«).

Luke [lu:k]: englische Form von ▸ Lukas.

Lupold: ▸ Luitpold.

Lutwin: ▸ Luitwin.

Lutz: Koseform von ▸ Ludwig.

Luzian: ▸ Lucian.

Luzius: ▸ Lucius.

Lyonel: ▸ Lionel.

Lysander: lateinische Form des griechischen Namens Lýsandros (zu griech. lýō »lösen, befreien« und griech. anḗr, andrós »Mann«, etwa »der Männer Befreiende«).

M

Maarten: niederdeutsch-friesische und niederländische Form von ▸ Martin.

Mads: dänische Kurzform von ▸ Matthias oder ▸ Matthäus.

Madu: aus Nigeria, bedeutet in der Ibo-Sprache »Volk«.

Maël [ma'ɛl]: aus dem Französischen, bretonische Herkunft, zu altbretonisch mael »Prinz«.

Magnus: zu lat. māgnus »groß«.

Mahmut [max'mut]: türkische Form des arabischen Namens Maḥmūd (»der Lobenswerte, der Gepriesene«, zu arab. ḥamida »loben, rühmen, preisen«, einer der Beinamen des Propheten Mohammed).

Maik: eindeutschende Schreibung von ▸ Mike.

Maiko: ▸ Meiko.

Maksim: russische Form von ▸ Maximus.

Malcolm, engl. Aussprache: [ˈmælkəm]: aus dem Englischen, geht zurück auf gäl. maol-Columb »Diener/Schüler des [heiligen] Columba« (▸ Callum).

[1]Malik: gekürzte Form von Abd-el-Malik (arab. ʻabd »Diener« + arab. al mālik »der Besitzer, König« zu arab. malaka »besitzen«, einer der Beinamen Allahs: »Diener [Gottes,] des Königs«).

[2]Malik: bulgarische Koseform von Namen wie z. B. Malomir (urslaw. *malь »klein« + urslaw. *mirъ »Friede«).

Malte: aus dem Dänischen, geht zurück auf eine alte deutsche Kurzform von Helmolt (ahd. helm »Helm« + ahd. -walt zu waltan »walten, herrschen«).

Malvin: ▸ Melvin.

Malwin: Eindeutschung von ▸ Malvin, vielleicht auch Wiederaufnahme einer jüngeren Form des deutschen Vornamens Madalwin (zu got. maþl »festes Wort, Verhandlung, Versammlung« + ahd. wini »Freund«).

Manfred, (auch:) Manfried: normannische Form von Manfried (ahd. man »Mann« + ahd. fridu »Schutz vor Waffengewalt, Friede«).

Mani: zu sanskrit. mani »Kleinod, Juwel«.

Manólis: griechische Form von ▸ Manuel.

Manolo, (auch:) Manolito: spanische Koseformen von ▸ Manuel.

Manuel: spanische Form von ▸ Emanuel.

Marbod: alter deutscher Vorname, zu ahd. marah »Pferd« + altsächs. bodo »Gebieter«, später umgedeutet zu ahd. boto »Bote«.

Die schönsten Namen großer Philosophen

Albertus Magnus
Arthur Schopenhauer
Baruch de Spinoza
Friedrich Nietzsche
Immanuel Kant
Johann Gottlieb Fichte
Karl Jaspers
Ludwig Wittgenstein
Marc Aurel
Martin Heidegger
Paul Sartre
René Descartes
Roger Bacon
Thomas von Aquin

Marc: französische und katalanische Form von ▸ Markus.
Marcel [...ˈsɛl]: französische Form von ▸ Marcellus.
Marcell: ▸ Marcellus.
Marcellino [martʃelˈli:no]: italienische Form von ▸ Marcellinus.
Marcellinus: Weiterbildung von ▸ Marcellus.
Marcello [marˈtʃɛlo]: italienische Form von ▸ Marcellus.
Marcellus, (auch:) Marzellus; Marcell; Marzell: lateinischer Ursprung, Weiterbildung zu lat. Marcus (▸ Markus).
Marcin [ˈmartçin]: polnische Form von ▸ Martin.
Marco: italienische Form von ▸ Markus.
Marcos: spanische Form von ▸ Markus.
Marcus: ▸ Markus.
Marek: polnische, slowakische und tschechische Form von ▸ Markus.
Marian, (auch:) Marianus: deutsche Form des römischen Beinamens Marianus, einer Weiterbildung von ▸ Marius, oder eine zu ▸ Maria gebildete männl. Form.
Mariano: italienische und spanische Form von ▸ Marian.
Marianus: ▸ Marian.
Marijan: serbische, kroatische, slowenische Form von ▸ Marian.
Marino: italienische Form von ▸ Marinus.
Marinus: lateinischer Ursprung, geht zurück auf den römischen Beinamen Marinus, eine Ableitung von ▸ Marius, wurde aber bereits in spätrömischer Zeit in Verbindung gebracht mit lat. marīnus »am Meer lebend«.
Mario: italienische und spanische Form von ▸ Marius.
Maris: Variante von ▸ Marius.
Marius: lateinischer Ursprung, geht zurück auf einen altrömischen Geschlechternamen.
¹Mark: deutsche und englische Form von ▸ Markus.
²Mark, (auch:) Marke: Kurzform von ▸ Markolf, ▸ Markward.
Marko: eindeutschende Schreibung von ▸ Marco.
Markolf: alter deutscher Vorname, zu ahd. marcha »Grenze« + ahd. wolf »Wolf«.
Markus, (auch:) Marcus: lateinischer Ursprung, geht zurück auf den Vornamen (Praenomen) Mārcus (aus älterem Mārt-kos »dem Mars zugehörig, geweiht«), wurde ursprünglich den im »Mēnsis Mārtius« (März) Geborenen als Name gegeben.

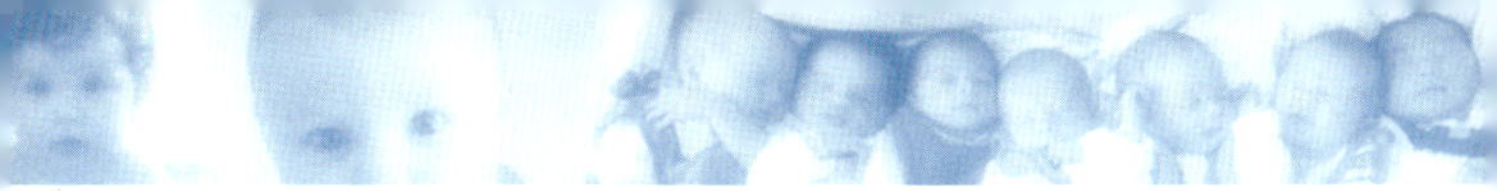

Mạrkward, (auch:) Mạrkwart: alter deutscher Vorname, zu ahd. marcha »Grenze« + ahd. wart »Hüter, Schützer«.

Marlin [ˈmɑːlɪn]: aus dem Englischen, Variante von ▸ Merlin.

Ma̲rlon: aus dem Angloamerikanischen; zugrunde liegt vielleicht eine altfranzös. Koseform von Marc (▸ Markus).

Mạrten: niederdeutsche Form von ▸ Martin.

Martijn [ˈmartein]: niederländische Form von ▸ Martin.

Mạrtin: lateinischer Ursprung, geht zurück auf den römischen Beinamen Martinus (zu lat. Mārs, -tis, dem Namen des Kriegsgottes).

Marti̲no: italienische Form von ▸ Martin.

Má̤rton: ungarische Form von ▸ Martin.

Mạrty: englische Koseform von ▸ Martin.

Mạrvin, (auch:) Mạrvyn: aus dem Englischen; zugrunde liegt der walisische Name Merfyn, aus dem mehrere englische Familiennamen hervorgegangen sind.

Mạrwin: alter deutscher Vorname, zu ahd. māri »bekannt, berühmt, angesehen« + ahd. wini »Freund« oder Eindeutschung von ▸ Marvin.

Marzẹll, (auch:) Marcẹll: deutsche Form von ▸ Marcellus.

Marzẹllus: ▸ Marcellus.

Mạssimo: italienische Form von ▸ Maximus.

»Starke« Jungennamen

Baldur (»mutig, wehrhaft«)
Bernhard (»stark, kräftig wie ein Bär«)
Björn (»Bär«)
Konrad (»kühn in der Beratung«)
Konstantin (»standhaft«)
Leo (»Löwe«)
Leonhard (»kräftig, stark wie ein Löwe«)
Magnus (»der Große«)
Metin (»stark, vertrauenswürdig«)
Pankraz (»all, ganz« + »Kraft, Macht«)
Pantaleon (»gänzlich ein Löwe«)
Simba (»Löwe«)
Urs (»der Bär«)
Valdis (»Herrscher«)
Valentin (»kräftig, stark«)
Valerius (»kräftig, stark sein«)
Viktor (»Sieger«)
Vincent (»siegend«)

Mateo: spanische Form von ▸ Matthäus.
Mateusz [maˈtɛuʃ]: polnische Form von ▸ Matthäus.
Mathew: ▸ Matthew.
Mathias: Schreibvariante von ▸ Matthias, auch dänisch.
Mathieu [maˈtjø]: französische Form von ▸ Matthäus.
Mathis, (auch:) Mattis; Matthis: verkürzte Form von ▸ Matthias.
Mats: schwedische Kurzform von ▸ Matthias.
Matteo: italienische Form von ▸ Matthäus.
Mattes, (auch:) Matthes: verkürzte Form von ▸ Matthäus.
Matthäus: geht zurück auf die griechische/lateinische Form von hebr. Mattai, Kurzform von hebr. mattanyāh »Gabe Jahwes«.
Matthew [ˈmæθju:]: englische Form von ▸ Matthäus.
Matthias: griechische Kurzform von Mattatías, zu hebr. mattityāh »Gabe Jahwes«.
Matthieu: ▸ Mathieu.
Matthis: ▸ Mathis.
Matti: finnische Form von ▸ Matthias.
Mattias: ▸ Matthias.
Maurice, französ. Aussprache: [moˈris], engl. Aussprache: [ˈmɔrɪs]: französische und englische Form von ▸ Moritz.
Mauritius: ▸ Moritz.
Maurits: niederländische, norwegische und schwedische Form von ▸ Moritz.
Mauritz: ▸ Moritz.
Maurizio: italienische Form von ▸ Moritz.
Mauro: italienische Form von ▸ Maurus.
Maurus: lateinischer Ursprung, geht zurück auf einen römischen Beinamen (lat. maurus »der aus Mauretanien Stammende, der Mohr«).
Max: Kurzform von ▸ Maximilian.
Maxim: deutsche Form des römischen Beinamens Maximus (lat. māximus, -a, -um »der Größte«).
Maxime: französische Form von ▸ Maximus.
Maximilian: geht zurück auf die vulgärlateinische Form (Maximilianus) des römischen Beinamens Maximillianus, einer Bildung zu lat. māximus »der Größte«.
Maximilien [maksimiˈljɛ̃]: französische Form von ▸ Maximilian.
Maximin: deutsche Form von Maximinus, einem römischen Beinamen zu lat. māximus, -a, -um »der Größte«.

Maximo: spanische Form (Máximo) von ▸ Maxim.

Medardus, (auch:) Medard: wahrscheinlich latinisierte Form von Machthard (ahd. ma[c]ht »Macht, Kraft« + ahd. harti, herti »hart, kräftig, stark«).

Mehmet: türkische Form von ▸ Mohammed.

Meik, (auch:) Maik: eindeutschende Schreibung von engl. ▸ Mike.

Meiko: niederdeutsch-friesische Koseform von Namen, die mit »Mein-« gebildet sind (z. B. ▸ Meinhard).

Meinhard, (auch:) Meinard; Meinert: alter deutscher Vorname, zu ahd. magan, megin »Kraft, Stärke, Macht« + ahd. harti, herti »hart, kräftig, stark«.

Mel: englische Kurzform von ▸ Melvin.

Melchior: zu hebr. *Melki'or, zu hebr. mäläk »König« und ōr »Licht«, etwa »König [Jahwe] ist Licht«. Melchior ist einer der Heiligen Drei Könige.

Melek: türkische Form von ▸ [1]Malik.

Melvin, (auch:) Melvyn; Malvin [ˈmæ...]: aus dem Englischen, Rückbildung aus dem weibl. Vornamen Melvina (▸ Malwine) oder Variante von Melville, einem schottischen Familiennamen, dem ein französischer Ortsname zugrunde liegt.

Melwin: Eindeutschung von ▸ Melvin.

Merlin, aus dem Englischen, stammt aus dem Sagenkreis um den walisischen König Artus, geht zurück auf die entstellende Latinisierung von kelt. (walis.) Myrddin, Merddin (wohl mit der Bedeutung »Hügel am Meer, Düne«).

Merten: niederdeutsche Form von ▸ Martin.

Mervyn: aus dem Englischen, walisischer Ursprung, ▸ Marvin.

Merwin: Eindeutschung von ▸ Mervyn oder Variante von ▸ Marwin.

Metin: zu türk. metin »stark, vertrauenswürdig« aus gleichbedeutend arab. matīn.

[1]Micha: aus der Bibel, zu hebr. mīkā, Kurzform von ▸ Michael oder mīkāyāhū »wer ist wie Jahwe?«.

[2]Micha: Kurzform von ▸ Michael.

Michael: aus der Bibel, zu hebr. mīkā'ēl »wer ist wie Gott?«.

Michail [mixaˈil]: russische Form von ▸ Michael.

Michal: tschechische Form von ▸ Michael, auch Eindeutschung von poln. Micha.

[1]Michel: deutsche Form von ▸ Michael.

²Michel [miˈʃɛl]: französische Form von ▸ Michael.
Michele [miˈkɛle]: italienische Form von ▸ Michael.
Mick: englische Kurzform von ▸ Michael.
Mickey: englische Koseform von ▸ Michael.
Miguel [miˈgɛl]: spanische Form von ▸ Michael.
Mihály [ˈmihaːj]: ungarische Form von ▸ Michael.
Mika: Kurzform von ▸ Mikael.
Mikael: nordische Form von ▸ Michael.
Mike [maɪk]: aus dem Englischen, Kurzform von ▸ Michael.
Mikis: von der griechischen Insel Chios stammende Kurzform von ▸ Michael.
Mikko: finnische Form von ▸ Michael.
Miklas: geht zurück auf eine Kurzform von poln. Mikołaj bzw. tschech. Mikoláš (▸ Nikolaus) zurück.
Miklós [ˈmikloːʃ]: ungarische Form von ▸ Nikolaus.
Mikolai: eindeutschende Schreibung von Mikołaj, der polnischen Form von ▸ Nikolaus.
Milan: tschechische Herkunft, zu urslaw. *milъ »lieb, teuer« + Endung -an.
Milian: Kurzform von ▸ Maximilian.
Milko: Kurzform von ▸ Miloslaw/Miloslav.
Milo: Kurzform von ▸ Miloslaw/Miloslav.
Miloslaw, (auch:) Miloslav: aus dem Polnischen (Miłosław), Russischen oder Tschechischen (Miloslav), zu urslaw. *milъ »lieb, teuer« + urslaw. *slava »Ruhm, Ehre«.
Mirco: italienische Schreibweise von ▸ Mirko.
Mirek: polnische und tschechische Koseform von ▸ Miroslaw.
Mirjan: bulgarische Bildung zu einer Kurzform von Namen wie Miroslav (▸ Miroslaw).
Mirko: Koseform von ▸ Miroslaw/Miroslav.
Miro: zugrunde liegen kann u. a. eine italienische Kurzform von Miroslavo (▸ Miroslaw), Vladimiro (▸ Wladimir).
Miroslaw, (auch:) Miroslav: aus dem Polnischen (Mirosław) oder Tschechischen/Slowenischen/Serbischen/Kroatischen (Miroslav), zu urslaw. *mirъ »Friede« + urslaw. *slava »Ruhm, Ehre«.
Mischa, (auch:) Mischka: aus dem Russischen, Koseform von Michail (▸ Michael).
Mitja: russische Herkunft, Koseform von ▸ Dimitri.
Mohammed, (auch:) Mohamed: zu arab. muḥammad »preiswürdig« zu arab. ḥamida »preisen«; als Name des

Propheten Mohammed, des Begründers des Islam, der beliebteste männliche Vorname in der gesamten islamischen Welt.

Monty: Kurzform der auch als Vornamen verwendeten englischen Familiennamen Montague und Montgomery. Diese Familiennamen, die mit der normannischen Eroberung nach England kamen, gehen auf französische Ortsnamen zurück.

Moreno: aus dem Italienischen, geht zurück auf moreno, -a »braun«. In Spanien sind Moreno/Morena aber keine Vornamen.

Morgan [ˈmɔːgən]: aus dem Englischen, geht zurück auf einen alten walisischen Personennamen und späteren Familiennamen, Etymologie umstritten.

Moritz, (auch:) Moriz: aus lat. Mauritius, einer Ableitung von ▸ Maurus.

Morris: englische Form von ▸ Moritz.

Morten: dänische und norwegische Form von ▸ Martin.

Mosche: Nebenform von ▸ Moses.

Moses, (überkonfessionelle Form:) Mose: aus der Bibel, ägyptischer Ursprung, Verkürzung eines theophoren [= einen Gottesnamen enthaltenden] Namens wie Thut-mosis, Ramses [= Ra-mosis], wobei -mosis so viel bedeutet wie »geboren aus …, Sohn des …«. Nach der Bibel war

Die schönsten Jungennamen mit der Bedeutung »Glück, glücklich«

Anand (»Glück, Freude«)
Asad (»glücklicher«)
Baruch (»der Gesegnete«)
Beatus (»glücklich«)
Benedikt (»gepriesen, gesegnet«)
Benjamin (»Sohn der rechten Hand, des Glücks«)
Felix (»glücklich«)
Fortunat (»glücklich, gesegnet«)
Gaudenz (»sich freuend«)
Hilarius (»heiter, fröhlich«)
Isaak (»Gott lächelt [dem Kind] zu«)
Naim (»sorglos, glücklich«)
Noam (»Wonne, Freude, Heiterkeit«)
Said (»glücklich«)
Salomon (»Glück, Wohlergehen, Friede«)
Yaron (»Er wird singen, er wird froh sein«)

Moses der Führer der Israeliten aus der ägyptischen Unterdrückung und Mittler zwischen Jahwe und Israel.

Mo̱yo: aus Malawi, bedeutet in der Ngoni-Sprache »Leben, Wohlbefinden, Gesundheit«.

Muhammẹd: türkische Form von ▸ Mohammed.

Muni̱r: zu arab. munīr »strahlend, leuchtend«; Sirādsch Munīr »Leuchtende Lampe« ist einer der Beinamen Mohammeds.

Mura̱d: zu arab. murād »erwünscht«.

Mu̱sa, (auch:) Mu̱ssa: arabische Form von Mose (▸ Moses), auch türkisch.

Mustafạ: zu arab. mustafa »erwählt«.

Myron [ˈmaɪərən]: aus dem Englischen, zu griech. mýrōn »Öl, parfümierte Salbe«.

N

Nabi̱l: zu arab. nabīl »edel, ehrenwert«; auch türkisch.

Na̱dir: zu arab. nādir »selten, kostbar«; auch türkisch.

Nahu̱m: aus der Bibel, hebräischer Ursprung, Kurzform von Namen wie ▸ Nehemia oder »Tröster«.

Na̱il: zu arab. nā'il »jemand, der [seine Ziele] erreicht«; auch türkisch.

Nai̱m: zu arab. na'īm »sorglos, glücklich«; auch türkisch.

Nạndo: Kurzform von italienisch ▸ Ferdinando oder spanisch ▸ Fernando.

Nạndolf: alter deutscher Vorname, zu ahd. nand [nur noch in Namen belegt] »kühn, wagemutig«, vgl. ahd. nenden »wagen« + ahd. wolf »Wolf«.

Narcịss, (auch:) Narzịß: aus der griechischen Mythologie, griechisch-lateinischer Ursprung, zu lat. narcissus < griech. nárkissos »Narzisse«.

Nat [næt]: englische Kurzform von ▸ Nathan und ▸ Nathanael.

Na̱tan: ▸ Nathan.

Nata̱naël: ▸ Nathanael.

Na̱than, (überkonfessionelle Form:) Na̱tan: hebräischer Ursprung, Kurzform von ▸ Jonathan »Jahwe hat gegeben«. Nach der Bibel war Nathan ein Prophet, der David nach dem Ehebruch mit Bathseba und dem Mord an Uria das Urteil Gottes verkündete.

Nathanael, (überkonfessionelle Form:) Natanaël: hebräischer Ursprung, Bedeutung »Gott hat gegeben«.
Nathaniel [nəˈθænjəl]: englische Form von ▸ Nathanael.
Navin: indischer Ursprung, Bedeutung »der Neue«.
Nawid: zu pers. navīd »frohe Kunde«.
Neal: ▸ Neil.
Ned: englische Kurzform von Edward (▸ Eduard).
Neels: friesische Kurzform von ▸ Cornelius.
Nehemia: zu hebr. nḥæmyā »Jahwe hat getröstet«.
Neil, (auch:) Neal [niːl]: englische Form des gälischen Namens Niall, dessen Bedeutung umstritten ist (»Kämpfer«, »Wolke« oder »leidenschaftlich«).
Nelio: Kurzform von ▸ Cornelio.
Nelson: ursprünglich englischer Familienname (»Sohn des Nel«, ▸ Neil), Verwendung als Vorname zunächst wohl in Andenken an den britischen Admiral Lord Nelson.
Neo: Kurzform von Ireneo, der italienischen Form von ▸ Irenäus.
Nepomuk: nach dem heiligen Johannes Nepomuk, dessen Beiname auf seinen Geburtsort Pomuk (Böhmen) zurückgeht.
Nestor: griech. Néstōr, geht zurück auf den Helden der Ilias und der Odyssee. Nach der griechischen Sage führte Nestor im hohen Alter 90 Schiffe gegen Troja, wobei er sich durch seine weisen Ratschläge und seine Beredsamkeit auszeichnete.
Nicholas [ˈnɪkələs]: englische Form von ▸ Nikolaus.
Nick: englische Kurzform von Nicholas (▸ Nikolaus).
Nicki, (auch:) Niki: Koseform von ▸ Nikolaus.
Nicklas: ▸ Niklas.
Nicko: ▸ Nico.
Nicky: Schreibvariante von ▸ Nicki, auch englische Koseform von ▸ Nick.
Niclas: ▸ Niklas.
Nico: Kurzform von Nicolaus oder von italienisch Nicola (▸ Nikolaus).
Nicol: ▸ Nikol.
Nicola: italien. Form von ▸ Nikolaus.
Nicolai: ▸ Nikolai.
Nicolas [nɪkɔˈla]: französische Form von ▸ Nikolaus.
Nicolaus: ▸ Nikolaus.

Nicolo: italienische Form (eigentlich Nicolò) von ▸ Nikolaus.

Niel: ▸ Neil.

Niels: dänische Form von ▸ Nikolaus.

Nigel [naɪdʒl]: aus dem Englischen, hervorgegangen aus der Latinisierung des gälischen Namens Niall (▸ Neil) als Nigellus.

Nik: Kurzform von ▸ Nikolaus.

Niki: ▸ Nicki.

Nikias: zu griech. níkē »Sieg«.

Nikita: russische Form des griechischen Namens Nikētas (zu griech. níkē »Sieg«).

Niklas: Kurzform von ▸ Nikolaus.

Niklaus: schweizerische Kurzform von ▸ Nikolaus.

Niko: Kurzform von ▸ Nikolaus.

Nikodemus, (auch:) Nikodem: aus der Bibel, eigentlich etwa »Volkssieger« (griech. Nikódēmos, zu griech. níkē »Sieg« und dēmos »Volk«).

Nikol, (auch:) Nicol: Kurzform von ▸ Nikolaus.

Nikola: eindeutschende Schreibung von italien. ▸ Nicola.

Nikolai, (auch:) Nikolaj; Nicolai; (russ. Betonung:) Nikolaj: russische Form von ▸ Nikolaus.

Nikolas: eindeutschende Schreibung von französ. ▸ Nicolas.

Nikolaus, (auch:) Nicolaus; Nikolaus: griech. Nikólaos, zu griech. níkē »Sieg« und laós »Volk, Kriegsvolk«.

Níkos: neugriechische Kurzform von Nikólaos (▸ Nikolaus).

Nils: schwedische und norwegische Kurzform von ▸ Nikolaus.

Nino: italienische Herkunft, Kurzform von Giovannino (▸ Johannes).

Nis: nordfriesische und dänische [nɪs], in Nordschleswig verbreitete Form von ▸ Niels.

Noa: Variante von ▸ Noah.

Noah, (auch:) Noa, Noe, (überkonfessionelle Form:) Noach: hebräischer Ursprung, wahrscheinlich Kurzform eines hebräischen Befehlsnamens, etwa: »beruhige dich [, Gott]!« Nach der Bibel ließ Gott Noah wegen seiner Frömmigkeit mit seiner Familie und zahlreichen Tierpaaren in einer Arche die Sintflut überleben.

Noam: hebräischer Ursprung, »Wonne, Freude, Heiterkeit«.

Noe: Variante von ▸ Noah.

Noel: zu französ. Noël »Weihnachten«.
Norbert: alter deutscher Vorname, zu ahd. nord »Norden« + ahd. beraht »glänzend«.
Norman, (auch:) Normann: alter deutscher Vorname, zu ahd. nord »Norden« + ahd. man »Mann«.
Norwin: alter deutscher Vorname, zu ahd. nord »Norden« + ahd. wini »Freund«.

O

Octavian, (auch:) Oktavian: lateinischer Ursprung, geht zurück auf Octavianus, einen von ▸ Octavius abgeleiteten Beinamen.
Octavio: spanische Form von ▸ Octavius.
Octavius: lateinischer Ursprung, geht zurück auf einen römischen Geschlechternamen, der wiederum auf dem alten Praenomen (Vornamen) Octāvus (lat. »der Achte«) beruht. Mit Octavus wurde ursprünglich ein im achten römischen Monat geborener Knabe benannt.
Odilo: alter deutscher Vorname, Koseform von ▸ Odo.
Odin: nach der höchsten Gottheit der nordgermanischen Mythologie, altnord. Óêinn, wahrscheinlich zu óêr »rasend«. Bei den Westgermanen trägt der Gott den Namen Wotan.
Odo: alter deutscher Vorname, verselbstständigte Kurzform von Namen, die mit »Ot-« (ahd. ōt »Besitz, Reichtum«) gebildet sind (z. B. ▸ Otfried und ▸ Otmar).
Odwin: ▸ Otwin.
Oktavian: ▸ Octavian.
Olaf: altnordische Herkunft, zu altnord. Ōlāfr aus *Anulai-ƀaR, etwa »Nachkomme des Urahns«.
Oldrik: niederdeutsche Form von ▸ Ulrich.
[1]Ole: Kurzform von Namen, die mit »Ul-« gebildet sind (z. B. ▸ Ulrich).
[2]Ole: dänische/norwegische Kurzform von ▸ Olaf.
Oleg: aus dem Russischen, geht zurück auf den nordischen Namen ▸ Helge, der mit den Warägern (Normannen) nach Russland kam.
Oliver, (auch:) Oliver: geht zurück auf altfranzös. Olivier, den Namen des Waffengefährten Rolands, wird traditionellerweise von altfranzös. olivier (zu spätlat. olīvarius

»Ölbaum[pflanzer]«) abgeleitet, ein germanischer Ursprung (Ableitung von einem Namen wie Alf-heri oder auch Wolf-heri) ist aber wahrscheinlicher.

Olivier [ɔliˈvje]: französische Form von ▸ Oliver.

O̲lof, (auch:) O̲lov: schwedische Form von ▸ Olaf.

Ọlrik: niederdeutsch-friesische Form von ▸ Ulrich.

O̲luf: dänische Form von ▸ Olaf.

Ọnno: friesische Herkunft, entweder eine Kurzform, deren Ausgangsform wegen der starken Verkürzung nicht mehr zu ermitteln ist, oder ein mit ahd. gunnen, mittelniederländ. gehe-onnen, onnen »gönnen« gebildeter Name.

O̲rell: schweizerische Form von ▸ Aurelius.

Orẹst: griech. Oréstēs zu griech. óros »Berg«, etwa »Bergbewohner«. Nach der griechischen Sage ist Orestes der Sohn von Agamemnon und Klytämnestra. Er rächt den Tod seines Vaters, indem er die eigene Mutter ermordet.

Orhạn: alttürkischer Ursprung.

Oriọl: nach dem Familiennamen des katalanischen Heiligen Joseph Oriol, der aus dem römischen Beinamen Aureolus/Auriolus (zu lat. aurum »Gold«) hervorgegangen ist.

Orlạndo: italienische Form von ▸ Roland.

Ọskar, (auch:) Ọscar: geht zurück auf den Namen einer Gestalt aus »The Works of Ossian« von James MacPherson. Es ist umstritten, ob der Name von Ossians Sohn nordischer (altnord. Ásgeirr zu altnord. áss, óss »Gott« + altnord. geir »Speer«; vgl. ▸ Ansgar) oder keltischer (gäl. Osgar zu gäl. os »Hirsch« + gäl. cara »Freund«) Herkunft ist.

Osmạn: türkische Form des arabischen Namens ʻUthmān zu arab. ʻuthmān »Trappe [eine Vogelart]«.

Ọsmar: alter deutscher Vorname, altsächsische Nebenform von Ansmar (german. *ans »Gottheit« + ahd. māri »bekannt, berühmt, angesehen«).

Ọssip: russische Form von ▸ Josef.

Ọswald: altsächsische Nebenform von Answald (german. *ans »Gottheit« + ahd. -walt zu waltan »herrschen, walten«).

Ọtfried, (auch:) Ọttfried: alter deutscher Vorname, zu ahd. ōt »Besitz, Reichtum« + ahd. fridu »Schutz vor Waffengewalt, Friede«.

Ọthmar: ▸ Otmar.

Otis ['oʊtɪs]: ursprünglich englischer Familienname mit der Bedeutung »Sohn des Ote« (vgl. ▸ Otto).

Ọtmar, (auch:) Ọttmar; Ọthmar; Ọttomar: alter deutscher Vorname, zu ahd. ōt »Besitz, Reichtum« + ahd. māri »bekannt, berühmt, angesehen«.

Ọtt: ▸ Otto.

Otta̲vio: italienische Form von ▸ Octavius.

Ọttfried: ▸ Otfried.

Ọttmar: ▸ Otmar.

Ọtto: alter deutscher Vorname, verselbstständigte Kurzform von Namen, die mit »Ot-« (ahd. ōt »Besitz, Reichtum«) gebildet sind.

Ọttokar: alter deutscher Vorname, der sich aus der Namensform Odowakar (ahd. ōt »Besitz, Reichtum« + ahd. wakar »wachsam, munter«) entwickelt hat (vgl. Odoaker, den Namen eines germanischen Heerführers).

Ọttomar: ▸ Otmar.

Ọtwin, (auch:) Ọdwin: alter deutscher Vorname, zu ahd. ōt »Besitz, Reichtum« + ahd. wini »Freund«.

O̲we, (auch:) O̲ve: ▸ Uwe.

Die schönsten Jungennamen mit religiöser Bedeutung

Amos (»der [von Gott] Getragene«)
Bogdan (»Gottesgeschenk«)
Daniel (»Gott richtet«)
Donat (»der von Gott Geschenkte«)
Elias (»mein Gott ist Jahwe«)
Gabriel (»Gott hat sich stark gezeigt« oder »Mann Gottes«)
Immanuel (»mit uns ist Gott«)
Isaak (»Gott lächelt [dem Kind zu]«)
Ismael (»Gott hört«)
Jair (»Lass Jahwe erstrahlen«)
Jakob (»Gott möge schützen«)
Joel (»Jahwe ist Gott«)
Johannes (»Jahwe hat Gnade erwiesen«)
Jonathan (»Jahwe hat gegeben«)
Matthias (»Gabe Jahwes«)
Nathanael (»Gott hat gegeben«)
Samuel (»Er hat Gott gehört«)
Theodor (»Gottesgeschenk«)
Tobias (»Jahwe ist gütig«)

P

Paavo: finnische Form von ▸ Paul.

Pablo: spanische Form von ▸ Paul.

Paco: spanische Koseform von Francisco (▸ Franz).

Padmaj [pad'madʒ]: zu sanskrit. padma »Lotus« + sanskrit. ja »geboren«: »der Lotusgeborene«, Beiname des Gottes Brahma.

Pál: ungarische Form von ▸ Paul.

Palle: friesisch-niederländische Koseform – eigentlich Lallform aus der Kindersprache – von Namen, die mit »Bald-« (ahd. bald »kühn«) gebildet sind, auch altschwedische Koseform von ▸ Paul. Dän. Palle ist eine jüngere Form von Palne, einem Namen ungeklärter Herkunft.

Pankraz, (auch:) Pankraz: griech. Pankrátēs, zu griech. pān »all, ganz« und krátos »Kraft, Macht«, krateīn »herrschen«.

Pantaleon: zu griech. pánta »in allem« und léōn »Löwe«, »gänzlich ein Löwe«.

Paolo: italienische Form von ▸ Paul.

Pascal: französische Form von lat. Paschalis (zu lat. pascha »Osterfest« über aramäisch pisḥā aus hebr. pesaḥ).

Pascual: spanische Form von Paschalis (▸ Pascal).

Pasqual: rätoromanische und katalanische Form von Paschalis (▸ Pascal).

Pasquale: italienische Form von Paschalis (▸ Pascal).

Pat [pæt]: englische Kurzform von ▸ Patrick.

Patrice [pa'tris]: französische Form von ▸ Patricius.

Patricio [pa'triθi̯o]: spanische Form von ▸ Patricius.

Patricius: geht zurück auf einen römischen Beinamen, zu lat. patricius, -a, -um »patrizisch, dem römischen Geburtsadel angehörig«, begegnet in Deutschland vor allem in der englischen Form ▸ Patrick.

Patrick [...æ...]: englische Form von ▸ Patricius.

Patrik: schwedische, norwegische, tschechische, slowakische Form von ▸ Patricius.

Patrizio: italienische Form von ▸ Patricius.

Paul, (auch:) Paulus: lateinischer Ursprung, geht zurück auf den römischen Beinamen Paul[l]us, zu lat. paul[l]us »klein«.

Pavel: tschechische Form von ▸ Paul.

Pavlos: neugriechische Form von ▸ Paul.
Pawel ['pavɪl]: russische Form von ▸ Paul.
Pedro: spanische Form von ▸ Peter.
Peer: niederländische, norwegische und dänische Form von ▸ Peter.
Pepe: spanische Koseform (Lallform) von José (▸ Josef).
Peppo: italienische Koseform von Giuseppe (▸ Josef).
Per: durch Zusammenziehung entstandene nordische Form von ▸ Peter.
Percy, engl. Aussprache: ['pəːsɪ]: aus dem Englischen, ursprünglich englischer Familienname nach einem Ortsnamen in der Normandie.
Perko: bulgarische Koseform von Petar, der bulgar. Form von ▸ Peter.
Perry: englische Koseform von Peregrinus (lat. peregrīnus »Fremder«, später auch »Pilger, Kreuzfahrer«).
Peter, (auch:) Petrus: aus der lateinischen Namensform Petrus. Petrus hieß eigentlich schime'on oder schim'on (▸ Simon). Jesus gab ihm den aramäischen Beinamen kyph' (»Edelstein, Felsbrocken«), in griechischer Umschrift als Kēphâs wiedergegeben. Im Neuen Testament wurde dieser mit dem griechischen Namen Pétros, bezogen auf griech. pétra »Fels«, gleichgesetzt und als »Petrus« ins Lateinische übernommen.
Phil: englische Kurzform von Philip (▸ Philipp).
Philip: englische Form von ▸ Philipp.
Philipp: zu griech. Philippos, zu griech. phílos »Freund« und híppos »Pferd«, also etwa »Pferdefreund«.
Philippe: französische Form von ▸ Philipp.
Pier: ▸ Piero.
Pierino [pi̯e'riːno]: italienische Koseform von ▸ Piero.

Die schönsten internationalen Formen von *Johannes*

Giovanni (italienisch)
Hans (deutsch)
Ioánnis (griechisch)
Ion (rumänisch)
Iwan (russisch)
Janis (lettisch)
Janoś (ungarisch)
Jean (französisch)
Jens (dänisch)
Joan (katalanisch)
João (portugiesisch)
John (englisch)
Jovan (serbisch, kroatisch)
Juan (spanisch)
Juhani (finnisch)
Wanja (russisch)
Yahia (arabisch)

Piero: italienische Form von ▸ Peter.

Pierre [pjɛr]: französische Form von ▸ Peter.

Piet: niederdeutsche und niederländische Kurzform von ▸ Peter.

Pieter: niederdeutsche und niederländische Form von ▸ Peter.

Pietro: italienische Form von ▸ Peter.

Pim: niederdeutsch-friesische und niederländische Koseform – eigentlich Lallform aus der Kindersprache – von ▸ Wilhelm.

Pinkas, (auch): Pinchas, Pinhas: aus der Bibel, hebr. pīnḥas, »der Dunkelhäutige, der Nubier«.

Pio: italienische Form von ▸ Pius.

Pirmin, (auch:) Pirmin: Herkunft und Bedeutung unklar.

Pit, (auch:) Pitt: Kurzform von ▸ Peter, ursprünglich rheinisch.

Pitt: ▸ Pit.

Pius: zu lat. pius, -a, -um »fromm, gottesfürchtig«.

Pjotr: russische Form von ▸ Peter.

Plácido [ˈplaθido]: spanische Form des römischen Beinamens Placidus, zu lat. placidus, -a, -um »sanft, friedlich, ruhig«.

Primus: lateinischer Ursprung, geht zurück auf einen alten, aus Oberitalien stammenden Vornamen (Praenomen; lat. Prīmus »der Erste«). Dort ist die in Rom selbst unbekannte Sitte, die Kinder in der Reihenfolge ihrer Geburt zu nummerieren, schon bei der vorrömischen Bevölkerung nachzuweisen.

Q

Quentin, französ. Aussprache: [kɑ̃ˈtɛ̃]: englische und französische Form von ▸ Quintinus.

Quint: ▸ Quintus.

Quintinus, (auch:) Quintin: lateinischer Ursprung, Weiterbildung von ▸ Quintus.

Quintus, (auch:) Quint: lateinischer Ursprung, geht zurück auf das alte römische Praenomen (Vornamen) Quintus (lat. Quīntus »der Fünfte«). Mit Quintus wurden ursprünglich Knaben benannt, die im fünften Monat

(Quīntīlis mēnsis) des alten, mit März beginnenden römischen Kalenders geboren wurden. Der Monat wurde später zu Ehren Julius Cäsars umbenannt.

Quirin, (auch:) Quirinus: geht zurück auf den Namen eines alten römischen Gottes (lat. Quirīnus), wurde später zum Beinamen von Romulus, dem zum Gott erhobenen Gründer der Stadt Rom.

R

Rabanus, (auch:) Raban: latinisierte Form von ahd. hraban »Rabe«.

Rạdek: Kurzform von slawischen Namen, die mit »Rad-« beginnen (z. B. ▸ Radomir).

Rạdko: Kurzform von ▸ Radomir und anderen Namen, die mit »Rad-« beginnen.

Radolf, (auch:) Radulf: alter deutscher Vorname, zu ahd. rāt »Rat, Beratung, Ratgeber« + ahd. wolf »Wolf«.

Rạdomir: zu urslaw. *radъ »gern, froh« oder urslaw. *raditi »arbeiten, fügen, passend zurechtlegen« + urslaw. *mirъ »Friede«.

Rafael: ▸ Raphael.

Rạffael: wohl in Anlehnung an italien. Raffaele entstandene Schreibvariante von ▸ Raphael.

Raffaele: italienische Form von ▸ Raphael.

Rafik, (auch:) Rafiq: Kurzform von arab. Rafīq al-islām »Begleiter des Islam«.

Rạgnar: gegen Ende des 19. Jh.s aus den skandinavischen Ländern übernommener Name, der dem deutschen Vornamen ▸ Rainer entspricht.

Rahim: Kurzform von arab. ʻabd er-Raḥīm »Diener [Allahs,] des Gnädigen«.

Raiko, (auch:) Raik; Rayk; Rayko: Eindeutschung von ▸ Rajko oder Schreibvariante von ▸ Reiko.

Die schönsten Kurz- und Koseformen von *Johannes*

Hanke	Jannes
Hanko	Janni
Hannes	Janning
Hanno	Janno
Hansi	Jans

Raimo: ▸ Reimo.

Raimund, (auch:) Raymund; Reimund: zu german. *ragina »Rat, Beschluss [der Götter], Schicksal« + german. *mundō »Schutz«.

Rainald: ▸ Reinold.

Rainer, (auch:) Reiner; Reinar: alter deutscher Vorname, zu german. *ragina- »Rat, Beschluss [der Götter], Schicksal« + ahd. heri »Kriegsschar, Heer«.

Rainhard: ▸ Reinhard.

Rainier [rɛˈnje]: französische Form von ▸ Rainer.

Rajko: ungarische (Rajkó) und tschechische Koseform von Rajmund (▸ Raimund).

Ralf, (auch:) Ralph: aus dem Englischen, geht zurück auf altnord. Raðulfr, altengl. Rædwulf, zusammengezogen Ralf, später auch in der etymologisch unbegründeten Schreibung Ralph.

Ramiro: aus dem Spanischen, westgotische Herkunft, erster Namenbestandteil zu german. *ran »Ecke, Keil«, wohl als »keilförmige Anordnung des Heeres« zu verstehen, zweiter entspricht ahd. māri »bekannt, berühmt, angesehen«.

Ramón: spanische Form von ▸ Raimund.

Rando: Kurzform von ▸ Randolf.

Randolf: alter deutscher Vorname, zu ahd. rant »Schild« + ahd. wolf »Wolf«.

Randolph [ˈræn...]: englische Form von ▸ Randolf.

Randy [ˈræn...]: englische Koseform von ▸ Randolph.

Rao: nordindische Form von Ravi.

Raoul [raˈul]: französische Form von ▸ Radolf.

Raphael, (auch:) Rafael: aus der Bibel, hebräischer Ursprung, Bedeutung »Gott heilt«.

Raschid: zu arab. er-rashīd »der Rechtgeleitete; der Weise«.

Rasmus: Kurzform von ▸ Erasmus, auch dänisch.

Räto: ▸ Reto.

Raul: italienische Form von ▸ Raoul oder eindeutschende Schreibung von französ. Raoul und span. Raúl.

Raven: Variante von Raban (▸ Rabanus).

Ray [reɪ]: englische Kurzform von Raymond (▸ Raimund).

Rayk, (auch:) Rayko: ▸ Raiko.

Raymond, engl. Aussprache: [ˈreɪmənd], französ. Aussprache: [rɛˈmõ]: englische und französische Form von ▸ Raimund.

Raymund: ▸ Raimund.
Redelf, (auch:) Reelf; Relef: friesische Form von ▸ Radolf.
Reenhard: ▸ Reinhard.
Refik: türkische Form von ▸ Rafik.
Reginald: ältere Namensform von ▸ Reinold.
Régis [reˈʒi]: nach dem Familiennamen des französischen Heiligen Jean-François Régis, abgeleitet von lat. regere »leiten, herrschen«.
Reiko, (auch:) Reik: verselbstständigte Kurzform von Namen, die mit altsächs. rīki »mächtig, gewaltig, reich« gebildet sind, auch Eindeutschung von ▸ Rajko.
Reimo, (auch:) Raimo: verselbstständigte Kurzform von Namen, die mit »Reim-« (zu german. *ragina- »Rat, Beschluss [der Götter], Schicksal«) gebildet sind.
Reimund: ▸ Raimund.
Reinald: ▸ Reinold.
Reinar: ▸ Rainer.
Reinard: ▸ Reinhard.
Reiner: ▸ Rainer.
Reinhard, (auch:) Rainhard; Reenhard; Reinard; Reinhart: alter deutscher Vorname, zu german. *ragina- »Rat, Beschluss [der Götter], Schicksal« + ahd. harti, herti »hart, kräftig, stark«.
Reinhold: Nebenform von ▸ Reinold in Anlehnung an das Adjektiv »hold«.
Reinke: niederdeutsch-friesische Koseform von Namen, die mit »Rein-« gebildet sind.
Reino: verselbstständigte Kurzform von Namen, die mit »Rein-« gebildet sind.
Reinold, (auch:) Reinhold; Renold; Reinald; Rainald; Reginald: alter deutscher Vorname, zu german. *ragina- »Rat, Beschluss [der Götter], Schicksal« + ahd. -walt zu waltan »herrschen, walten«.
Relef: ▸ Redelf.
Remi: Kurzform von ▸ Remigius.
Rémi, (auch:) Rémy: französische Form von ▸ Remigius.

Die schönsten internationalen Formen von *Franz*

Ferenc (ungarisch)
Francesco (italienisch)
Francis (englisch)
Francisco (spanisch)
Franciszek (polnisch)
François (französisch)
Frans (niederländisch)
František (tschechisch)

Remigius: zu lat. rēmex »Ruderer«.
Remo: italienische Form von ▸ Remus.
Remus: nach einem der beiden sagenhaften Gründer Roms.
Rémy: ▸ Rémi.
Renald: ▸ Reinold.
Renaldo: ▸ Rinaldo.
Renato: italienische Form von ▸ Renatus.
Renatus, (auch:) Renat: lat. renātus »wiedergeboren«.
René: französische Form von ▸ Renatus.
Renke, (auch:) Renko: niederdeutsch-friesische Koseform von Namen, die mit »Rein-« (zu german. *ragina- »Rat, Beschluss [der Götter], Schicksal«) gebildet sind.
^{1}**Reno:** friesische Form von ▸ Reino.
^{2}**Reno:** italienische Kurzform von Namen, die auf »-reno« ausgehen (z. B. ▸ Moreno).
Renold: ▸ Reinold.
Renz: Kurzform von ▸ Lorenz.
Renzo: italienische Kurzform von Lorenzo (▸ Lorenz).
Reto, (auch:) Räto: schweizerischer Vorname, eigentlich »der Rätoromane«.
Reuben [ˈruːbɪn], (auch:) Reuven [ˈruːvɪn]: englische Formen von ▸ Ruben.
Rex: aus dem Englischen, zu lat. rēx »König«, gelegentlich auch als Kurzform von Reginald (▸ Reinold) gebraucht.
Reyk: ▸ Reiko.
Ricard: ▸ Richard.
Ricardo: spanische Form von ▸ Richard.
Riccardo: italienische Form von ▸ Richard.
Ricco: italienische Kurzform von ▸ Riccardo.
Richard, (auch:) Rickert; Righard: alter deutscher Vorname, zu ahd. rīhhi »Herrschaft, Herrscher, Macht; reich, mächtig, hoch« + ahd. harti, herti »hart, kräftig, stark«.
Richie, (auch:) Ritchie [ˈrɪtʃɪ]: englische Koseform von ▸ Richard.
Rick: englische Kurzform von ▸ Richard.
Rickert: niederdeutsch-friesische Form von ▸ Richard.
Ricklef: ▸ Riklef.
Rickmer: niederdeutsch-friesische Form von Richmar (ahd. rīhhi »Herrschaft, Herrscher, Macht; reich, mächtig, hoch« + ahd. māri »bekannt, berühmt, angesehen«).
Ricky: englische Koseform von ▸ Richard.

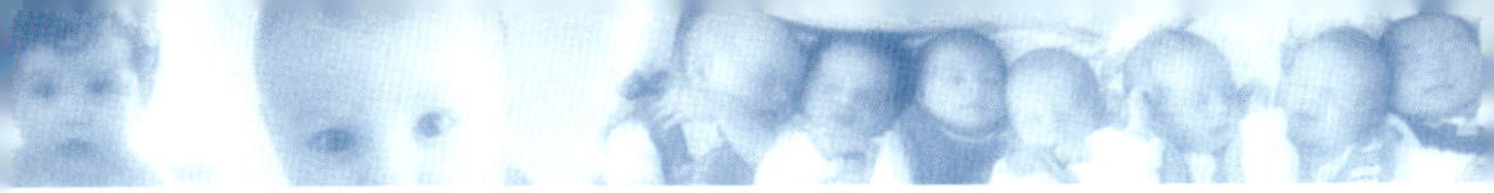

Rico: italienische Kurzform von Enrico (▸ Heinrich).
Rieko: ▸ Riko.
Righard: ▸ Richard.
Rigo: italienische Kurzform von Namen wie Rigoberto (▸ Rigobert), Federigo (▸ Friedrich), ▸ Amerigo u. a.
Rigobert: geht zurück auf eine romanische Form von Richbert (ahd. rīhhi »Herrschaft, Herrscher, Macht; reich, mächtig, hoch« + ahd. beraht »glänzend«).
Rik: ▸ Riko.
Riklef, (auch:) Ricklef: friesischer Vorname, zu ahd. rīhhi »Herrschaft, Herrscher, Macht; reich, mächtig, hoch« + altsächs. lēva »Erbe, Nachlass; Sohn, Tochter«.
Riko, (auch:) Rieko; Rik: Kurzform von ▸ Richard oder von Namen, die auf »-rik« ausgehen (z. B. ▸ Hendrik).
Rinaldo, (auch:) Renaldo: italienische Form von ▸ Reinold.
Rino: italienische Kurzform von Namen, die auf »-rino« ausgehen (z. B. Arturino, Salvatorino).
Ritchie: ▸ Richie.
Roald: norwegische Herkunft, zu altnord. hróðr »Ruhm« + altnord. valdar »Herrscher«.
Rob: englische und niederländische Kurzform von ▸ Robert.
Robby, (auch:) Robbie: englische Koseform von ▸ Robert.
Robert: niederdeutsche Form von ▸ Rupert.
Roberto: italienische und spanische Form von ▸ Robert.
Robin, (auch:) Robyn: englische Koseform von ▸ Robert.
Rocco: italienische Form von ▸ Rochus.
Rochus: latinisierte Form von ahd. Roho (zu ahd. rohōn »[in der Schlacht] brüllen«), einer Kurzform von heute nicht mehr gebräuchlichen Namen, wie z. B. Rochbert und Rochold.
Rocky: zu engl. rocky »felsig; steinhart«, nach dem amerikanischen Boxidol Rocky Marciano, der auf diese Weise seinen italien. Vornamen Rocco an das Englische angepasst hatte.
Roderich, (auch:) Roderik: alter deutscher Vorname, zu alt-

Die schönsten Kurz- und Koseformen von *Franz*

Cecco (italienisch)
Cesco (italienisch)
Franek (polnisch)
Franjo (slowenisch, kroatisch, serbisch)
Paco (spanisch)
Pacurro (spanisch)
Pancho (mexikanisch)
Paquito (spanisch)

sächs. hrōth »Ruhm« + altsächs. rīki »mächtig, gewaltig, reich«.

Rodger: niederdeutsche Form von ▸ Rüdiger.

Rodney: ursprünglich ein englischer Familienname nach einem bislang nicht sicher lokalisierten Ortsnamen.

Rodolfo: italienische und spanische Form von ▸ Rudolf.

Rodolphe: französische Form von ▸ Rudolf.

Rodrigo: spanische und italienische Form von ▸ Roderich.

Roger, engl. Aussprache: [ˈrɔdʒə], französ. Aussprache: [roˈʒe]: niederdeutsche Form von ▸ Rüdiger.

Roland: geht zurück auf die altfranzösische Form des althochdeutschen Namens Hruodland (ahd. hruod »Ruhm« + ahd. lant »Land«).

Rolando: italienische Form von ▸ Roland.

Rolf, (auch:) Roolf: durch Zusammenziehung entstandene Form von Rodolf (▸ Rudolf).

Rolof, (auch:) Roluf: niederdeutsche Nebenform von ▸ Rudolf.

Romain [rɔˈmɛ̃]: französische Form von ▸ Roman.

Roman, (auch:) Romanus: zu lat. Rōmānus »Römer«.

Romano: italienische Form von ▸ Roman.

Romeo: italienischer Ursprung, geht zurück auf den römischen Beinamen Romaeus (zu griech. Rhṓmē »Rom«, Rhōmaĩos »Römer«); bezeichnete in der Spätantike einen Bürger des [Ost- oder West]römischen Reiches und nahm im Spätmittelalter die Bedeutung »Rompilger« und schließlich überhaupt »Pilger« an.

Romolo: italienische Form von ▸ Romulus.

Romuald: nach dem heiligen Romuald; Herkunft umstritten, vermutlich eher eine Mischbildung (zu Roma »die Stadt Rom« + german. *walda »Herrscher«, etwa »Romherrscher«) als ein rein germanischer Name, der dem deutschen ▸ Rumold entsprechen würde.

Romulus: geht zurück auf Rōmulus, einen der beiden sagenhaften Gründer Roms.

Ron: englische Kurzform von ▸ Ronald.

Ronald: aus dem Englischen, schottische Ableitung des altnordischen Namens Rögnvaldr (vgl. die entsprechenden Bildungen engl. ▸ Reginald und dt. ▸ Reinold).

Ronan [ˈroʊnən]: englische Schreibweise des irischen Namens Rónán, ursprünglich ein Beiname mit der Bedeutung »kleine Robbe« (zu gäl. rón »Robbe«).

Ronny, (auch:) Ronnie: englische Koseform von ▸ Ronald.
Roolf: ▸ Rolf.
Rosario: italienische Herkunft, zu mittellat. rosārium »Rosenkranz«, nach einem Beinamen der Gottesmutter (»Unsere Liebe Frau von dem Rosenkranz«); in Spanien weibl. Vorname.
Roswin: vermutlich zu ahd. hros »Ross« + ahd. wini »Freund«.
Rouven: Nebenform von ▸ Ruben.
Roy: aus dem Englischen, gälischer Ursprung, zu gäl. ruadh »rot«.
Ruben: zu hebr. re'ūbēn, wohl »seht den Sohn!«. In der Bibel ist Ruben der älteste Sohn Jakobs und Leas.
Rubin: aus dem Englischen, Nebenform von ▸ Ruben.
Rudgar: Nebenform von ▸ Rüdiger.
Rudi, (auch:) Rudy: Koseform von ▸ Rudolf.
Rudibert: Neubildung aus ▸ Rudi und dem Namenbestandteil »-bert« (ahd. beraht »glänzend«).
Rüdiger: alter deutscher Vorname, zu ahd. hruod »Ruhm« + ahd. gēr »Speer«.
Rudo: Kurzform von Namen, die mit »Rud-« beginnen, vor allem von ▸ Rudolf.
Rudolf, (auch:) Rudolph: alter deutscher Vorname, zu ahd. hruod »Ruhm« + ahd. wolf »Wolf«.
Rudy: ▸ Rudi.
Rufin: lateinischer Ursprung, geht zurück auf den römischen Beinamen Rufinus, eine Ableitung von ▸ Rufus.
Rufus: lateinischer Ursprung, geht zurück auf einen römischen Beinamen, zu lat. rūfus, -a, -um »rothaarig, fuchsrot«.
Rul: Kurzform von ▸ Rudolf.
Rulf: Kurzform von ▸ Rudolf.

Die schönsten internationalen Formen von *Nikolaus*

Nicholas (englisch)
Nicolas (französisch)
Nicola, Nicoló (italienisch)
Mikołaj (polnisch)
Miklós (ungarisch)
Kurzformen:
Klaus (deutsch)
Nikos (neugriechisch)
Kolja (russisch)
Colin, Nick (englisch)
Klaas, Niklaas (niederländisch)
Nico, Nicolino (italienisch)

Rulo: Kurzform von ▸ Rudolf.

Rumold: alter deutscher Vorname, zu ahd. [h]ruom »Ruhm, Ehre, Auszeichnung« + ahd. -walt zu waltan »herrschen, walten«.

Runar: schwedisch-norwegische Herkunft, wahrscheinlich eine Neubildung aus den Namenbestandteilen »Run-« (▸ Rune) und »-ar« (▸ Einar).

Rune: schwedisch-dänische Herkunft, Kurzform von Namen, die mit dem Namenbestandteil altnord. rún »Geheimnis, geheime Beratung« gebildet sind.

Rupert, (auch:) Ruppert; Rupprecht; Ruprecht; (latinisiert:) Rupertus: alter deutscher Vorname, zu ahd. hruod »Ruhm« + ahd. beraht »glänzend«. Die entsprechende niederdeutsche Form ist ▸ Robert.

Rurik: russische Form des altschwedischen Namens Rörik (▸ Roderich), gelangte mit den skandinavischen Warägern nach Russland.

Russell [rʌsl]: ursprünglich ein englischer Familienname französischer Herkunft, zu altfranzös. rous »rot«.

Rutger, (auch:) Rütger: ▸ Rüdiger.

Ruthard, (auch:) Ruthart: alter deutscher Vorname, zu ahd. hruod »Ruhm« + ahd. harti, herti »hart, kräftig, stark«.

Ruven, (auch:) Ruwen: Varianten von ▸ Ruben.

Ryan [ˈraɪən]: geht zurück auf den irischen Familiennamen Ó'Riain (»Nachkomme des Rian«), Bedeutung des alten gälischen Namens Rian umstritten, vielleicht zu gäl. rí »König«.

S

Sacha [saˈʃa]: französische Schreibweise von ▸ Sascha.

Said: zu arab. sa'īd »glücklich«.

Saladin, (auch:) Saladin: zu arab. Sālaḥ ad-Dīn »Rechtschaffenheit des Glaubens«.

Salim: zu arab. sālim »sicher, unversehrt«.

Salomon, (überkonfessionelle Form:) Salomo: aus der Bibel, zu hebr. šelōmō wohl zu hebr. šālōm »Glück, Wohlergehen, Friede«. Salomon war als Sohn Davids dessen Nachfolger und König von Juda, Israel und Jerusalem.

Salvador: spanische Form von ▸ Salvator.

Salvator: zu lat. salvātor »Erlöser, Heiland«.

Salvatore: italienische Form von ▸ Salvator.
Sam [sæm]: englische Kurzform von ▸ Samuel.
Sami: zu arab. sāmi »erhaben«, auch türkisch.
Samir: zu arab. samīr »abendlicher Gesprächspartner«.
Sammy [ˈsæmɪ]: aus dem Englischen, Koseform von ▸ Samuel.
Samson, (überkonfessionelle Form:) Simson: zu hebr. šimšōn »Sonnenmann?«. Nach der Bibel verfügte Samson über große Kräfte. Seine Geliebte Delila entlockte ihm das Geheimnis seiner Kraft, schnitt ihm heimlich die Haare ab und lieferte ihn den Philistern aus.
Samuel: Bedeutung nicht sicher, zu hebr. šemū'ēl »Gott ist El« oder »Gott ist erhaben« bzw. »Sein Name ist El«. Nach der Bibel war Samuel der letzte Richter Israels und der erste Prophet.
Sander: Kurzform von ▸ Alexander.
Sándor [ˈʃa:ndor]: ungarische Kurzform von ▸ Alexander.
Sandrino: italienische Koseform von ▸ Sandro.
Sandro: italienische Kurzform von Alessandro (▸ Alexander).
Sandy [ˈsændɪ]: englische Koseform von ▸ Alexander.
Santiago: spanische Herkunft, zusammengezogen aus Santo »heilig« + Iago (▸ Jakob).
Santino: italienische Koseform von ▸ Santo.
Santo: aus dem Italienischen, geht zurück auf einen römischen Beinamen, zu lat. sānctus, -a, -um »heilig, ehrwürdig, erhaben«, nahm in christlicher Zeit die Bedeutung »heilig, Gott geweiht« an.
Sascha: aus dem Russischen übernommene Koseform von ▸ Alexander.
Saul: zu hebr. šā'ūl »der [von Gott] Erbetene«. Nach der Bibel war Saul der erste König von Israel.
Schen: chinesische Herkunft, Bedeutung »geistig, gedankenvoll«.
Sching: chinesische Herkunft, Bedeutung »Sieg«.

Die schönsten internationalen Formen von *Georg*

George (englisch)
Georges (französisch)
Giorgio (italienisch)
Göran (schwedisch)
Jerzy (polnisch)
Jordi (katalanisch)
Jorge (spanisch)
Jorgos (neugriechisch)
Jurij (russisch)

Schọrsch: eindeutschende Schreibung von französisch ▸ Georges.

Scọtt: geht zurück auf einen englischen Vor- und Familiennamen (»der Schotte«).

Scọtty: Koseform von ▸ Scott.

Sean [ʃɔːn]: aus dem Englischen, irische Form von ▸ Johannes, die wiederum auf normann.-französ. Jehan (▸ Jean) zurückgeht.

Sebạstian: zu griech. sebastós »erhaben« oder zu griech. Sebastianós »Mann aus Sebaste«, Name mehrerer Städte im Orient.

Sebastia̲no: italienische Form von ▸ Sebastian.

Sébastien [sebasˈtjɛ̃]: französische Form von ▸ Sebastian.

Selahattịn: türkische Form von ▸ Saladin.

Selịm: türkische Form von ▸ Salim.

Sẹlmar: von Klopstock nach dem Vorbild altdeutscher Namen mit dem Namenbestandteil »-mar« (ahd. māri »bekannt, berühmt, angesehen«) zu ▸ ¹Selma gebildet.

Se̲m: biblische Herkunft, zu hebr. šēm »Name, guter Ruf, Ansehen«. Nach der Bibel war Sem der älteste Sohn Noahs.

Semịr: türkische Form von ▸ Samir.

Sẹmjon: russische Form von ▸ Simon.

Sẹpp: Kurzform von ▸ Josef.

Se̲raphin, (auch:) Se̲rafin; Se̲raphim: geht zurück auf die kirchenlateinische Mehrzahlform Seraphīn (zu hebr. śārap »brennen«), mit der in der Bibel (beim Propheten Jesaja) die Engelsgestalten an Gottes Thron bezeichnet werden.

Sere̲nus: zu lat. serēnus, -a, -um »heiter, hell, leuchtend«.

Serge [sɛrʒ]: französische Form von ▸ Sergius.

Serge̲j: russische Form von ▸ Sergius.

Sergio, italien. Aussprache: [ˈsɛrdʒo], span. Aussprache: [ˈsɛrxi̯o]: italienische oder spanische Form von ▸ Sergius.

Sẹrgius: geht zurück auf einen altrömischen Geschlechternamen.

Serjọscha: russische Koseform von ▸ Sergej.

Serva̲tius: zu lat. servātus, -a, -um »gerettet«.

Se̲th, (überkonfessionelle Form:) Se̲t: biblischer Ursprung, zu hebr. šet »setzen« im Sinne von »Ersatz« (für den von Kain erschlagenen Abel). Im Alten Testament ist Seth der dritte Sohn Adams und Evas.

Severin, (auch:) Severin: lateinischer Ursprung, Weiterbildung von Severus (▸ Severa).

Shane [ʃaːn]: englische Schreibweise des irischen Vornamens ▸ Sean.

Shannon: identisch mit dem weibl. Vornamen ▸ Shannon.

Shaun, (auch:) Shawn: englische Schreibweise des irischen Vornamens ▸ Sean.

Sid: Kurzform von ▸ Sidney.

Siddharta: zu sanskrit. siddha »erreicht, vollendet« + artha »Ziel«, etwa »der sein Ziel erreicht hat«. Siddharta oder Gautama (Ehrenname Buddha) war der Religionsstifter des Buddhismus.

Sidney, (auch:) Sydney: ursprünglich englischer Familienname nach einem französischen Ortsnamen (Saint-Denis).

Siebelt: friesische Form von Siegbald (ahd. sigu »Sieg« + ahd. bald »kühn«).

Siebo: Sibo.

Sieger: alter deutscher Vorname, zu ahd. sigu »Sieg« + ahd. heri »Kriegsschar, Heer«.

Siegesmund: ▸ Siegmund.

Siegfried, (selten auch:) Sigfrid: alter deutscher Vorname, zu ahd. sigu »Sieg« + ahd. fridu »Schutz vor Waffengewalt, Friede«.

Siegmar, (auch:) Sigmar: alter deutscher Vorname, zu ahd. sigu »Sieg« + ahd. māri »bekannt, berühmt, angesehen«.

Siegmund, (auch:) Siegesmund; Sigmund; Sigismund: alter deutscher Vorname, zu ahd. sigu »Sieg« + ahd. munt »Schutz, Schützer«.

Sierk, (auch:) Sirko: durch Zusammenziehung entstandene niederdeutsch-friesische Form von Sigerik (altsächs. sigi »Sieg« + altsächs. rīki »mächtig, gewaltig, reich«).

Sigfrid, (auch:) Sigfried: ▸ Siegfried.

Siggi, (auch:) Sigi; Sigo: Koseform von Namen, die mit »Sieg-«, »Sig-« gebildet sind (z. B. ▸ Siegfried).

Sigidi: aus Südafrika, bedeutet auf Zulu »eintausend«.

Sigismund: Variante von ▸ Siegmund.

Sigmar: ▸ Siegmar.

Sigmund: ▸ Siegmund.

Sigo: ▸ Siggi.

Silas: aus der Bibel übernommen, Herkunft unsicher, gräzisierte Form einer aramäischen Nebenform von ▸ Saul oder griechische Kurzform des römischen Beinamens Silvanus ▸ Silvan.

Silko: männl. Bildung zu ▸ Silke.

Silvan: lateinischer Ursprung, geht zurück auf Silvanus, den Namen des altrömischen Gottes des Waldes, des Feldes und der Herden, zu lat. silva »Wald«.

Silvano: italienische Form von ▸ Silvan.

Silvester, (auch:) Sylvester: zu lat. silvester »zum Wald gehörend, im Wald lebend; waldig«.

Silvian: geht zurück auf lat. Silvianus, eine Ableitung von ▸ Silvius.

Silvino: italienische Koseform von ▸ Silvio.

Silvio: italienische und spanische Form von ▸ Silvius.

Silvius: lateinischer Ursprung. In der altrömischen Sage ist Silvius ein Sohn des Äneas, von dem die Könige von Alba Longa und die Vestalin Rhea Silvia (▸ Silvia) abstammen.

Simba: aus Kenia und Tansania, bedeutet auf Suaheli »Löwe«.

Simeon: aus der Bibel, Herkunft unsicher, hebr. šim'ōn, in der Bibel volksetymologisch erklärt als Ausspruch Leas »weil der Herr hörte [, dass ich gehasst werde]«. Simeon ist der zweite Sohn Jakobs und Leas.

Simon: aus der Bibel übernommen, geht als griechischer Name zurück auf griech. simós »stumpf-, plattnasig«, als jüdischer Name dagegen griechisch beeinflusste Schreibung von ▸ Simeon. In der Bibel ist Simon der ursprüngliche Name des Apostels Petrus.

Simson: ▸ Samson.

Sinan: türkische Herkunft, Bedeutung »eiserne Speerspitze«.

Sinclair ['sɪŋklɛə]: ursprünglich schottischer Familienname normannischer Herkunft nach einem französischen Ortsnamen (Saint-Clair).

Sion [ʃɔn]: walisische Form von ▸ Johannes.

Sirko: ▸ Sierk.

Sixten: schwedische Herkunft, zu altnord. sigr »Sieg« + altnord. steinn »Stein«.

Sjard: durch Zusammenziehung entstandene friesische Form von Sieghard.

Sönke, (auch:) Söhnke; Sunke: nordfriesischer Vorname, zu altnordfries. *Sunika, zu ahd. sunu »Sohn«.

Sonnfried: Neubildung aus »Sonne« und dem Namenbestandteil »-fried« (ahd. fridu »Schutz vor Waffengewalt, Friede«).

[1]**Sonny** ['sʌ...]: Verkleinerungsform von engl. son, also »Söhnchen«.

[2]**Sonny:** Koseform von Namen, die mit »Sonn-« gebildet sind (z. B. ▸ Sonnfried).

Sophus: zu lat. sophus aus griech. sophós »weise, der Weise«.

Sören: dänische Form von ▸ Severin.

Spencer: ursprünglich englischer Familienname, der auf die altfranzösische Berufsbezeichnung despensier »Verwalter [der Vorräte], Kellermeister« zurückgeht.

Staffan: schwedische Nebenform von ▸ Stephan.

Stan [stæn]: englische Kurzform von ▸ Stanley.

Stanislaus: lateinische Form von ▸ Stanislaw/Stanislav.

Stanislaw, (auch:) Stanislav: aus dem Polnischen oder Tschechischen, zu urslaw. *stati »werden«, *stanъ »Festigkeit, Härte« + urslaw. *slava »Ruhm, Ehre«.

Stanko: Kurzform von ▸ Stanislaw/Stanislav.

Stanley ['stænlɪ]: ursprünglich englischer Familienname nach einem Ortsnamen.

Steen: ▸ Sten.

Stefan: heute bevorzugte Schreibweise von ▸ Stephan, auch dänisch, schwedisch, norwegisch.

Stefano: italienische Form von ▸ Stephan.

Steffen: Nebenform von ▸ Stephan, auch dänisch.

Sten: zu altnord. steinn »Stein«.

Stephan, (auch:) Stefan: zu griech. stéphanos »Kranz, Krone«.

Stephanus: ▸ Stephan.

Stephen ['sti:vn]: englische Form von ▸ Stephan.

Steve [sti:v]: englische Kurzform von ▸ [1]Steven.

Die schönsten internationalen Formen von *Jakob*

Giacomo (italienisch)
Hagop (armenisch)
Jaak, Jaap (niederländisch)
Jacques (französisch)
Jaime (spanisch)
Jakub (polnisch)
James, Jamie (englisch)
Jaume (katalanisch)
Jim, Jimmy (englisch)
Santiago (spanisch)
Xaime (galicisch)
Yaqub (arabisch)

[1]Steven ['sti:vn]: englische Form von ▸ Stephan.
[2]Steven: niederländische Form von ▸ Stephan.
Stig: aus dem Dänischen, Bedeutung ungefähr »der Wanderer« zu altnord. stíga »steigen, gehen«, auch schwedisch und norwegisch.
Stojan: russische/polnische/tschechische/serbische/kroatische Herkunft, zu urslaw. *stojati »stehen«.
Stuart [stjʊət]: ursprünglich englischer Familienname, dem eine französisch beeinflusste Schreibung von mittelengl. stīweard, engl. steward »Haushofmeister, Haushalter, Verwalter« zugrunde liegt.
Suitbert, (auch:) Switbert: zu altengl. Swīðbeorht zu altengl. swīð »stark, mächtig« + altengl. beorht »glänzend«.
Süleyman: türkische Form von ▸ Salomon.
Sunke: ▸ Sönke.
Sunny ['sʌ...]: zu engl. sunny »sonnig« oder Variante von ▸ [1]Sonny.
Sven: zu altnord. sveinn »junger Mann«.
Svend: dänische Form von ▸ Sven.
Swaran: zu sanskrit. su »gut, hervorragend« + sanskrit. varna »Farbe«: etwa »schöne Farbe«, »goldene Farbe«.
Swen: ▸ Sven.
Switbert: ▸ Suitbert.
Sydney: ▸ Sidney.
Sylvain [sɪl'vɛ̃]: französische Form von ▸ Silvan.
Sylvan: ▸ Silvan.
Sylvester: ▸ Silvester.
Sylvian: ▸ Silvian.
Sylvio: ▸ Silvio.

T

Tadeo: spanische Form von ▸ Thaddäus.
Tadeusz [ta'dɛuʃ]: polnische Form von ▸ Thaddäus.
Tadzio: polnische Koseform von ▸ Tadeusz.
Takumi: zu japan. takumi »Handwerk«.
Taliesin [tælɪ'ɛsɪn]: walisische Herkunft, zusammengesetzt aus kymr. tāl »[Augen]braue; Stirn« + iesin »strahlend, glänzend«.
Tamás ['toma:ʃ]: ungarische Form von ▸ Thomas.
Tamino: Herkunft und Bedeutung unklar.

Tammy ['tæ...]: Koseform von Tammas, einer schottischen Variante von ▸ Thomas.

Tạmo: Eindeutschung von ungar. Tamó, einer Kurzform von ▸ Thomas, oder Variante von Tammo.

Tạnjo: bulgarische, serbische, kroatische Koseform von Atanas (▸ Athanasius).

Tạnno: verselbstständigte friesische Kurzform von Namen, die mit »Thank-« gebildet sind (z. B. Thankmar, ▸ Dankmar).

Ta̲rek, (auch:) Ta̲rik; Ta̲riq: zu arab. tāriq »der an die Tür klopft, nächtlicher Besucher«.

Tạro: zu japan. ta »dick« + ro »junger Mann, Gatte, Herr«.

Tạrun: aus Indien, zu sanskrit. taruna »zart, jung«.

Tạssilo, (auch:) Thạssilo: alter deutscher Vorname, Koseform von ▸ Tasso.

Tạsso: langobardisch-oberdeutsche Herkunft, zu german. *dēdi »Tat«.

Taylor ['teılɔ]: geht zurück auf den gleichlautenden englischen Familiennamen (»Schneider«).

Tẹd: englische Kurzform von ▸ Edward, auch als Kurzform von Theodore (▸ Theodor) in Gebrauch.

Tẹddy: englische Koseform von ▸ Ted.

Tekịn: zu türk. tekin »Prinz«.

Tẹll: geht zurück auf den Familiennamen des Schweizer Nationalhelden Wilhelm Tel, Bedeutung unklar.

Tẹmmo: niederdeutsch-friesische zweistämmige Kurzform von Namen, die mit »Diet-« (ahd. thiot, altsächs. thiad »Volk«) gebildet sind.

Te̲o: ▸ Theo.

Die schönsten Jungennamen aus der römischen Geschichte

Aurel	Julius
Claudius	Konstantin
Fabian	Laurentius
Fabius	Linus
Fabrizius	Livius
Flavio	Lucius
Fulvio	Marian
Gordian	Marius
Gratian	Titus
Julian	Valerius

Terence, (auch:) Terrence: aus dem Englischen, geht zurück auf den römischen Geschlechternamen Terentius, dessen Bedeutung umstritten ist.

Terry: englische Herkunft, Koseform von ▸ Terence.

Teunis: rheinische und niederländische Kurzform von Antonius (▸ Anton).

Thaddäus: aus der Bibel, Herkunft und Bedeutung unbekannt. Thaddäus lautete der Beiname des heiligen Judas Thaddäus, der einer der zwölf Apostel war.

Thankmar: ▸ Dankmar.

Thassilo: ▸ Tassilo.

Thedo: friesische Kurzform von Namen, die mit »Theod-« (ahd. thiot »Volk«) gebildet sind.

Thees: verkürzte Form von ▸ Matthäus.

Theis: Kurzform von ▸ Matthias.

Theo, (selten auch:) Teo: Kurzform von Namen, die mit »Theo-« gebildet sind, z. B. ▸ Theodor, ▸ Theobald.

Theobald: latinisierte Form von Dietbald (ahd. thiot »Volk« + ahd. bald »kühn«).

Theoderich: hervorgegangen aus Theodericus, einer latinisierten Form von ▸ Dietrich.

Theodor: zu griech. theós »Gott« und dōron »Geschenk, Gabe«, also »Gottesgeschenk«.

Theodore [ˈθɪədɔː]: englische Form von ▸ Theodor.

Théodore [teɔˈdɔːr]: französische Form von ▸ Theodor.

Theofried: Neubildung aus Theo (Kurzform von ▸ Theodor, ▸ Theobald) und dem Namenbestandteil »-fried« (ahd. fridu »Schutz vor Waffengewalt, Friede«).

Theophil, (auch:) Theophilus: griech. Theóphilos, zu theós »Gott« und phílos »lieb, befreundet«, also »Gottesfreund«.

Thibaut, (auch:) Thibault [tiˈbo]: französische Form von ▸ Theobald.

Thido: Kurzform von Namen, die mit »Diet-« (ahd. thiot »Volk«) gebildet sind.

Thielo: ▸ Thilo.

Thiemo: ▸ Timo.

Thierry [tjɛˈri]: französische Form von ▸ Dietrich.

Thies, (auch:) Thieß: Kurzform von ▸ Matthias.

Thilo, (auch:) Thielo; Tilo: Koseform von Namen, die mit »Diet-« gebildet sind, besonders von ▸ Dietrich.

Thimo: ▸ Timo.

Thomas, (auch:) Tomas: aus der Bibel, geht zurück auf einen Beinamen aramäischen Ursprungs, zu te'omā »Zwilling«.
Thor: ▸ Tor.
Thoralf: ▸ Toralf.
Thorben: ▸ Torben.
Thore: ▸ Tore.
Thoren: ▸ Toren.
Thorge: ▸ Torge.
Thorin: ▸ Torin.
Thorsten: ▸ Torsten.
Thorvid: ▸ Torvid.
Thure: ▸ Ture.
Tiago: aus dem Spanischen, Kurzform von ▸ Santiago.
Tiberio: italienische und spanische Form von ▸ Tiberius.
Tiberius: geht zurück auf das römische Praenomen (Vornamen) Tiberius (abgeleitet von dem Namen des Flusses Tiber, lat. Tiberis).
Tibor: ungarische Form von ▸ Tiburtius.
Tiburtius: Erweiterung von lat. Tīburs »Einwohner von Tibur, dem heutigen Tivoli bei Rom«.
Tido: friesische Kurzform von Namen, die mit »Diet-« gebildet sind, besonders von ▸ Dietrich.
Tiemo: ▸ Timo.
Til: ▸ Till.
Till, (auch:) Til; Tyll: Koseform von Namen, die mit »Diet-« gebildet sind, besonders von ▸ Dietrich.
Tillmann, (auch:) Tilmann; Tilman: mit »-mann« gebildete Erweiterung von ▸ Till.
Tilmann, (auch:) Tilman: ▸ Tillmann.
Tilmar: Neubildung aus Til (▸ Till) und dem Namenbestandteil »-mar« (ahd. māri »bekannt, berühmt, angesehen«).
Tilo: ▸ Thilo.
Tim, (auch:) Timm: Kurzform von ▸ Timotheus, ▸ Dietmar oder ▸ Timo. Im Englischen ist Tim eine Kurzform von ▸ Timothy.
Timmi: Koseform von ▸ Tim, ▸ Timo.
Timmo: ▸ Timo.
Timmy: englische Koseform von ▸ Timothy.
Timo, (auch:) Timmo: Kurzform von ▸ Timotheus oder ▸ Dietmar.

Timon: zu griech. Tímōn, Kurzform von Vollformen wie Timótheos, ▸Timotheus.

Timor: ursprünglich möglicherweise im Anschluss an Psalm 110 (Initium sapientiae timor domini = Gottesfurcht ist der Anfang der Weisheit) vergeben, in neuerer Zeit jedoch wohl eher Variante des turksprachigen Namens ▸Timur.

Timothée, (auch:) Timothé: französische Form von ▸Timotheus.

Timotheus: griech. Timótheos, zu timáō »schätzen, ehren« und theós »Gott«, also »Gott ehrend«.

Timothy [ˈtɪməθɪ]: englische Form von ▸Timotheus.

Timur: nach dem mittelasiatischen Eroberer Timur i Leng, im Westen bekannt als »Tamerlan« ; geht zurück auf alttürk. temür »Eisen«, i Leng bedeutet auf Persisch »der Lahme«.

Tino: italienische Kurzform von Namen, die auf »-tino« ausgehen (z. B. ▸Valentino).

Tito: italienische Form von ▸Titus.

Titus: geht zurück auf einen alten römischen Vornamen (Praenomen) wahrscheinlich nordoskisch-umbrischer Herkunft, dessen Bedeutung ungeklärt ist.

Tizian: deutsche Form von ▸Tiziano.

Tiziano: italienische Form von Titianus, einem von ▸Titus abgeleiteten römischen Beinamen.

Tjade, (auch:) Tjado: friesische Kurzform von Namen, die mit »Diet-« (altsächs. thiad »Volk«) gebildet sind.

Tjalf: durch Zusammenziehung entstandene friesische Form von ▸Detlef.

Tjard: durch Zusammenziehung entstandene friesische Form von Diethard, vgl. auch ▸Tjade.

Tjark, (auch:) Tjarko: durch Zusammenziehung entstandene friesische Form von ▸Dietrich, vgl. auch ▸Tjade.

Tobi: Kurzform von ▸Tobias.

Tobias, (überkonfessionelle Form:) Tobija: zu hebr. tōbīyā(hū) »Jahwe ist gütig«. In der Bibel ist Tobias der fromme Sohn eines erblindeten Vaters, der mit dem Engel Raphael als unerkanntem Begleiter eine gefährliche Reise besteht und zuletzt seinen Vater heilt.

Tobit: griechische Form von hebr. tobi, Kurzform von tōbīyā(hū) »Jahwe ist gütig«. So heißt der Vater des Tobias.

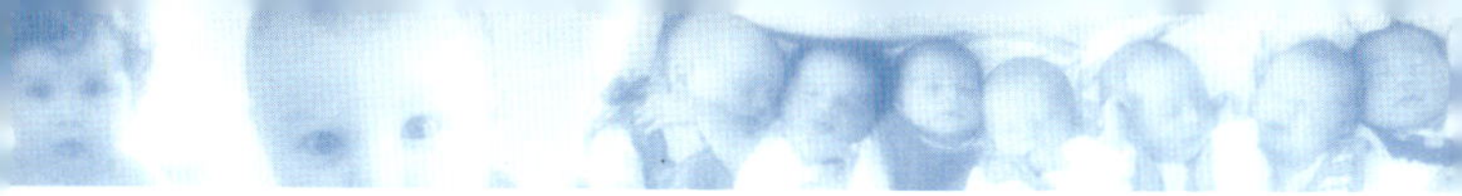

Toby ['toʊbɪ]: englische Kurzform von ▸ Tobias.
Toivo: zu finn. toivo »Hoffnung«.
Tom: englische Kurzform von ▸ Thomas.
Tomas: Schreibvariante von ▸ Thomas, auch serbisch, kroatisch, dänisch, schwedisch, norwegisch.
Tomaso: ▸ Tommaso.
Tomasz ['tomaʃ]: polnische Form von ▸ Thomas.
Tomek: polnische und tschechische Koseform von ▸ Thomas.
Tomislav: tschechische, slowakische, slowenische, serbische, kroatische Herkunft, zu urslaw. *tomiti »quälen, plagen« + urslaw. *slava »Ruhm, Ehre«.
Tomke: friesische Koseform von ▸ Thomas oder Kurzform von Namen, die mit »Dank-« gebildet sind.
Tommaso: italienische Form von ▸ Thomas.
Tommi: deutsche Schreibweise von ▸ Tommy.
Tommy: englische Koseform von ▸ Thomas.
Ton: Kurzform von ▸ Anton.
Toni, (auch:) Tony: Kurzform von ▸ Anton.
Tonino: italienische Koseform von ▸ Antonio oder Kurzform von ▸ Antonino.
Tonio: italienische Kurzform von Antonio (▸ Anton).
Tönjes: niederdeutsch-friesische Kurzform von ▸ Antonius.
Tönnies: niederdeutsche Kurzform von ▸ Antonius.
Tony: englische Kurzform von ▸ Anthony, auch Schreibvariante von ▸ Toni.
Tor, (auch:) Thor: Kurzform von nordischen Namen, die mit »Tor-« gebildet sind (z. B. ▸ Torbjörn).

Die schönsten altmodischen Jungennamen

Adam	Gustav
Albert	Hans
Albrecht	Hugo
Anselm	Jakob
Artur	Johann
Benedikt	Karl
Eduard	Konrad
Emil	Konstantin
Ferdinand	Lorenz
Fritz	Oskar
Georg	Peter
Gregor	Rupert

Torald, (auch:) Thorald: Torwald.

Toralf, (auch:) Thoralf: zu altnord. Þórr »Thor«, dem Donnergott, + altnord. alfr »Elf, Naturgeist«.

Torben, (auch:) Thorben: dänische und schwedische Nebenform von ▸ Torbjörn.

Torbjörn, (auch:) Thorbjörn: zu altnord. Þórr »Thor«, dem Donnergott, + altnord. bjǫrn »Bär«.

Tore, (auch:) Thore: wohl zu altnord. Þórr »Thor«, dem Donnergott, + altnord. vér < urnord. *wīhaR »Mann, Kämpfer«, oder Kurzform von Zusammensetzungen mit »Tor-«.

Toren, (auch:) Thorén: geht zurück auf norwegisch/schwedisch Torenius, eine Erweiterung von mit »Tor-« gebildeten Namen (vgl. ▸ Tore); auch schwedischer Familienname.

Torge, (auch:) Thorge: wohl Eindeutschung von norweg. Torje/schwed. Törje, Nebenformen von Torgeir.

Torin, (auch:) Thorin: nordische Herkunft, männl. Bildung zu ▸ Torina.

Torsten, (auch:) Thorsten: zu altnord. Þórr»Thor«, dem Donnergott, + altnord. steinn »Stein«.

Torvid, (auch:) Thorvid: zu altnord. Þórr »Thor«, dem Donnergott, + altnord. viðr »Baum«.

Toshiro [ˈtoʃiro:]: zu japan. toshi »schnell« + japan. rō »Mann«.

Tracy [ˈtreɪsɪ]: ursprünglich englischer Familienname nach einem Ortsnamen in der Normandie.

Trajan, (auch:) Traian: nach dem Namen des römischen Kaisers Marcus Ulpius Traianus (1./2. Jh.).

Travis [ˈtrævɪs]: ursprünglich Familienname zu mittelengl. travers, später travis < altfranzös. travers(e) »Überquerung [eines Flusses, einer Brücke, einer Grenze]; Brückenzoll, Durchgangszoll«.

Tristan: kelt. Drystan zu drest, drust »[Waffen]lärm«. Die Form Tristan ist wohl beeinflusst durch altfranzös. triste »traurig«.

Tristram [ˈtrɪstrəm]: englische Form von ▸ Tristan.

Tullio: italienische Form von Tullius, einem römischen Geschlechternamen.

Turan: türkische Herkunft, abgeleitet von dem geografischen Namen Turan, einem Tiefland Mittelasiens, ungefähr dem heutigen Turkestan entsprechend.

Ture, (auch:) Thure: dänische und schwedische Variante von ▸ Tore.

Tyler ['taılə]: ursprünglich englischer Familienname nach dem Beruf des Ziegelbrenners oder Dachdeckers (vgl. engl. tile »[Dach]ziegel«).

Tyll: ▸ Till.

Tyson ['taısn]: ursprünglich englischer Familienname, dem altfranzös. tison »Holzstück« zugrunde liegt.

U

Ubbo, (auch:) Ubbe: friesische Kurzform von Namen wie Ulbert (ahd. uodal »Erbgut, Heimat« + ahd. beraht »glänzend«). Im Schwedischen ist Ubbe eine Ableitung von ▸ Ulf oder ▸ Urban.

Udo, (auch:) Ude; Uto: alter deutscher Vorname, Nebenform von ▸ Odo oder Kurzform von Namen, die mit ahd. uodal »Erbgut, Heimat« gebildet sind, besonders von Uodalrich (▸ Ulrich).

Ueli: schweizerische Koseform von ▸ Ulrich.

Ugo: italienische Form von ▸ Hugo.

Ule: Kurzform von ▸ Ulrich.

Ulf: Kurzform von Namen, die mit dem Namenbestandteil altsächs. wulf »Wolf« gebildet sind, oder Entlehnung des nordischen Vornamens Ulf (altnord. Ulfr) mit gleicher Bedeutung.

Ulfried, (auch:) Ulfrid: zu ahd. uodal »Erbgut, Heimat« + ahd. fridu »Schutz vor Waffengewalt, Friede«.

Uli, (auch:) Ulli: Koseform von Namen, die mit »Ul-« gebildet sind, besonders von ▸ Ulrich.

Ulli: ▸ Uli.

Ullo, (auch:) Ulo: Kurzform von Namen, die mit »Ul-« gebildet sind.

Ulrich, (auch:) Ullrich: alter deutscher Vorname, zu ahd. uodal »Erbgut, Heimat« + ahd. rīhhi »Herrschaft, Herrscher, Macht; reich, mächtig, hoch«.

Ulrik: niederdeutsche Nebenform von ▸ Ulrich.

Ulv: nordische Variante von ▸ Ulf.

Ulysses: lateinische Wiedergabe des Namens des griechischen Helden Odysseus.

Umberto: italienische Form von ▸ Humbert.

Urban: lateinischer Ursprung, geht zurück auf einen römischen Beinamen, zu lat. urbānus, -a, -um »zur Stadt [Rom] gehörend; fein gebildet; weltmännisch; Städter«.

Uri: Kurzform von ▸ Uriel oder ▸ Urias.

Urias, (überkonfessionelle Form:) Urija: zu hebr. 'ūriyā(hū) »Jahwe ist mein Licht«. Nach der Bibel war Urias ein Hethiter, mit dessen Frau Batseba König David Ehebruch beging.

Uriel: zu hebr. 'ūri'ēl »Gott ist mein Licht«. In der altjüdischen Tradition ist Uriel der Name eines Erzengels. In der außerbiblischen christlichen Tradition ist Uriel der Erzengel, der beim Weltgericht die Tore der Unterwelt öffnet und die Verstorbenen vor den Richterstuhl Gottes führt.

Urija: ▸ Urias.

Urs, (auch:) Ursus: lateinischer Ursprung, geht zurück auf einen römischen Beinamen, zu lat. ursus »der Bär«.

Ursin: lateinischer Ursprung, geht zurück auf den römischen Beinamen Ursinus, eine Ableitung von Ursus (▸ Urs).

Ursus: ▸ Urs.

Uthelm: Neubildung aus ▸ Ut[e] und ▸ Helm[ut].

Uto: ▸ Udo.

Utz: Koseform von Namen, die mit ahd. uodal »Erbgut, Heimat« gebildet sind, besonders von ▸ Ulrich.

Uwe, (auch:) Uve; Owe; Ove: wahrscheinlich verselbstständigte friesische Kurzform von Namen, die mit altinselnordfries. *ōva (zu german. *ōƀ- »tätig sein, ins Werk setzen«) gebildet wurden.

V

Václav ['va:tslaf]: tschechische Herkunft (▸ Wenzeslaus).

Vadim, (auch:) Wadim: russische, ukrainische und polnische Herkunft, zugrunde liegt wahrscheinlich das urslaw. Verb *vaditi »streiten«; manchmal auch als Kurzform von Vadimir (urslaw. *vaditi »streiten« + urslaw. *mirъ »Friede«) aufgefasst.

Vahan: armenische Herkunft (»der Schild«).

Valdis: zu lett. valdīt »herrschen«: »Herrscher«.

Valentin: geht zurück auf Valentinus, eine Ableitung des

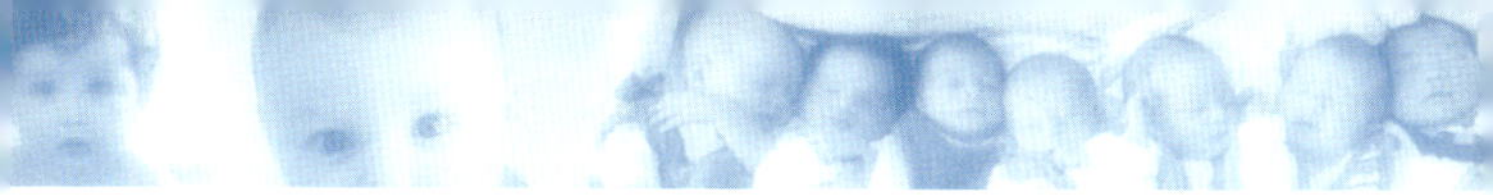

römischen Beinamens Valens, zu lat. valēns »kräftig, stark, gesund, mächtig«.

Valentino: italienische Form von ▸ Valentin.

Valéri: französische Form von ▸ Valerius.

Valerian: zu lat. Valeriānus, Ableitung von ▸ Valerius.

Valerij: russische Form von ▸ Valerius.

Valerio: italienische und spanische Form von ▸ Valerius.

Valerius: geht zurück auf einen altrömischen Geschlechternamen, zu lat. valēre »kräftig, stark sein«.

Valéry: ▸ Valéri.

Valtin: Kurzform von ▸ Valentin.

Varg: zu altnord. vargr »Wolf, Räuber, friedloser Mann«.

Varun: aus Indien, zu sanskrit. varuna »der zurückhält, zurückzieht«, Name einer vedischen Wassergottheit.

Vasco: spanische oder portugiesische Herkunft, aus Velasco/Belasco, einem auf der Iberischen Halbinsel im Mittelalter häufigen Namen baskischen Ursprungs (wohl zu bask. belatz »Krähe«), also nicht abzuleiten von dem gleichlautenden Adjektiv vasco »baskisch, Baske«.

Vasílios, (auch:) Vassilios: neugriechische Form von ▸ Basilius.

Veikko ['veikko]: finnische Herkunft, Bedeutung »Bruder«.

Veit, (auch:) Vitus: geht zurück auf den heiligen Märtyrer Vitus, Etymologie seines Namens nicht sicher geklärt, vielleicht zu thrak. bītus »aus Bithynien«.

Vernon ['və:nən]: ursprünglich englischer Familienname nach einem französischen Ortsnamen.

Vero: aus Italien, geht zurück auf den spätrömischen Beina-

Die schönsten ausgefallenen Jungennamen

Adnan
Arik
Aulis
Bahne
Barin
Cornel
Dano
Enric
Farid
Geo
Giso
Heimo
Iring
Ivar
Jonne
Kerim
Kostja
Lais
Lienhard
Marcin
Rahim
Rurik
Vadim

men Verus, zu lat. vērus »wahr«. Gelegentlich kann es sich bei Vero auch um eine männliche Bildung zu ▸ Vera handeln.

Vicco: Kurzform von ▸ Viktor.

Vico: italienische Kurzform von Lodovico (▸ Ludwig), auch Schreibvariante von ▸ Vicco.

Victor: ▸ Viktor.

Vidar: zu altnord. Víðarr zu altnord. víð »Wald« + urnord. harjaR, altnord. herr »Heer; Heerführer, Krieger«.

Viggo: nordische Herkunft, latinisierte Kurzform von Zusammensetzungen mit dem altnordischen Namenbestandteil víg »Kampf, Streit«.

Vigil: geht zurück auf den römischen Beinamen Vigilius, der traditionellerweise zu lat. vigilāre »wachen« gestellt wird.

Viktor, (auch:) Victor: lat. victor »Sieger«, auch Beiname des Herkules und des Göttervaters Jupiter.

Vilhelm: nordische Form von ▸ Wilhelm.

Vilmos [ˈvilmoʃ]: ungarische Herkunft, hervorgegangen aus der latinisierten Form Willemus (▸ Wilhelm).

Vince: englische Kurzform von Vincent (▸ Vinzenz), auch ungarisch.

Vincent: deutsche, niederländische, englische und französische [Neben]form von ▸ Vinzenz.

Vincenz: ▸ Vinzenz.

Vincenzo [vinˈtʃɛntso]: italienische Form von ▸ Vinzenz.

Vinzenz, (auch:) Vincent; Vincenz; Vinzent: lat. Vincentius, Ableitung von lat. vincēns »siegend«.

¹Virgil: nach dem aus Irland stammenden heiligen Virgilius, Bischof von Salzburg, dessen ursprünglicher Name, vermutlich Fearghal (gäl. fear »Mann« + gal »Tapferkeit«), als »Virgilius« (▸ ²Virgil) latinisiert wurde.

²Virgil: nach dem römischen Nationaldichter Vergil; geht zurück auf Virgilius, eine jüngere Form des altrömischen Geschlechternamens Vergilius.

Virgilio [virˈdʒiːli̯o]: italienische Form von Virgilius (▸ ²Virgil, selten ▸ ¹Virgil).

Vital: deutsche Form von ▸ Vitalis.

Vitalis: geht zurück auf einen römischen Beinamen, zu lat. vītālis »das Leben erhaltend, Leben spendend«.

Vito: italienische und spanische Form von ▸ Vitus.

Vittorio: italienische Form von ▸ Viktor.

Vi̲tus: ▸ Veit.

Vivian [ˈvɪvɪən]: aus dem Englischen, geht zurück auf eine altfranzösische Form des römischen Beinamens Vibianus/Vivianus (Ableitung von dem bislang ungeklärten Geschlechternamen Vibius, früher gern zu dem lateinischen Adjektiv vīvus »lebendig, lebhaft« gestellt).

Vivien [viˈvjɛ̃]: französische Form des römischen Beinamens Vibianus/Vivianus (▸ Vivian).

Vladi̲mir: englische, französische, serbische, kroatische Form von ▸ Wladimir, auch Eindeutschung von tschech. Vladimír.

Vọlkbert, (auch:) Vọlbert; Fọlbert: alter deutscher Vorname, zu ahd. folc »Haufe, Kriegsschar, Volk« + ahd. beraht »glänzend«.

Vọlker, (auch:) Fọlker; Vọlkher: alter deutscher Vorname, zu ahd. folc »Haufe, Kriegsschar, Volk« + ahd. heri »Kriegsschar, Heer«.

Vọlkher: ▸ Volker.

W

Wadịm: ▸ Vadim.

Wạldemar, (auch:) Wọldemar: alter deutscher Vorname, zu ahd. walt- zu waltan »walten, herrschen« + ahd. māri »bekannt, berühmt, angesehen«.

Wạldo, (auch:) Wạlto: verselbstständigte Kurzform von Namen, die mit »Wald[e]-« oder »-wald« gebildet sind.

Wali̲d: zu arab. walīd »neugeborenes Kind«.

¹Wạlt: Kurzform von Namen, die mit »Wald(e)-« oder »-wald« gebildet sind.

²Walt [wɔːlt]: englische Kurzform von Walter (▸ Walter).

Wạlter, (auch:) Wạlther: alter deutscher Vorname, zu ahd. walt- zu waltan »walten, herrschen« + ahd. heri »Kriegsschar, Heer«.

Wạlto: ▸ Waldo.

Wạn: chinesische Herkunft, Bedeutung »anmutig, lieblich«.

Wạnja: russische Koseform von Iwan (▸ Johannes).

Wạnjo: bulgarische Koseform von Iwan (▸ Johannes).

Wạrnder: friesische Variante von ▸ Warner.

Wạrner: niederdeutsche Form von ▸ Werner.

Wạsja: russische Koseform von Wassili (▸ Basilius).

Wassịli, (auch:) Wassịlij; Wassịly: russische Form von ▸ Basilius.

Wạstl: oberdeutsche, besonders bayerische und österreichische Koseform von ▸ Sebastian.

Wayne [weɪn]: ursprünglich englischer Berufsübername für den Wagenmacher, -lenker, zu altengl. wæg[e]n »Wagen«.

Wẹddo: verselbstständigte Kurzform von Zusammensetzungen mit »Wig-« oder »Widu-« (▸ Weda).

We̲digo, (auch:) We̲dige: ▸ Witigo.

Wẹmko: friesische Koseform von Zusammensetzungen mit »Will-«.

Wẹndelin, (auch) Wẹndel; Wẹndlin: Koseform von heute nicht mehr vorkommenden Namen wie Wendelbert, Wendelmar (zu dem Namenbestandteil »Wendel-« vgl. ▸ Wendelgard).

Wẹndlin: ▸ Wendelin.

Wẹnzel: deutsche Kurzform von ▸ Wenzeslaus.

Wẹnzeslaus: lateinische Form von alttschech. Venceslav, tschech. Václav, dt. Wenzel (urslaw. *vẹtje, poln. wiecej »mehr« + urslaw. *slava »Ruhm, Ehre«).

Wẹrner, (auch:) Wẹrnher: erster Bestandteil Vermischung des Volksnamens der germanischen Warnen mit german. *warō »Aufmerksamkeit« (vgl. altengl. waru »Schutz«, ahd. warnōn »warnen«); zweiter Bestandteil zu ahd. heri »Kriegsschar, Heer«.

Wẹrnher: ▸ Werner.

Wẹrno: Kurzform von Namen, die mit »Wern-« gebildet sind, besonders von ▸ Werner.

Wẹsley: ursprünglich englischer Familienname nach einem Orts- oder Flurnamen mit der Bedeutung »westliche Lichtung/Wiese«.

Wẹssel: niederdeutsch-friesische Koseform von ▸ Werner.

Wi̲ard: durch Zusammenziehung entstandene friesische Kurzform von Wighard.

Wi̲dar: eindeutschende Schreibung von ▸ Vidar.

Wi̲do, (auch:) Wi̲to; Wi̲du: alter deutscher Vorname, Kurzform von Namen, die mit »Wid-«, »Wit-« gebildet sind, z. B. Widukind und ▸ Witold.

Wie̲land, (auch:) Wie̲lant; Wi̲land: alter deutscher Vorname, wohl zu ahd. *wēla »[Kampf]gewoge« + ahd. nand [nur

noch in Namen belegt] »kühn, wagemutig«, vgl. ahd. nenden »wagen«; also »kühn im Kampf«.

Wigo, (auch:) Wikko: Kurzform von Namen, die mit »Wig-« (ahd. wīg »Kampf, Krieg«) gebildet sind.

Wil: Kurzform von ▸ Wilhelm, auch niederländisch.

Wiland: ▸ Wieland.

Wilbur: angloamerikanische Herkunft, geht zurück auf einen Familiennamen, dessen Bedeutung umstritten ist.

Wilhelm: zu ahd. willio »Wille« + ahd. helm »Helm«.

Wilko, (auch:) Wilke; Wilken; Wilkin; Wilk; Williko: niederdeutsch-friesische Koseform von Namen, die mit »Wil-« oder »Willi-« gebildet sind, meist aber von ▸ Wilhelm.

Will: deutsche Kurzform von Namen, die mit »Wil-« oder »Willi-« gebildet sind, meist aber von ▸ Wilhelm, auch englische Kurzform [wɪl] von ▸ William.

Willem: niederdeutsche und niederländische Form von ▸ Wilhelm.

Willi, (auch:) Willy: Kurzform von Namen, die mit »Wil-« oder »Willi-« gebildet sind, meist aber von ▸ Wilhelm.

William [ˈwɪljəm]: englische Form von ▸ Wilhelm.

Willibald: alter deutscher Vorname, zu ahd. willio »Wille« + ahd. bald »kühn«.

Willie: englische Koseform von ▸ William.

Willigis: zu ahd. willio »Wille« + ahd. gīsal »Geisel, Bürge, Unterpfand«.

Williko: ▸ Wilko.

Willm: ▸ Wilm.

Willo: Kurzform von Namen, die mit »Wil-« oder »Willi-« gebildet sind, meist aber von ▸ Wilhelm.

Willy: Schreibvariante von ▸ Willi, auch englische Koseform von ▸ William.

Wilm, (auch:) Willm: durch Zusammenziehung entstandene Kurzform von ▸ Wilhelm.

Wilson [wɪlsn]: ursprünglich englischer Familienname, Bedeutung »Sohn des ▸ Will«.

Wim: durch Zusammenziehung entstandene Kurzform von ▸ Wilhelm, auch niederländisch.

Wimar: alter deutscher Vorname, zu ahd. wini »Freund« + ahd. māri »bekannt, berühmt, angesehen«.

Winald: alter deutscher Vorname, zu ahd. wini »Freund« + ahd. -walt zu waltan »walten, herrschen«.

Winfried, (auch:) Winfred; Winfrid: alter deutscher Vorname, zu ahd. wini »Freund« + ahd. fridu »Schutz vor Waffengewalt, Friede«.

Winno: Kurzform von Namen, die mit »Win-« oder »-win« gebildet sind.

Witigo, (auch:) Wittich; Wittig; Wedigo; Wedige: erster Bestandteil aus ahd. witu »Holz«, der zweite Teil gehört zu got. gauja »Gaubewohner«: »Waldgaubewohner«.

Wito: ▸ Wido.

[1]**Witold:** alter deutscher Vorname, zu ahd. witu »Holz, Wald« + ahd. -walt zu waltan »walten, herrschen«.

[2]**Witold:** polnische Herkunft, geht zurück auf lit. Vytautas (< lit. vyd- zu [iš]vysti »sehen« + lit. tauta »Nation«).

Witolf: zu ahd. witu »Holz, Wald« + ahd. wolf »Wolf«.

Wittich, (auch:) Wittig: ▸ Witigo.

Wladimir, (auch:) Vladimir; Wladimir: altruss. Volodiměrь; erster Bestandteil zu kirchenslaw. vlad- »Macht«; zweiter Bestandteil urverwandt mit ahd. māri »bekannt, berühmt, angesehen« in Namen wie ▸ Dietmar, ▸ Waldemar, wurde aber im Russischen volksetymologisch an russ. mir »Friede« angelehnt.

Wladislaw: Eindeutschung von poln. Władysław oder tschech. Vladislav (▸ Ladislaus).

Wodan: ▸ Wotan.

Woldemar: ▸ Waldemar.

Wolf, (auch:) Wolff; Wulf; Wulff: alter deutscher Vorname, Kurzform von Namen, die mit »Wolf-« gebildet sind, besonders von ▸ Wolfgang.

Wolfgang: alter deutscher Vorname, zu ahd. wolf »Wolf« + ahd. ganc »Gang«, mit der Bedeutung »Wolfsgänger«, d. h. Krieger in Tierverkleidung.

Wolfram: alter deutscher Vorname, zu ahd. wolf »Wolf« + ahd. hraban »Rabe«.

Woody ['wʊdɪ]: Koseform von Woodrow, einem englischen Familiennamen nach dem Wohnsitz (»Häuserreihe am Wald«) bzw. nach dem gleichlautenden Ortsnamen.

Wotan, (auch:) Wodan: nach dem höchsten germanischen Gott, zu german. *wōda- »besessen, erregt« im Sinne von »der Inspirierte«.

Wulf, (auch:) Wulff: ▸ Wolf.

X

Xaime [ˈʃaime]: galicische (nordwestspanische) Form von ▸ Jakob, die aus spätlat. Jacomus hervorgegangen ist.

Xạnder: Kurzform von ▸ Alexander.

Xa̲ver, (auch:) Xave̲rius: eigentlich der verselbstständigte Beiname des heiligen Franz Xaver nach seinem Geburtsort, dem Schloss Xavier (heute: Javier) in Navarra (Spanien).

Xave̲rius: Latinisierung von ▸ Xaver.

Xavier, französ. Aussprache: [gzaˈvje], engl. Aussprache: [ˈzeɪvɪə]: französische und englische Form von ▸ Xaver.

Xẹrxes: griechische Form des altpersischen Namens Xšayaršan »über Helden herrschend«.

Y

Ya̲go: geht zurück auf eine im mittelalterlichen Spanien geläufige Kurzform von ▸ Jakob (vgl. den Ortsnamen Santiago).

Yạn: Schreibvariante von ▸ Jan oder ▸ Yann.

Yạnek: Schreibvariante von ▸ Janek.

Yạnick, (auch:) Yạnik: Schreibvariante von ▸ Yannick oder ▸ Janik.

Yạnis: ▸ Yannis, ▸ Janis.

Yạnn, französische Aussprache: [jã]: bretonische Form von ▸ Johannes, auch Schreibvariante von ▸ Jann.

Yạnnek, (auch:) Yạnneck: ▸ Jannek.

Yạnnes: Schreibvariante von ▸ Jannes.

Yạnnic: ▸ Yannick, ▸ Jannik.

Yạnnick: französische Schreibweise von breton. Yannig, einer Koseform von Yann (▸ Johannes).

Die schönsten biblischen Jungennamen

Aaron	Joscha
Amon	Kaleb
Benjamin	Levi
Dan	Samuel
Jadon	Silas
Jeremias	Simon
Joel	Tobias
Joram	

Yạnnik: ▸ Yannick, ▸ Jannik.
Yạnnis: französische Schreibweise der neugriechischen Form von ▸ Johannes, auch Schreibvariante von ▸ Jannis.
Ya̲ron: aus dem Neuhebräischen, Bedeutung: »Er wird singen, er wird froh sein«.
Ỵngve: zu altnord. Yngvi, Name einer germanischen Gottheit.
Yọrck: ▸ Jork.
Yọrick, (auch:) Yọrrick: wohl englische Wiedergabe einer dänischen Ableitung von ▸ Georg.
[1]**York** [jɔ:k]: ursprünglich englischer Familienname nach der Stadt York.

Z

[2]**Yọrk:** ▸ Jork.
Yọshua: Schreibvariante von ▸ Joshua.
Yunụs: türkische Form von ▸ Jonas.
Yu̲suf [juˈsuf]: arabische und türkische Form von ▸ Joseph.
Yves: französische Form von ▸ Ivo.
Y̲vo: ▸ Ivo.
Yvon [iˈvõ]: französische Form von ▸ Ivo.
Zachari̲as: griechische Form von hebr. zecharyāh »Jahwe hat sich erinnert«. Nach dem Neuen Testament war Zacharias der Vater Johannes' des Täufers und Gemahl der biblischen heiligen Elisabeth.
Zachary [ˈzækərɪ]: englische Form von ▸ Zacharias.
Zaid [zaˈi:d]: wohl zu arab. zāda »größer werden, wachsen, zunehmen«.
Zạnder: Kurzform von ▸ Alexander.
Ze̲no, (auch:) Ze̲non: griech. Zḗnōn, Kurzform von griechischen Männernamen wie Zēnódotos »Geschenk des Zeus«.
Zikomo [ziˈko:mo]: aus Malawi, bedeutet in der Ngoni-Sprache »danke schön«.
Zi̲no: italienische Kurzform von Namen, die auf »-zino« enden, z. B. Lorenzino (▸ Lorenzo), Vincenzino (▸ Vincenzo).
Ziyad [ziˈja:d]: wohl eine verkürzte Form von arab. ziyāda »Zunahme, Wachstum«.
Zlatko [ˈzlatko]: serbischer, kroatischer, slowenischer oder slowakischer Herkunft, Kurzform von Namen wie Zlatomir (vgl. ▸ Zlata).
Zoltán [ˈzolta:n]: ungarische Herkunft, Bedeutung »Sultan«.

Namen für Mädchen

A

Abelia: aus dem Spanischen, weibliche Form von ▸ Abel.

Abelina: Erweiterung von Abel(a), einer älteren niederdeutschen Kurzform von ▸ Apollonia, ▸ Alberta oder von einem alten weibl. Vorn., der aus altsächs. aval »Kraft« gebildet wurde.

Abigail, (überkonfessionelle Form:) Abigajil: aus der Bibel, hebr. 'abīgayil »der Vater hat sich gefreut«.

Abir: zu arab. ʻabīr »Duft, Aroma«.

¹Ada, (auch:) Adda: Kurzform von Namen, die mit »Adel-« gebildet sind, gewöhnlich von ▸ Adelheid, auch spanisch, italienisch und englisch.

²Ada: aus der Bibel, hebräischer Ursprung, Bedeutung etwa »der Herr hat geschmückt«.

Adda: ▸ ¹Ada.

Adela: Nebenform von ▸ Adele, auch spanisch.

Adelaide: französische Form von ▸ Adelheid.

Adele: Kurzform von ▸ Adelaide.

Adelheid: alter deutscher Vorname, zu ahd. adal »edel, vornehm; Abstammung, [edles] Geschlecht« + ahd. heit, dem germanisch *haidu- »Art und Weise, Gestalt« zugrunde liegt; etwa »von edler Art, edlem Wesen«.

Adelia: Weiterbildung von ▸ Adele, auch italienisch.

Adelisa: Doppelform aus ▸ Adel(e) und Lisa (▸ Elisabeth).

Adeltraud, (auch:) Adeltrud; Edeltraud; Edeltrud; Altraud; Altrud: alter deutscher Vorname, ahd. adal »edel, vornehm; Abstammung, [edles] Geschlecht« + german. *þrūþi »Kraft, Stärke«, in althochdeutscher Zeit umgedeutet zu trūt »vertraut, lieb«.

Adina: Weiterbildung von ▸ ¹Ada oder ▸ ²Ada.

Adriana, (auch:) Adriane: weibl. Form von ▸ Adrian; auch italienisch und spanisch.

Adrienne: französische Form von ▸ Adriana.

Ady: Kurzform von Vornamen, die mit »Adel-« gebildet sind.

Aenne: ▸ Änne.

Afra, (auch:) Afra: wohl altitalische Herkunft, bereits in der Antike an lat. āfer, āfra, āfrum »afrikanisch« angelehnt.

Aga: Kurzform von ▸ Agatha.

Agata: Schreibvariante von ▸ Agatha, auch italienisch.
Agatha: zu griech. agathós, -ế, -ón »gut«, auch englisch.
Agathe: deutsche Form von ▸ Agatha.
Agda: schwedische und dänische Form von ▸ Agathe.
Aglaia, (auch:) Aglaja; Aglaë: zu griech. aglaós »glänzend, prächtig«.
Agnes: vulgärlateinischer Ursprung, nach griech. hagnós, -ế, -ón »keusch, rein; hehr; geheiligt« mit einem falschen Nominativ gebildet; aufgrund der Klangähnlichkeit an lat. agnus »Lamm« angelehnt.
Agnesa: Weiterbildung von ▸ Agnes.
Agnese: Weiterbildung von ▸ Agnes, auch italienisch.
Agneta, (auch:) Agnete; Agnetha: Weiterbildung von ▸ Agnes.
Aida: geht zurück auf die Gestalt der äthiopischen Sklavin in G. Verdis Oper »Aida«. Der Name wurde von dem Autor der Vorlage, Auguste Mariette, vielleicht nach dem altägyptischen Namen ʻIiti geschaffen.
Aike: ▸ Eike.
Aiko: zu japan. ai »Liebe« + japan. ko »Kind«.
Aila: ▸ Eila.
Aileen, (auch:) Ayleen: aus dem Englischen, Schreibvariante von ▸ Eileen.
Ailina, an die deutsche Schreibweise angepasste Erweiterung von ▸ Aileen.
Ailke: ▸ Eilke.
Aimée: weibl. Form von Aimé.
¹Aina: katalanische und estnische Variante von ▸ Anna.
²Aina: aus dem Lettischen, zu lett. aina »Bild (im übertragenen Sinn)«.
Aischa: zu arab. ʻāʼischa »lebendig, wohlauf«.
Aitana: aus dem Spanischen; zugrunde liegt der Name eines Gebirgszugs, dessen Ausläufer bis an die Küste von Benidorm (Provinz Alicante) reichen.
Ake: identisch mit dem männl. Vornamen ▸ Ake.
Akiko: zu japan. aki »Herbst« + japan. ko »Kind«.
Akila, (auch:) Akilah: aus Kenia und Tansania; geht zurück auf Suaheli »intelligent« (< arab. ʻāqil »intelligent«).
Alamea: aus Hawai, Bedeutung »kostbar«.
Alana: aus dem Englischen, weibl. Form von ▸ Alan.
Alanis: aus dem Englischen, weibl. Bildung zu ▸ Alan.
Alannah: englische Schreibvariante von ▸ Alana, die wohl

unter dem Einfluss biblischer Namen wie ▸ Hannah, ▸ Sarah entstanden ist.

Alba: zu lat. albus, -a, -um »weiß«.

Alberta, (auch:) Alberte: weibl. Form von ▸ Albert.

Albertina, (auch:) Albertine: weibl. Form von ▸ Albert mit der Endung »-ine/-ina«.

Alda: verselbstständigte italienische Kurzform von Namen, die mit »Alde-« gebildet wurden (z. B. Aldegund), zu ahd. alt »alt, erfahren« oder ahd. adal »edel, vornehm; Abstammung, [edles] Geschlecht«.

Alea: verselbstständigte friesische Kurzform von Namen, die mit »Adel-« gebildet sind (z. B. ▸ Adelheid).

Aleka, (auch:) Aleke; Alika; Alike: niederdeutsche Koseform von Namen, die mit »Adel-« gebildet sind, besonders von ▸ Adelheid.

[1]Alena, (deutsch auch:) Alene: tschechische Kurzform von ▸ Magdalena.

[2]Alena: russische Kurzform von ▸ Alexandra oder ▸ Jelena.

Alenka: Koseform von ▸ [1]Alena oder ▸ [2]Alena.

Alesia: Nebenform von ▸ Alessia.

Alessa: aus dem Italienischen, Kurzform von Alessandra (▸ Alexandra).

Alessandra: italienische Form von ▸ Alexandra.

Alessia: aus dem Italienischen, weibl. Form von ▸ Alessio.

Alette, (auch:) Aletta: französische bzw. friesische Koseform von ▸ Adelheid.

Alexa: Kurzform von ▸ Alexandra.

Alexandra: weibl. Form von ▸ Alexander.

Alexandrine, (auch:) Alexandrina: weibl. Form von ▸ Alexander mit der Endung »-ine/-ina«.

Alexia: Kurzform von ▸ Alexandra oder weibl. Form von ▸ Alexis.

Alexis: identisch mit dem männl. Vornamen ▸ Alexis.

Die schönsten englischen Mädchennamen

Amanda	Gillian
Amber	Helen
Becky	Jane
Carleen	Judy
Daisy	Maggie
Debby	Pamela
Fanny	Sally

Alfa: weibl. Form von ▸ Alf, auch schwedisch.

Alia: ▸ Alja.

Alica ['alitsa]: slowakische, serbische, kroatische und slowenische Form von ▸ Alice.

Alice: geht zurück auf Adaliz, Aliz, die altfranzösischen Kurzformen von ▸ Adelheid.

Alicia: Latinisierung oder spanische Form von ▸ Alice.

¹Alida, (auch:) Alide; Alita: niederdeutsch-friesische Kurzformen von ▸ Adelheid.

²Alida: verselbstständigte italienische Kurzform von germanischen Namen, die mit adal »edel, vornehm; Abstammung, [edles] Geschlecht« zusammengesetzt wurden.

Alija: ▸ Aliya.

Alina: ▸ Aline.

Aline: aus dem Französischen, Kurzform von Adeline.

Alisa: niederländische Nebenform von ▸ Alice.

Alise ['alise]: lettische Form von ▸ Alice.

Alisha: aus dem Englischen, phonetische Schreibweise von engl. Alicia, ▸ Alice.

Alisia: niederländische Nebenform von ▸ Alice.

Alison, (auch:) Allison ['ælɪsn]: aus dem Englischen, ursprünglich französische Koseform von ▸ Alice.

Alissa: niederländische, englische oder russische Nebenform von ▸ Alice.

Alix: altfranzösische Kurzform von ▸ Adelheid (vgl. auch ▸ Alice); heute wird Alix auch als Kurzform von ▸ Alexandra verwendet.

Aliya, (auch:) Aliyah; Aaliyah; Alija: zu arab. ʻalīa »die Hohe, Erhabene, Ausgezeichnete«.

Aliza, (auch:) Alizah [ali'za:]: zu neuhebr. ʻalizā »die Fröhliche«.

Alizée [ali'ze]: zu französ. alizé »Passatwind«.

Alja, (auch:) Alia: russische Kurzform von ▸ Alexandra.

Alke, (auch:) Alka: niederdeutsche Koseform von Namen, die mit »A(de)l-« gebildet sind, besonders von ▸ Adelheid.

Allegra: zu italien. allegro, -a »fröhlich, lebhaft, munter«.

Allison: ▸ Alison.

Allmut: ▸ Almut.

¹Alma: aus dem Italienischen, zu lat. almus, -a, -um »nährend, Segen spendend, fruchtbar«.

²Alma: verselbstständigte Kurzform von Namen, die mit »Amal-« gebildet wurden (z. B. Amalberga, Amalgunde).

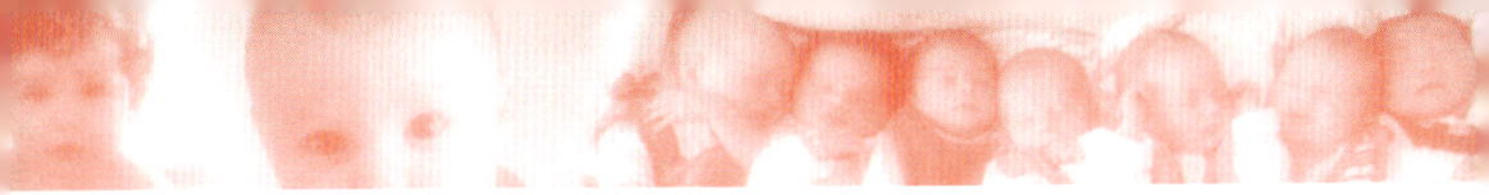

Almut, (auch:) Almute; Almuth; Allmut: jüngere Form von Adelmut; ahd. adal »edel, vornehm; Abstammung, [edles] Geschlecht« + ahd. muot »Sinn, Gemüt, Geist«; etwa »von edlem Sinn«.

Aloisa, (auch:) Aloise; Aloysa; Aloisia; Aloysia: weibl. Form von ▸ Alois.

Althea: zu griech. Altháia. In der griechischen Mythologie Name der Gemahlin des Königs Oineus von Kalydon, die durch das tragische Schicksal ihres Sohnes Meleager bekannt wurde.

Aluna: aus Kenia, Bedeutung in der Mwera-Sprache: »Komm her«.

Alva: aus dem Schwedischen, weibliche Form von ▸ Alf oder ▸ Alvar.

[1]Alvina: weibl. Form von ▸ [1]Alvin.

[2]Alvina: Nebenform von ▸ Alwine.

Alwine, (auch:) Alwina: weibl. Form von ▸ Alwin.

Alyssa: Schreibvariante von ▸ Alissa.

Amalie, (auch:) Amalia; Amelie: verselbstständigte Kurzform von Namen, die mit »Amal-« gebildet wurden (z. B. Amalberga, Amalgund).

Amancaya: geht zurück auf den Namen einer Blume in der Sprache der Quechua-Indianer.

Amanda: weibl. Form von ▸ Amandus; auch italienisch, spanisch und englisch.

Amaranta: aus griech. amárantos »unverwelkbar, unvergänglich«, zu maraínō »lösche aus, vernichte«; eigentlich ein Blumenname: Amarant »Gartenfuchsschwanz«.

Amaryllis: Name einer Hirtin in der altgriechischen und lateinischen Hirtendichtung, im 18. Jh. auf die gleichnamige exotische Zierpflanze übertragen.

Amata: zu lat. amātus, -a, -um »geliebt«, zu amāre »lieben«.

Die schönsten französischen Mädchennamen

Adrienne	Juliette
Alizée	Madeleine
Annick	Madelon
Claire	Manon
Colette	Mireille
Corinne	Nicoline
Fabienne	Ninon
Jeanne	Odile

Amber: zu engl. amber »Bernstein«.
Ambra: zu italien. ambra »Bernstein«.
Ambre [ãbr]: zu französ. ambre »Bernstein«.
Ambrosia: weibl. Form von ▸ Ambrosius.
Amelia, (auch:) Amelie: geht wahrscheinlich zurück auf den römischen Geschlechternamen Amelius (wohl etruskische Herkunft). Gelegentlich wird Amelia auch als Nebenform von ▸ Amalie empfunden.
Amelie: Nebenform von ▸ Amalie.
Amélie: französische Form von ▸ Amelia oder ▸ Amalie.
Amely [ˈæməlɪ]: englische Form von ▸ Amelia oder ▸ Amalie.
Ämilia: ▸ Emilie.
¹Amina: arabischer Ursprung, weibl. Form von ▸ Amin.
²Amina: zu arab. amina »sicher sein, sich sicher fühlen«.
³Amina: verselbstständigte Kurzform von Namen, die mit »Amal-« gebildet wurden (vgl. ▸ Amalie, ▸ Amke).
Amira: zu arab. amīra »Herrin, Prinzessin«.
Amita: aus Indien, zu sanskrit. amitā »grenzenlos«.
Amke: verselbstständigte niederdeutsch-friesische Koseform von Namen, die mit »Amal-« gebildet wurden.
Amrei: ursprünglich süddeutsche Kurzform von ▸ Annemarie.
Amrit, (auch:) Amrita: identisch mit dem männl. Vornamen ▸ Amrit.
Amy [ˈeɪmɪ]: aus dem Englischen, geht zurück auf altfranzös. amée »geliebt« , vgl. ▸ Aimée, ▸ Amata.
Ana: spanische, aber auch bulgarische, serbische, kroatische Form von ▸ Anna.
Anabel: Nebenform von ▸ Annabella; auch spanische Doppelform aus ▸ Ana und ▸ Isabel. Spanische Betonung: Anabel.
Anaëlle [anaˈɛl]: Koseform von ▸ Anna.
Anaïs: aus dem Französischen, wird als Weiterbildung von ▸ Anna aufgefasst.
Ananda: weibl. Form von ▸ Anand.
Anastasia: zu griech. anástasis »Auferstehung«.
Andina, (auch:) Andine: Nebenform von ▸ Antina oder weibl. Bildung zu ▸ Andreas.
Andra: Kurzform von ▸ Alexandra oder Nebenform von ▸ Andrea.
Andrea: weibl. Form von ▸ Andreas.

Andreana: weibl. Form des im Italienischen männl. Vornamens ▸ Andrea.

Andrée [ã'dre], (deutsch auch:) Andree: französische Form von ▸ Andrea.

Andreina: weibl. Form des im Italienischen männl. Vornamens ▸ Andrea.

Andrina: niederländische und englische Erweiterung von ▸ Andrea.

Anette, (auch:) Anett: Schreibvariante von ▸ Annette.

Angel ['eɪndʒəl]: identisch mit dem männl. Vornamen ▸ Angel.

Angela, (auch:) Angela: zu lat. angelus »Engel« aus griech. ángelos »Bote; Bote Gottes, Engel«.

Angèle [ã'ʒɛl]: französische Form von ▸ Angela.

Angelika, (auch:) Angelica: zu lat. angelicus, -a, -um, griech. angelikós »zum Engel gehörend, engelhaft«, Ableitung von ángelos »Bote; Bote Gottes, Engel«.

Angelina, (auch:) Angeline: italienische Koseform von ▸ Angela.

Angélique [ãʒe'lik]: französische Form von ▸ Angelika.

Angie ['ændʒɪ]: englische Koseform von ▸ Angela.

Ania: Schreibvariante von ▸ Anja, auch französisch.

Anica ['anitsa]: slowenische, kroatische, bulgarische, makedonische Koseform von ▸ Anna.

Aniela: polnische Form von ▸ Angela.

Anika: ▸ Annika.

Anima: zu lat. anima »Seele, Lebenskraft, Atem«.

[1]Anissa: russische umgangssprachliche Form von Anissija, zu griech. ánysis »Erfüllung, Vollendung«.

[2]Anissa: niederländische Erweiterung von ▸ Anna.

[3]Anissa: zu arab. anīssa »die Freundliche, die Höfliche«.

Anita: spanische Koseform von ▸ Anna oder Kurzform von Juanita (▸ Johanna).

Anitra: geht zurück auf eine arabische Sklavin in Henrik Ibsens dramatischem Gedicht »Peer Gynt« (1867). Der Name wurde wohl von Ibsen selbst geprägt.

Anja: russische Form von ▸ Anna.

Anjuli, (auch:) Anjulie ['andʒuli]: eigentlich indische Bezeichnung für die zum Gruß und zum Trinken aneinandergelegten Hände.

Anjuscha, (auch:) Anjuschka: russische Koseformen von ▸ Anna.

Anjuta: russische Koseform von ▸ Anna.

Anka: niederdeutsche oder polnische (auch bulgarische, slowenische) Koseform von ▸ Anna.

Anke: niederdeutsch-friesische Koseform von ▸ Anna.

Ann: ▸ Anna, auch englisch. Häufig Bestandteil von Doppelformen wie z. B. Annchristin oder Annkat(h)rin.

Anna: zu hebr. hannā »Anmut, Liebreiz«. Anna hieß nach der christlichen Überlieferung die Mutter Marias. Anna ist häufig Bestandteil von Doppelformen wie z. B. Annakat(h)rin.

Annabella, (auch:) Annabell; Annabel; Anabel: entweder Doppelform aus ▸ Anna und ▸ Bella oder Umgestaltung des weibl. Vornamens Amabel (lat. amābilis, -e »liebenswert«, vgl. ▸ Mabel) zu Anabel und weiter zu Annabella.

Anne: Nebenform von Anna. Anne ist häufig Bestandteil von Doppelformen wie z. B. ▸ Annemarie.

Änne, (auch:) Aenne: Nebenform von ▸ Anna.

Anneke: niederdeutsche Koseform von ▸ Anna.

Anneli, (auch:) Annelie; Annely: süddeutsche Koseform von ▸ Anna.

Annely: ▸ Anneli.

Annemarie, (auch:) Annemaria: Doppelform aus ▸ Anne und ▸ Maria.

Annemie: Koseform von ▸ Annemarie.

Annette, (auch:) Annett; Anette; Anett: aus dem Französischen, Koseform von ▸ Anna.

Anni: Koseform von ▸ Anna.

Annick: französische Schreibung von Annaig, einer bretonischen Ableitung von ▸ Anna.

[1]Annie: Nebenform von ▸ Anni.

[2]Annie: französische und englische Koseform von ▸ Anna.

Annika, (auch:) Annike: niederdeutsche und schwedische Koseform von ▸ Anna.

Annina: Weiterbildung von ▸ Anna; auch italienisch.

Annukka: finnische Koseform von ▸ Anna.

Anny: Schreibvariante von ▸ Anni oder von ▸ [2]Annie.

Anouk [aˈnuk]: aus dem Französischen, Koseform von ▸ Annick.

Anthea: zu griech. ántheios »blütenreich«.

Antina, (auch:) Antine; Andina; Andine: ostfriesische und niederländische Erweiterung von ▸ Anna.

Antje, (auch:) Antja: friesische und niederländische Koseform von ▸ Anna.

Antoinette [ãtwaˈnɛt]: aus dem Französischen, Koseform von französ. Antoine (▸ Antonia).

Antonella: italienische Koseform von ▸ Antonia.

Antonetta: italienische Koseform von ▸ Antonia.

Antonia, (auch:) Antonie: weibl. Form von ▸ Anton(ius).

Antonietta: italienische Koseform von ▸ Antonia.

Antonina: weibl. Form von ▸ Antonino.

Anuschka: russische Koseform von ▸ Anna, auch eindeutschende Schreibung von ung. Annuska.

Apollonia, (auch:) Apollonie: weibl. Form von lat. Apollōnius, griech. Apollṓnios (zum griechischen Götternamen Apóllōn).

April [ˈeɪprəl]: aus dem Englischen, geht zurück auf den gleichlautenden Monatsnamen.

Arabella, (auch:) Arabelle: wahrscheinlich schottische Herkunft, vielleicht Nebenform von ▸ Annabella.

Aranka, ungar. Aussprache [ˈɔrɔŋkɔ]: aus dem Ungarischen, Übersetzung von ▸ Aurelia, zu ungar. arany »Gold«.

Arantxa [aˈrantʃa]: baskische Herkunft, Koseform des weibl. Vornamens Arántzazu, der auf das gleichnamige Marienheiligtum im Baskenland zurückgeht.

Ardita: zu italien. ardito, -a »kühn, wagemutig«.

Areta, (auch:) Aretha: vielleicht zu griech. aretḗ »Tugend«.

Aria: niederländische Kurzform von ▸ Adriana.

Ariadne, (auch:) Ariadna: aus der griechischen Mythologie, vorgriechischer Ursprung, griechisch volksetymologisch als ari [verstärkende Vorsilbe] + hagnḗ »die Heilige« gedeutet. Ariadne war der Name der Tochter des Königs Minos von Kreta. Nach der griechischen Sage gab Ariadne Theseus, den sie liebte, ein Wollknäuel, mit dem er nach seinem Kampf mit dem Minotauros aus dem Labyrinth herausfand.

[1]Ariane, (auch:) Ariana: weibl. Form von ▸ Arian.

[2]Ariane [aˈrjan]: französische Form von ▸ Ariadne.

Arianna: italienische Form von ▸ Ariadne.

Ariela: weibl. Form von ▸ Ariel.

Arietta: Erweiterung von ▸ Aria oder Ariana (▸ [1]Ariane).

Arife: weibl. Form von ▸ Arif.

Arina: niederländische Kurzform von ▸ Adriana oder russische Nebenform von ▸ Irina.

Aris: zu neuhebr. ʼerez »Zeder«.

Arja: niederländische Kurzform von ▸ Adriana.

Arleen, (auch:) Arlene; Arline; Arlyne: aus dem Englischen, vermutlich Neubildung aus ▸ Marlene oder Charlene (▸ Charleen).

Arlette, (auch:) Arlett: aus dem Französischen, geht vielleicht zurück auf die Kurzform eines mit german. *harja (vgl. ahd. heri »Kriegsschar, Heer«) gebildeten Namens.

Armelle, (auch:) Armella: weibl. Bildung zu dem französischen Vornamen Armel, dem Namen eines bretonischen Heiligen aus dem 6. Jh.

Armina: weibl. Form von ▸ Armin.

Arnhild: alter deutscher Vorname, zu ahd. arn »Adler« + ahd. hiltja »Kampf«.

Arnika: latinisierende Koseform von Namen, die mit »Arn-« beginnen (▸ Arnhild), gleichlautend mit der Bezeichnung für die Heilpflanze.

Artemis: aus der griechischen Mythologie. Artemis, Tochter des Zeus und Zwillingsschwester Apolls, war die Göttin der Jagd.

Aruna: weibl. Form von ▸ Arun.

Ashley: identisch mit dem männl. Vornamen ▸ Ashley.

Asja, (auch:) Assja; Assia: aus dem Russischen, Kurzform von ▸ Anastasia und anderen Vornamen.

Aspasia: zu griech. aspásios »willkommen; freudig«.

Assja, (auch:) Assia: ▸ Asja.

Asta: Kurzform von ▸ Anastasia, ▸ Astrid oder ▸ Augusta.

Astrid: aus dem Nordischen, german. *ans- »Gottheit« + altnord. fríðr »schön«.

Athanasia: weibl. Form von ▸ Athanasius.

Athena, (auch:) Athene: vorgriechischer Ursprung, geht zurück auf Athḗnē, die griechische Göttin der Weisheit, des Krieges und des Friedens, die Schutzherrin von Athen; Bedeutung unklar.

Audrey [ˈɔːdri]: aus dem Englischen, geht zurück auf altenglisch Æðelþryð, zu altengl. æðel »edel« + þrȳð »Stärke, Macht«.

Auguste, (auch:) Augusta: weibl. Form von ▸ August.

Augustine, (auch:) Augustina: weibl. Form von ▸ Augustin.

Aurelia, (auch:) Aurelie: weibl. Form von ▸ Aurel(ius).

Aurica, (auch:) Aurika: zu rumän. aur aus lat. aurum »Gold«.

Aurora, (auch:) Aurore: zu lat. Aurōra »[Göttin der] Morgenröte«.

Ava: germanische Herkunft, Ausgangsform ungeklärt, vielleicht zu altsächs. aval »Kraft«.

Avery: identisch mit dem männl. Vornamen ▸ Avery.

Axinja, (auch:) Axinia: russische und ukrainische Herkunft, volkstümliche Form von ▸ Xenia.

Ayesha, (auch:) Ayeesha [aˈjiːʃə]: englische Schreibvariante von Aisha (▸ Aischa).

Ayla: türkische Herkunft, Bedeutung »Lichtkranz«.

Ayleen: ▸ Aileen, ▸ Eileen.

Ayline, (auch:) Aylina; Aylin: ▸ Ailina.

Ayşe [aɪˈʃɛ]: türkische Form von ▸ Aischa.

Azra [azˈraː]: zu arab. ʻazrā »Jungfrau«.

B

Babette, (auch:) Babett: aus dem Französischen, Koseform von ▸ Barbara oder ▸ Elisabeth.

Barb: Kurzform von ▸ Barbara.

Barbara: zu lat. barbarus, -a, -um »fremd, ausländisch, barbarisch« aus gleichbedeutend griech. bárbaros.

Bärbel: Koseform von ▸ Barbara.

Barbie: Koseform von ▸ Barbara.

Barbra: norwegische, niederländische und englische [ˈbɑːbrə] Nebenform von ▸ Barbara.

Barbro: schwedische und norwegische Form von ▸ Barbara.

Bastienne [bastˈjɛn]: weibl. Form von ▸ Bastien.

Batseba, (auch:) Bathseba: aus der Bibel, zu hebr. batšebaʻ »Tochter der Fülle, des Glücks«.

Batya, (auch:) Batyah: zu neuhebr. batyāh »Tochter Gottes«.

Die schönsten italienischen Mädchennamen

Alessandra	Gianna
Antonella	Giulia
Bianca	Ilaria
Carlotta	Lucrezia
Chiara	Ornella
Domenica	Paola
Fiora	Raffaela
Gemma	

Be̲a: Kurzform von ▸ Beate und ▸ Beatrix.
Be̲ate, (auch:) Be̲ata: zu lat. beātus, -a, -um »glücklich«.
Beatrice [bea'tri:sə], italien. Aussprache: [bea'tri:tʃe]: italienische Form von ▸ Beatrix.
Be̲atrix, (auch:) Bẹatrix: zu lat. beātus, -a, -um »glücklich«, Bedeutung etwa »die glücklich Machende«.
Bẹcky: englische Koseform von ▸ Rebekka.
Bẹle: Kurzform – eigentlich Lallform aus der Kindersprache – von ▸ Elisabeth, selten auch von ▸ Sybille, ▸ Gabriele.
Beli̲na: Erweiterung von ▸ Bele.
Belịnda, engl. Aussprache: [bɪ'lɪndə], (auch:) Belịnde: aus dem Englischen, erster Bestandteil vielleicht zu german. *badu- »Kampf«, der zweite entspricht ahd. lind »sanft, weich, mild«, auch beeinflusst durch ahd. linta »Linde, Schild aus Lindenholz«.
¹Bẹlla: zu italien. bello, -a »schön«.
²Bẹlla: Kurzform von ▸ Isabella.
Belli̲na: Erweiterung von ▸ ¹Bella oder ▸ ²Bella.
Benedẹtta: italienische Form von ▸ Benedikta.
Benedịcta: ▸ Benedikta.
Bénédịcte: französische Form von ▸ Benedikta.
Benedịkta, (auch:) Benedịcta: weibl. Form von ▸ Benedikt.
Beni̲ta: spanische Form von ▸ Benedikta.
Bẹnja: russische Koseform von ▸ Benedikta.
Bereni̲ce: Nebenform von ▸ Berenike.
Bérénice [bere'nis]: französische Form von ▸ Berenike.
Bereni̲ke, (auch:) Bereni̲ce: makedonischer Ursprung, zu griech. Phereníkē »die Siegbringerin«.
Bẹrgit, (auch:) Bergi̲ta: nordische Herkunft, Nebenform von ▸ Birgit.
Be̲rit, (auch:) Bẹrrit: nordische Herkunft, Nebenform von ▸ Birgit.
Bẹrna: verselbstständigte Kurzform von Namen, die mit »Bern-« (german. *ber(a)nu- »Bär«) gebildet sind.
Bernadẹtte, (auch:) Bernadẹtt: aus dem Französischen, weibl. Form von ▸ Bernard.
Bernạrda: italienische und spanische Form von ▸ Bernharda.
Bernhạrda: weibl. Form von ▸ Bernhard.
Bẹrni: Koseform von Namen, die mit »Bern-« beginnen (Bernhild).
Bernice ['bə:nɪs]: englische Nebenform von ▸ Berenice.

Bẹrrit: deutsche Schreibvariante von ▸ Berit, die unter dem Einfluss friesischer Namen wie ▸ Gerrit entstanden ist.

Bẹrta, (älter auch:) Bẹrtha: alter deutscher Vorname, zu ahd. beraht »glänzend«. Ursprünglich war Berta eine Kurzform von weiblichen Vornamen, die mit »Bert-« oder »-berta« gebildet wurden (z. B. Berthild oder Amalberta).

Bẹrti: Koseform von Namen, die mit »Bert-« oder »-berta« gebildet sind.

Berti̲na: Kurzform von ▸ Albertina oder Erweiterung von ▸ Berta.

Be̲ryl, (auch:) Berỵll: aus dem Englischen, geht zurück auf die englische Bezeichnung für den glashellen Halbedelstein Beryll.

Bẹss: englische Koseform von Elizabeth (▸ Elisabeth).

Bẹssy, (auch:) Bẹssie: englische Koseform von Elizabeth (▸ Elisabeth).

Be̲ta, (auch:) Be̲tha: Kurzform von ▸ Elisabeth.

Beth [bɛθ]: englische Kurzform von ▸ Elisabeth.

Bethany [ˈbɛθənɪ]: englische Herkunft, geht zurück auf das im Neuen Testament erwähnte Dorf Bethanien.

Beti̲na: Erweiterung von ▸ Beta oder Schreibvariante von ▸ Bettina.

Bẹtsy: englische Koseform von Elizabeth (▸ Elisabeth).

Bẹtta: italienische Kurzform von Elisabetta (▸ Elisabeth).

Bẹtte: Koseform von ▸ Elisabeth, auch englisch.

Bẹtti: Koseform von ▸ Elisabeth.

Betti̲na, (deutsch auch:) Betti̲ne: italienische Kurzform von Elisabettina, einer Weiterbildung von Elisabetta (▸ Elisabeth).

Bẹtty: englische Koseform von Elizabeth (▸ Elisabeth).

Bẹverley, (auch:) Bẹverly: aus dem Englischen, geht zurück

Die schönsten schwedischen Mädchennamen

Agda	Lillemor
Annika	Linnea
Barbro	Maj
Birgitta	Maret, Marit
Gunna	Metta
Kaja	Svea
Kajsa	Ylva
Kerstin	

auf den Ortsnamen Beverly in Yorkshire/England bzw. den davon abgeleiteten Familiennamen.

Bianca, (auch:) Bianka: zu italien. bianco, -a »weiß«, das aus dem Germanischen stammt, vgl. ahd., mhd. blanc »weiß, glänzend; schön«.

Bibiana: Variante von ▸Viviana. Die Schreibung Bibiana beruht auf der griechischen Wiedergabe des lat. V durch B.

Biggi, (auch:) Bigi; Biggy: Koseform von ▸Brigitte oder ▸Birgit.

Bille: Kurzform von ▸Sibylle.

Billie: aus dem Englischen, als weibl. Vorn. gebrauchte Koseform von ▸William; gelegentlich auch Koseform von ▸Sibylle.

Bine, (auch:) Bina: Kurzform von Namen, die auf »-bine«, »-bina« ausgehen, besonders von ▸Sabine, Sabina.

Birga, (auch:) Birge: Kurzform von ▸Birgit, ▸Birgitta.

Birgit, (auch:) Birgitt; Birgid; Bergit; Berit: nordische Herkunft (▸Birgitta).

Birgitta, (auch:) Birgitte: schwedische, norwegische, dänische Form von ▸Brigitte.

Birte, (auch:) Birtha; Birthe: dänische Kurzform von ▸Birgit.

Blanca: ▸Blanka.

Blanche [blã:ʃ]: zu französ. blanc, blanche »weiß«, das aus dem Germanischen stammt, vgl. ahd., mhd. blanc »weiß, glänzend; schön«.

Blanda: zu lat. blandus, -a, -um »schmeichelnd; liebkosend; freundlich; reizend«.

Blanka, (auch:) Blanca: zu span. blanco, -a »weiß«, das aus dem Germanischen stammt, vgl. ahd., mhd. blanc »weiß, glänzend; schön«.

Bo: Herkunft unbekannt, vielleicht nach chinesisch bo »kostbar, wertvoll, unschätzbar« gebildet, vermutlich aber doch eher frei erfundener Künstlername der Schauspielerin Bo Derek. In Deutschland gilt der Name nicht als eindeutig weiblich und darf daher nur zusammen mit einem weiteren weiblichen Vornamen vergeben werden.

Bobby, (auch:) Bobbie: englische Koseform von ▸Roberta.

Bogdana: weibl. Form von ▸Bogdan.

Bohdana: weibl. Form von ▸Bohdan.

Bonita: vielleicht eine Erweiterung von Bona, zu lat. bonus,

-a, -um »gut«, vielleicht aber auch eine Entlehnung des im 20. Jh.s in den USA aufgekommenen Vornamens Bonita, zu span. bonito, -a »hübsch«.

Bọnnie, (auch:) Bọnny: zu engl., bes. schott. bonny »hübsch, nett«, auch »Liebling«.

Brạnka: serbische, kroatische oder slowenische Herkunft, weibl. Form von ▸ Branko.

Brẹnda: schottische/irische Herkunft, vielleicht Kurzform eines mit »Brand-« gebildeten Namens (vgl. ahd. brant »Brand«, dichterische Umschreibung für das Schwert). In Irland wird Brenda als weibl. Form von ▸ Brendan aufgefasst.

Bridget [ˈbrɪdʒət]: englische Form von ▸ Brigitte.

Bri̱gida: latinisierte Form von ▸ Brigitte.

Brigịtte, (auch:) Brigịtt; Brigịtta: zu urkeltisch *briganti »der/die Hohe, Erhabene«. Brigit war der Name einer altirischen Lichtgottheit, und viele ihrer Attribute wurden in die Legende über die heilige Brigitta von Kildare, die Nationalheilige Irlands, übernommen. Mit Brigitte identisch ist der nordische Vorname ▸ Birgitta, der gleichfalls auf den Namen der irischen Heiligen zurückgeht.

Brịnja: Herkunft und Bedeutung unbekannt.

Brịt, (auch:) Brịtt: aus dem Schwedischen, Kurzform von ▸ Birgit, ▸ Birgitta.

Bri̱ta: ▸ Britta.

Brịtney, (auch:) Brịttney: aus dem Englischen, Nebenform von ▸ Brittany.

Brịtt: ▸ Brit.

Brịtta, (auch:) Bri̱ta: aus dem Schwedischen, Kurzform von ▸ Birgitta.

Brịttany: englische Herkunft, hervorgegangen aus »Britannia«, der symbolischen Verkörperung von Großbritannien.

Die schönsten nordischen Mädchennamen

Dana	Jorid
Elga	Sirid
Ellida	Siv
Freydis	Solveig
Gundis	Svende
Hedda	Thyra
Hjördis	Tora

Brittney: ▸ Britney.

Bronja, (auch:) Bronia: polnische Herkunft, Kurzform von Bronisława, zu urslaw. *borniti »[be]kämpfen« + urslaw. *slava »Ruhm, Ehre«.

Brooke, (auch:) Brook [brʊk]: ursprünglich englischer Orts- bzw. Familienname, zu engl. brook »Bach«.

Bruna: Kurzform von ▸ Brunhild oder weibl. Form von ▸ Bruno.

Brunhild, (auch:) Brunhild; Brunhilde; Brünhild; Brünhild; Brünhilde: alter deutscher Vorname, zu ahd. brunnia »Brünne, Brustpanzer« + ahd. hiltja »Kampf«.

C

Cäcilie, (auch:) Cäcilia; Cäzilia; Cecilie; Cecilia; Zäzilie; Zäzilia: lateinischer Ursprung. Lat. Caecilia ist die weibl. Form zu dem altrömischen Geschlechternamen Caecilius, der vielleicht etruskischen Ursprungs ist und später volksetymologisch zu lat. caecus, -a, -um »blind« gestellt wurde.

Caitlín, (auch:) Caitlin [ˈkætli:n]: aus altfranzös. Catheline entstandene irische Form von ▸ Katharina.

Caja: ▸ Kaja.

Cameron: identisch mit dem männl. Vornamen ▸ Cameron.

Camilla, (auch:) Kamilla: weibl. Form von ▸ Camillus, auch italienisch.

Camille [kaˈmij]: französische Form von ▸ Camilla.

Candice [ˈkændɪs]: englische Herkunft, anscheinend eine moderne Form von Candace, einem Vornamen, der auf einen in der Apostelgeschichte überlieferten Titel äthiopischer Königinnen (griech. kandákē) zurückgeht. Die Namensform Candice ist wohl unter dem Einfluss von Namen mit der Endung »-ice« (▸ Janice) entstanden.

Candida: weibl. Form von ▸ Candidus.

Candy, (auch:) Candie [ˈkændɪ]: vielleicht englische Kurzform von ▸ Candice, ▸ Candida, eher jedoch Neubildung zu amerikanisch-englisch candy »Süßigkeiten, Konfekt«.

Cara, (auch:) Kara: weibl. Form von ▸ Caro.

Carda, (auch:) Carde: Kurzform von ▸ Ricarda.

Careen [kəˈri:n]: aus dem Englischen, entweder eine Erwei-

terung von ▸ Cara mit dem irischen Kosesuffix »-een« oder eine Nebenform von ▸ Karen.

Caren: ▸ Karen.

Carena: ▸ Karena.

Carima: ▸ Karima.

Carin: ▸ Karin.

Carina: Schreibvariante von ▸ Karina. Dies gilt z. T. auch für den italienischen Vornamen Carina, der sonst auch auf die weibl. Form des römischen Beinamens Carinus, eine Ableitung von Carus (lat. cārus »lieb, wert, geschätzt«), zurückgehen kann.

Carine: ▸ Karina.

Carissima: zu italien. carissima »die Liebste, Teuerste«.

Carla: latinisierende Schreibung von ▸ Karla, auch italienisch, spanisch und katalanisch.

Carleen, (auch:) Carlin: englische Weiterbildung von ▸ Carla.

Carlina, (auch:) Carline: ▸ Karlina.

Carlota: spanische Form von ▸ Charlotte.

Carlotta: italienische Form von ▸ Charlotte.

Carmela: aus dem Spanischen oder Italienischen, Nebenform von ▸ Carmen; geht zurück auf die lateinische Bezeichnung des Berges Karmel, Mōns Carmēlus.

Carmen: aus dem Spanischen, bezieht sich auf die Virgen del Carmen (die »Jungfrau [Maria] vom Berge Karmel«) und ist unter dem Einfluss von lat. carmen »Gedicht, Gesang« entstanden.

Carmina: Koseform von ▸ Carmen.

Caro: Kurzform von ▸ Carola, ▸ Carolina, auch niederländisch.

Carol [ˈkærəl]: englische Kurzform von ▸ Caroline.

Carola, (auch:) Karola: weibl. Form von ▸ Carolus.

Carole: französische Form von ▸ Carola.

Carolin, (auch:) Carolin; Karolin; Karolin: Verkürzung von ▸ Carolina und ▸ Caroline.

Die schönsten polnischen Mädchennamen

Anka
Bronja
Dorota
Hania
Hanka
Irka
Janka
Lenka
Pola
Salka
Valeska

Carolina, (auch:) Karolina: Weiterbildung von ▸ Carola.
Caroline: ▸ Karoline.
Carolyn [ˈkærəlɪn]: aus dem Englischen, moderne Nebenform von ▸ Caroline.
Carrie, (auch:) Carry [ˈkærɪ]: englische Koseform von ▸ Carol oder ▸ Caroline.
Carsta: ▸ Karsta.
Cassandra: ▸ Kassandra.
Cassie, (auch:) Cassy [ˈkæsɪ]: englische Koseform von ▸ Kassandra.
Cassiopeia: nach einer Gestalt aus der griechischen Mythologie, auch Name eines Sternbildes.
Cassy: ▸ Cassie.
Catalina: spanische Form von ▸ Katharina.
Catarina: ▸ Katharina.
Caterina: italienische Form von ▸ Katharina.
Catharina: ▸ Katharina.
¹Catherine, (auch:) Cathérine: französische Form von ▸ Katharina.
²Catherine [ˈkæθərɪn]: englische Form von ▸ Katharina.
Cathleen, (auch:) Kathleen [ˈkæθliːn]: englische Form des irischen Vornamens ▸ Caitlín.
Cathrin: Schreibvariante von ▸ Kathrin.
Cathrina: ▸ Kathrina.
Cathy [ˈkæθɪ]: englische Koseform von ▸ Katharina.
Catina: italienische Koseform von Caterina (▸ Katharina).
Catrice, (auch:) Katrice [kaˈtrɪs]: vermutlich Neubildung zu ▸ Katharina in Anlehnung an Namen auf »-ice« wie französ. Alice u. a.
Catrin: ▸ Kathrin.
Catrina: ▸ Kathrina.
Catriona: englische Schreibweise einer gälischen (schottischen, irischen) Form von ▸ Katharina.
Cay: ▸ Kai.
Caya: ▸ Kaya.
Cécile: französische Form von ▸ Cäcilie.
¹Cecilia, (auch:) Cecilie: Nebenform von ▸ Cäcilie.
²Cecilia [tʃeˈtʃiːlia]: italienische Form von ▸ Cäcilie.
Cecily [ˈsɪsɪlɪ]: englische Form von ▸ Cäcilie.
Celeste: zu lat. caelestis »himmlisch«.
Celia: lateinischer Ursprung, weibl. Form des römischen Geschlechternamens Caelius, vielleicht zu lat. caelum

»Himmel«, heute aber als Kurzform von ▸ Cäcilie aufgefasst.

Celina, (auch:) Celine; Celin: deutsche Varianten des französischen Vornamens ▸ Céline.

Céline: französische Form des römischen Frauennamens Caelina, einer Ableitung von Caelia (▸ Celia), oder Kurzform von ▸ Marceline.

Cellina, italien. Aussprache: [tʃ...]: Schreibvariante von ▸ Celina oder italienische Kurzform von ▸ Marcellina.

Cemile [dʒɛmiˈlɛ]: türkische Form des arabischen Namens ▸ Djamila.

Centa: Kurzform von Vincenta (▸ Vinzentia).

Ceres: geht zurück auf den Namen der Göttin des Ackerbaus in der römischen Mythologie.

Ceyhan [dʒeɪˈhɑn]: zu türk. ceyhan »Gazelle«.

Chantal [ʃɑ̃ˈtal]: aus dem Französischen, geht zurück auf den Nachnamen der französischen Heiligen Jeanne Françoise Frémyot de Chantal.

Charis: zu griech. cháris »Anmut, Liebreiz; Huld, Gnade«.

Charleen, (auch:) Charlene [ˈtʃɑːˈliːn]: englische Herkunft, weibl. Bildung zu Charles (▸ Karl).

Charlie, (auch:) Charley [ˈtʃɑːlɪ]: englische Koseform von ▸ Charlotte.

Charline [ʃarˈlin]: französische weibl. Form von Charles (▸ Karl).

Charlotte: aus dem Französischen, weibl. Form von Charles (▸ Karl).

Chelsea [ˈtʃɛlsɪ]: aus dem Englischen, geht zurück auf den Namen eines Londoner Stadtteils.

Cher [(t)ʃɛr]: Kurzform von ▸ Cheryl.

Chérie [ʃeˈri]: vereinzelt vorkommender Vorn. zu französ.

Die schönsten russischen Mädchennamen

Alena	Lara
Anjuta	Maruschka
Benja	Natalja
Dunja	Natanja
Fenja	Oxana
Irina	Swetlana
Jelena	Veruschka
Kalinka	

chérie »Liebling«. Dieser Vorname ist in Frankreich nicht üblich, begegnet aber im Englischen in der Schreibweise »Cherie«.

Cherry [ˈtʃɛrɪ]: englische Herkunft, war früher als Koseform von Charity in Gebrauch, wird heute aber als englische Schreibweise von ▸Chérie angesehen. Gelegentlich geht die Vergabe dieses Vornamens auch auf engl. cherry »Kirsche« zurück.

Cheryl [ˈtʃɛrɪl]: aus dem Englischen, entstand aus ▸Cherry unter dem Einfluss von ▸Beryl.

Cheyenne, (auch:) Chayenne [ʃaɪˈæn]: aus dem Angloamerikanischen, geht zurück auf den Namen eines zum Verband der Algonkin gehörenden Indianerstammes.

Chiara: italienische Form von ▸Clara.

Chlo̲e: zu griech. chlóē »junges Grün; junger Trieb; junges Mädchen«. In der griechischen Mythologie ist Chloe der Beiname der Erd- und Muttergöttin Demeter.

Chrịs, (auch:) Krịs; Crịs: aus dem Englischen, Kurzform von ▸Christine.

Chrịsta, (auch:) Crịsta; Krịsta: Kurzform von ▸Christiane.

Chrịstel, (oberdeutsch auch:) Chrịstl: Koseform von ▸Christiane oder deren Kurzform ▸Christa.

Christẹlla: latinisierte Form von ▸Christelle.

Christẹlle: französische Umwandlung von ▸Christine mit der Endung »-elle«.

Christia̲ne, (auch:) Christia̲na; Kristia̲ne: weibl. Form von ▸Christian.

Chrịstie: englische Koseform von ▸Christine.

Christie̲n: niederländische Form von ▸Christine oder Eindeutschung von französ. Christine [krisˈtin].

Chrịstin, (auch:) Crịstin; Krịstin: Nebenform von ▸Christine.

Christi̲ne, (auch:) Christi̲na: Nebenform von ▸Christiane.

Chrịstl: ▸Christel.

Ci̲lia, (auch:) Ci̲lja: Kurzform von ▸Cäcilia.

Cịlla: ▸Zilla.

Cịlli, (auch:) Cịlly; Zịlli: Kurzform von ▸Cäcilia.

Cinderẹlla [s...]: zu engl. cinders »Asche«, nach der bekannten Märchenfigur; Cinderella ist die englische Bezeichnung für »Aschenputtel«.

Cịndy, (auch:) Sịndy [s...]: englische Kurzform von Namen wie Lucinda (▸Lucinde), ▸Cynthia und ▸Cinderella.

Cinja: vielleicht Neubildung nach dem Pflanzennamen Zinnie.

Cintia [ˈθinti̯a]: spanische Form von ▸ Cynthia.

Claire [ˈklɛ:rə]: französische Form von ▸ Clara.

Clara, (auch:) Klara: zu lat. clārus, -a, -um »hell, leuchtend, klar, deutlich, berühmt«.

Cläre: eindeutschende Schreibung von ▸ Claire.

Clarissa, (auch:) Klarissa: geht zurück auf eine mittellateinische Ableitung von ▸ Clara.

Clarisse: Nebenform von ▸ Clarissa, auch französisch.

Clarita: spanische Koseform von ▸ Clara.

Claude [klo:d]: französische Form von ▸ Claudia.

Claudia, (auch:) Klaudia: weibl. Form von ▸ Claudius.

Claudina: italienische Koseform von ▸ Claudia.

Claudine [kloˈdin]: französische Koseform von ▸ Claudia.

Clea: latinisierte Form von griech. kléō »ich rühme«.

Clelia: geht zurück auf lat. Cloelia, die weibl. Form zu dem altrömischen Geschlechternamen Cloelius (vgl. lat. cluēre »gepriesen werden«).

Clementine, (auch:) Clementina; Klementina; Klementine: weibl. Form von ▸ Clemens mit der beliebten Endung »-ine/-ina«.

Cleo: verselbstständigte Kurzform von mit griech. kléō »ich rühme« zusammengesetzten Namen, z. B. ▸ Cleopatra; auch Variante von ▸ Clio.

Cleopatra: lateinische Form des griechischen Namens Kleopátra, zu griech. kléō »ich rühme« und griech. patḗr »Vater«.

Clio: geht zurück auf den Namen der Muse der Geschichte, zu griech. kleíō, kléō »ich rühme, preise, verkünde«; auch Variante von ▸ Cleo.

Clivia: identisch mit dem Namen der nach der englischen Herzogin Lady Clive benannten Zierpflanze.

Coco: französische Lallform zu verschiedenen Vornamen.

Coletta: italienische Kurzform von ▸ Nicoletta.

Colette: französische Kurzform von ▸ Nicolette.

Coline: Koseform von ▸ Nicole, zum Teil auch französische Wiedergabe des englischen Vornamens ▸ Colleen.

Colleen [...ˈli:n]: zu irisch-englisch colleen, gäl. cailín »Mädchen«. Dieser Vorname ist besonders in den USA und Australien verbreitet, wird aber in Irland nicht als Vorname gebraucht.

Concetta [...'tʃɛta]: italienischer Ursprung, zu lat. concepta, Partizip von concipere »empfangen«. Der Name bezieht sich auf das Fest von der Unbefleckten Empfängnis Marias.

Conchita [...'tʃita]: Koseform des spanischen Vornamens Concepción (▸ Concetta).

Cọnnie, (auch:) Cọnny: Koseform von ▸ Cornelia, auch englische Koseform von ▸ Constance.

Cọnny: ▸ Connie.

Constạnce ['kɔnstəns], [kõstã:s]: englische und französische Form von ▸ Constanze.

Constạnze, (auch:) Konstạnze: zu lat. cōnstantia »Beständigkeit, Festigkeit«.

[1]**Co̱ra,** (auch:) Ko̱ra: Kurzform von ▸ Cordula, ▸ Cordelia oder ▸ Cornelia.

[2]**Co̱ra:** ▸ [2]Kora.

Coral ['kɔrəl]: zu engl. coral »Koralle«.

Crali̱e: im Englischen oder Französischen entstanden, zu lat. corallium, engl. coral, französ. (älter) coral »Koralle«, gelegentlich auch als Erweiterung von ▸ [2]Cora aufgefasst.

Coralịne: französische Erweiterung von ▸ Coralie.

Corde̱lia, (auch:) Korde̱lia: geht zurück auf die Gestalt der Cordelia in Shakespeares Drama »König Lear«. Der Name von König Lears tugendhafter Tochter hieß in seinen Quellen Cordeilla, Cordila, Cordilla, sodass es sich wohl um eine bereits in der Antike belegte Nebenform von ▸ Cordula handelt.

Cọrdula, (auch:) Kọrdula: wahrscheinlich zu lat. cordus »spät geboren, spät entwickelt«, später mit lat. cor, cordis »Herz« in Verbindung gebracht; »Herzchen«.

Corẹtta: angloamerikanische Erweiterung von ▸ [2]Cora mit der italienischen Endung »-etta«.

[1]**Corịnna,** (auch:) Cori̱na; Cori̱ne; Kori̱na; Korịnna: Weiterbildung von ▸ [1]Cora.

[2]**Corịnna:** ▸ [2]Korinna.

Corịnne: französische Form von ▸ [2]Korinna.

Corne̱lia, (auch:) Corne̱lie; Korne̱lia: weibl. Form von ▸ Cornelius.

Cornẹll: Kurzform von ▸ Cornelia.

Coro̱na: zu lat. corōna »Kranz, Krone«.

[1]**Cọrry,** (auch:) Cọrrie: niederländische Koseform von ▸ Cornelia oder Kurzform von ▸ Corinna.

[2]Cọrry, (auch:) Cọrrie: identisch mit dem männl. Vornamen ▸ Corry.

Cọsima, (auch:) Cọsma: weibl. Form von ▸ Cosimo.

Cosmẹa: nach einer Blumenbezeichnung zu griech. kósmos »Anordnung, Ordnung, Schmuck« (dt. »Schmuckkörbchen«).

Crescẹntia, (auch:) Kreszẹntia; Crẹszenz; Krẹszenz: zu lat. crēscēns »wachsend, gedeihend«.

Crịs: ▸ Chris.

Crịsta: ▸ Christa.

Crịstin: ▸ Christin.

Cristi̱na: italienische und spanische Form von ▸ Christine.

Crỵstal, (auch:) Krystal; Krystle: zu engl. crystal »Kristall«.

Cỵnthia: griechischer Ursprung, Bedeutung »die vom Berge Kynthos auf der Insel Delos Stammende«, Beiname der Göttin Artemis. Nach der griechischen Sage wurden Apollo und Artemis auf dem Berg Kynthos geboren.

D

Dạfne: ▸ Daphne.

Dạgmar: aus dem Dänischen, ursprünglich kein germanischer Name, sondern eine Entstellung des alttschechischen Namens Drạhomíra. Der Name kam durch die böhmische Königstochter Dragomira Margareta, die König Waldemar II. heiratete, nach Dänemark. Dort wurde Dragomira als Dagmar (wie altsächs. dag »Tag« + māri »berühmt«) aufgefasst.

Da̱hlia, (auch:) Da̱lia: nach der Blume, die nach dem schwedischen Botaniker A. Dahl benannt wurde.

Dai̱na: zu lit. daina »Lied«.

Daisy [ˈde:zi]: aus dem Englischen, zu engl. daisy »Maßliebchen, Gänseblümchen«, aus altengl. dæges ēage »des Tages Auge«.

Daja̱na, (auch:) Daya̱na: Herkunft ungesichert, entweder eine eindeutschende Schreibweise des engl. Namens ▸ Diana oder eine Übernahme aus dem Serbischen oder Kroatischen, wahrscheinlich zu türk. dayanmak »Widerstand leisten«, oder zu arab. dāya »Amme«.

[1]Da̱lia: ▸ Dahlia.

[2]Da̱lia, (auch:) Da̱liah: wahrscheinlich eine Kurzform des biblischen Namens Gedalja (hebr. »Gott hat Großes getan«), der als weibl. Vorn. umgedeutet wurde.

Damaris: zu griech. Damarís, wohl zu dámar »Gattin, Geliebte«.

Damiana: weibl. Form von ▸ Damian.

[1]**Dana:** weibl. Form von ▸ [1]Dan.

[2]**Dana:** polnische, tschechische, bulgarische oder rumänische Herkunft, Kurzform von Namen wie ▸ Daniela, ▸ Danuta, ▸ Bogdana, ▸ Bohdana.

[3]**Dana:** zu altnord. Dana »Dänin«.

Danae [ˈda:nae]: nach einer Gestalt aus der griechischen Mythologie, griech. Danáē. Danaë war die Tochter des Königs Akrisios von Argos, aus deren Verbindung mit Zeus Perseus geboren wurde.

Danella, engl. Aussprache: [dəˈnelə]: aus dem Englischen, weibliche Bildung zu ▸ Daniel mit der italienischen Koseendung »-ella«.

Dania, (auch:) Danja: Kurzform von slawischen Namen, die mit »Dan-« beginnen (z. B. russ. Daniila, tschech. Daniela) oder auf »-dana« ausgehen (z. B. russ. Bogdana, tschech. Bohdana).

Danica [ˈdanit͜sa]: aus dem Kroatischen, Serbischen oder Slowenischen; Bedeutung »Morgenstern«.

Danice [dæˈnɪs]: aus dem Englischen, weibl. Bildung zu ▸ Daniel.

Daniela: weibl. Form von ▸ Daniel.

Daniele: Nebenform von ▸ Daniela.

Daniella: aus dem Italienischen, weibl. Form des männl. Vornamens ▸ Daniele.

Danielle, (auch:) Danièle: aus dem Französischen, weibl. Form von ▸ Daniel.

Danika: serbische oder kroatische Koseform von ▸ Daniela.

Danila: weibl. Form von ▸ Danilo.

Danja: ▸ Dania.

Danny: identisch mit dem männlichen Vornamen ▸ Danny.

Danuta: aus dem Polnischen, litauische Herkunft. Der Vorname hängt möglicherweise mit dem litauischen Namen Danejko zusammen, der vielleicht von russ. Daniil (▸ Daniel) abgeleitet ist.

Dany: Koseform von ▸ Daniela.

Daphne, (auch:) Daphna; Dafne: zu griech. dáphnē »Lorbeer; Lorbeerbaum«. Der Name geht zurück auf eine griechische

Sagengestalt. Nach der griechischen Sage war Daphne eine Nymphe, die, von Apollo begehrt und verfolgt, auf ihre Bitte hin in einen Lorbeerbaum verwandelt wurde.

Dara: bulgarische Kurzform von Božidara, zu urslaw. *boži »göttlich« + dar, zu urslaw. *dati »geben« oder serbische, kroatische und makedonische Nebenform von ▸ Darja.

Daria, (auch:) Daria; Darya: weibl. Form von lateinisch ▸ Darius oder italienisch ▸ Dario, auch Schreibvariante von ▸ Darja.

Darina: Ableitung von russisch bzw. bulgarisch Darija (▸ Darja) oder von italienisch ▸ Daria.

Darinka: slawische Herkunft, Ableitung von ▸ Darja.

Darja: slawische Herkunft (russisch, bulgarisch, serbisch, kroatisch Darija, slowenisch Darja), weibl. Form von ▸ Darius.

Darleen, (auch:) Darlene [daːˈliːn]: aus dem Angloamerikanischen, wohl Umbildung von engl. darling »Liebling« in Anlehnung an Namen wie ▸ Charleen, Charlene.

Davida: weibl. Form von ▸ David.

Davina, (auch:) Davinia: englische, besonders schottische Form von ▸ Davida.

Davita: niederländische weibl. Bildung zu ▸ David.

Dayana: ▸ Dajana.

Deanna, (auch:) Deana [dɪˈænə]: aus dem Englischen, ursprünglich eine Schreibvariante von ▸ Diana, jetzt auch als weibliche Form von ▸ Dean aufgefasst.

Debbie, (auch:) Debby: englische Koseform von ▸ Debora.

Debora: aus der Bibel, zu hebr. debōrā »Biene«. Nach der Bibel war Debora eine Richterin und Prophetin in Israel.

Debra: englische Kurzform von ▸ Debora.

Deda, (auch:) Dedda; Dede: niederdeutsch-friesische Kurzform von Namen, die mit »Diet-« (niederdeutsche Form »Det-«; ahd. thiot »Volk«) gebildet sind.

Die schönsten spanischen Mädchennamen

Alicia	Maite
Carmen	Margarita
Elvira	Maribel
Elena	Paloma
Ines	Pilar
Isabel	Violeta
Juana	

Deike: niederdeutsche Kurzform von Namen, die mit »Diet-« (ahd. thiot »Volk«) gebildet sind.

Dela, (auch:) Dele: Kurzform von ▸ Adele.

Delia: griechischer Ursprung, Bedeutung »die von der Insel Delos Stammende«, Beiname der Göttin Artemis. Nach der griechischen Sage wurden Apollo und Artemis auf dem Berg Kynthos auf der Insel Delos geboren.

Deliane: Weiterbildung von ▸ Delia.

Demi: Kurzform von Demetria (▸ Dimitri).

Denis: der Aussprache angepasste Schreibweise von französisch ▸ Denise.

Denise: aus dem Französischen, weibl. Form von ▸ Denis.

Deniz: identisch mit dem männl. Vornamen ▸ Deniz.

Desdemona, (auch:) Desdemona: Neubildung nach griech. dysdaímōn »unglücklich«.

Désirée, (eindeutschend auch:) Desiree: aus dem Französischen, zu lat. desiderata »die Erwünschte, Ersehnte«.

Despina: zu griech. déspoina »Herrin, Gebieterin«.

Destiny: in den USA geläufiger Vorname zu engl. destiny »Schicksal, Geschick«.

Diana, (auch:) Diane: aus dem Lateinischen. Diana war der Name der römischen Natur-, Jagd- und Mondgöttin.

Diandra: vermutlich angloamerikanische Neubildung aus ▸ Diana und ▸ Alexandra.

Dianna, (auch:) Dianne: aus dem Englischen, unter dem Einfluss von ▸ Anna entstandene Varianten von ▸ Diana bzw. Diane.

Dido: aus der antiken Mythologie. Nach Vergils Epos »Aeneis« verliebte sich die Königin Dido leidenschaftlich in Aeneas und nahm sich das Leben, als dieser sie verließ.

Dilara: türkisch-persische Herkunft, zu pers. dil »Herz«.

Dilia: Kurzform von ▸ Odilia.

[1]Dina: hebräischer Ursprung, Bedeutung nicht sicher geklärt; evtl. »Rechtsstreit« oder »eine, der zum Recht verholfen worden ist«.

[2]Dina, (auch:) Dine: Kurzform von Namen, die auf »-dina«, »-dine« ausgehen (z. B. Bernhardine, ▸ Leopoldine).

Dinah ['daɪ...]: englische Form von ▸ [1]Dina.

Dionisia: italienische Form von ▸ Dionysia.

Dionysia: weibl. Form von ▸ Dionysius.

Diotima, (auch:) Diotima: zu griech. dio »Zeus, Gott« + timḗ »Ehre«.

Djamila [dʒaˈmiːla]: weibl. Form von ▸ Djamil.
Dolly: englische Koseform von Dorothy (▸ Dorothea).
Dolores: aus dem Spanischen, gekürzt aus Nuestra Señora de los Dolores, einem Beinamen Marias (= lat. Mater dolorosa »schmerzensreiche Mutter«).
Domenica: italienische Form von Dominika.
Domenika: deutsche Schreibweise für ▸ Domenica.
Dominica: weibl. Form von ▸ Dominicus.
Dominika: weibl. Form von ▸ Dominikus.
Dominique: französische Form von ▸ Dominika.
Donata, (auch:) Donate: weibl. Form von ▸ Donatus.
Donatella: italienische Koseform von ▸ Donata.
Donja, (auch:) Donia: russische Koseform verschiedener Vornamen.
Donna: aus dem Englischen, Neuprägung zu italien. donna »Frau«, zum Teil auch als weibliche Form von ▸ Donald aufgefasst.
Dora, (auch:) Dore: Kurzform von ▸ Dorothea oder ▸ Theodora.
Dore: ▸ Dora.
Doreen: aus dem Englischen, mit der ursprünglich irischen Endung »-een« geprägte Erweiterung von ▸ Dora.
Dorena, (auch:) Dorene: Nebenform von ▸ Doreen.
Dorette, (auch:) Dorett: aus dem Französischen, Koseform von Dorothée (▸ Dorothea).
Doria: weibl. Form von ▸ Dorian oder Erweiterung von ▸ Dora.
Doriana: weibl. Form von ▸ Dorian.
Dorina: Weiterbildung von ▸ Dora, auch italienisch.
Dorine: französische Erweiterung von ▸ Dora.
Doris: aus der griechischen Mythologie. Doris war die Tochter des Okeanos und der Tethys, die Gemahlin des Nereus, Mutter der fünfzig Nereiden. Früher wurde Doris gelegentlich auch als Kurzform von ▸ Dorothea verwandt.
Dorit: Kurzform von ▸ Dorothea.
Dorita: spanische Koseform von ▸ Dora oder Erweiterung von ▸ Dorit.
Dorkas: zu griech. dorkás »Reh, Gazelle«.
Dorle: Koseform von ▸ Dora.
Dorleen: Weiterbildung von ▸ Dora oder ▸ Doris in Anlehnung an englische Vornamen wie ▸ Charleen, ▸ Darleen.

Dorota: polnische Form von ▸ Dorothea.

Dorothea, (auch:) Dorothee; Dorothee: zu griech. Dorothéa, zu dṓron »Geschenk, Gabe« und theós »Gott«, etwa »Gottesgeschenk«.

Dorothy ['dɔrəθɪ]: englische Form von ▸ Dorothea.

Dorrit: englische Koseform von Dorothy (▸ Dorothea).

Dorte, (auch:) Dörte; Dorthe; Dörthe: niederdeutsche Koseform von ▸ Dorothea.

[1]**Dunja,** (auch:) Dunia: russische Koseform von Avdot'ja, mundartliche Nebenform von Jevdokija (griech. eudokía »Wohlgefallen, Wunsch«). Im Serbischen und Kroatischen geht der Name auf die Bezeichnung für eine Frucht (»Quitte«) zurück.

[2]**Dunja:** zu arab. dunyā' »Welt«.

E

Ebba: weibl. Form von ▸ Ebbo oder Kurzform von Elburg bzw. von heute nicht mehr gebräuchlichen Namen wie Adelburg und Eberhild; auch schwedisch.

Edda, (auch:) Eda: Kurzform von Namen, die mit »Ed-« oder »Edel-« gebildet sind (z. B. ▸ Edith, Edeltraud), auch italienische Form von ▸ Hedda.

Edi: Kurzform von ▸ Edith.

Edina: Erweiterung von Eda (▸ Edda).

Edit: Schreibvariante von ▸ Edith, auch ungarisch und nordisch.

Edita: ▸ Editha.

Edith: zu altengl. ēad »Erbgut, Besitz« + altengl. gȳê »Kampf«.

Editha: latinisierte Form von ▸ Edith.

Edla: schwedische Kurzform von Namen, die mit »Edel-« beginnen.

Effi: Koseform von ▸ Elfriede.

Eika: ▸ Eike.

Eike, (auch): Aike; Eika: identisch mit dem männl. Vornamen ▸ Eike.

Eila: verselbstständigte Kurzform von Namen, die mit »Eil-« (jüngere Form von »Agil-«, zu german. *agi- »Schrecken«, später überlagert von ahd. ekka »[Schwert]schneide, Spitze«) gebildet wurden.

Eileen, (auch:) Aileen; Ayleen; Eyleen [ˈaɪliːn]: englische Form des irischen Namens Eibhlín oder Aibhilín, der auf den altfranzösisch-normannischen Namen Aveline (▸ Ava) zurückgeht. Häufig wird Eileen als eine irische Entsprechung von Helen (▸ Helene) aufgefasst.

Eilika: alter deutscher Vorname, verselbstständigte niederdeutsch-friesische Koseform von Namen, die mit »Eil-« (jüngere Form von »Agil-«, zu german. *agi- »Schrecken«, später überlagert von ahd. ekka »[Schwert]schneide, Spitze«) gebildet wurden.

Eilke, (auch:) Ailke: verselbstständigte Koseform von Namen, die mit »Eil-« gebildet sind (▸ Eilika).

Eka: Kurzform von ▸ Erika.

Ela: Kurzform von Namen, die mit »El-« beginnen, besonders von ▸ Elisabeth, auch Kurzform von ▸ Manuela, ▸ Daniela.

Elaine [ɪˈleɪn]: aus dem Englischen, geht zurück auf eine altfranzösische Nebenform von Hélène (▸ Helene).

Elda: italienische Form von Hilda (▸ Hilde).

Elea: Erweiterung von ▸ Ela oder verkürzte Form von ▸ Eleanor, ▸ Eleanore.

Eleana: englische Neubildung, Mischform aus ▸ Eleanor und ▸ Elena oder Erweiterung von ▸ Elea.

Eleanor, (auch:) Eleanora: englische Formen von ▸ Eleonore.

Eleanore: Eindeutschung von engl. Eleanora, ▸ Eleonore.

Elektra, (auch:) Electra: aus der griechischen Mythologie, zu griech. ḗlektron »Bernstein«, aber auch Bezeichnung für eine »Legierung aus vier Teilen Gold und einem Teil Silber«, abgeleitet von griech. ḗlektor »glänzend«.

Elena: italienische und spanische Form von ▸ Helene.

Eléni: neugriechische Form von ▸ Helena.

Elenora: englische Variante von Eleanora (▸ Eleanor).

Eleonora: Variante von ▸ Eleonore, auch italienisch.

Die schönsten türkischen Mädchennamen

Ayla	Nurgül
Ceyhan	Pelin
Elif	Rahime
Gülay	Selin
Lale	Sema
Meral	Sevil
Meryem	Yasemin

Eleonore: altprovenzalische Herkunft (Aliénor), Etymologie ungesichert, der erste Namenbestandteil gehört wohl zu german. *alja- »anders, fremd«. In Deutschland begegnet der Name vor allem in der Form ▸ Leonore.

Elfe: Kurzform von Namen, die mit »Elf-« beginnen.

Elfi, (auch:) Elfie: Koseform von ▸ Elfriede.

Elfriede, (auch:) Elfrieda; Elfrida: deutsche Form des englischen Vornamens Elfreda (altengl. ælf »Elf, Naturgeist« + altengl. þrȳð »Kraft, Stärke«).

Elfrun: jüngere Form von Albrun (ahd. alb »Elf, Naturgeist« + ahd. rūna »Geheimnis, geheime Beratung«).

Elga: nordische und italienische Form von ▸ Helga.

Elgin, (auch:) Elgine: Herkunft und Bedeutung unklar; vielleicht eine verselbstständigte Kurzform von Namen, die mit »Adel-« (ahd. adal »edel, vornehm; Abstammung, [edles] Geschlecht«) gebildet sind.

Eli: Kurzform von ▸ Elisabeth.

Elia: weibliche Form von ▸ Elio.

Eliana: italienische und spanische Form von ▸ Eliane.

Eliane: aus dem Französischen, weibliche Form von ▸ Elian.

Elida: Schreibvariante von ▸ Ellida.

Elif: türkischer Ursprung, zu arab. alīf, dem ersten Buchstaben des arabischen Alphabets.

Elin: nordische Form von ▸ Helene.

Elina: nordische Form von ▸ Helene, auch englische Kurzform von ▸ Elinor; in Frankreich werden Élina [eli'na] und Éline [e'lin] gelegentlich als weibliche Formen von Élie (▸ Elias) aufgefasst.

Elinor: englische Form von ▸ Eleonore.

Elisa, (auch:) Elise: Kurzform von ▸ Elisabeth.

Elisabet: ▸ Elisabeth.

Elisabeta: Schreibvariante von ▸ Elisabetha, auch rumänisch.

Elisabeth, (überkonfessionelle Form:) Elisabet: aus der Bibel, griech. Form des hebr. Namens Elischeba, Bedeutung »Gott ist Fülle, Vollkommenheit«. In der Bibel ist Elisabeth die Mutter Johannes' des Täufers.

Elisabetha, (auch:) Elisabeta: Weiterbildung von ▸ Elisabeth.

Elisabetta: italienische Form von ▸ Elisabeth.

Elise: ▸ Elisa.

Eliza [ɪ'laɪzə]: englische Kurzform von Elizabeth (▸ Elisabeth).

Elizabeth [ɪˈlɪzəbəθ]: englische Form von ▸ Elisabeth.

Elja: Schreibvariante von ▸ Elia, auch russische Kurzform verschiedener Vornamen.

Elke, (auch:) Elka: verselbstständigte niederdeutsch-friesische Koseform von ▸ Adelheid.

Ella: Kurzform von ▸ Elisabeth, ▸ Elfriede oder ▸ Eleonore, auch von italienischen Vornamen auf »-ella« (z. B. ▸ Graziella, ▸ Gabriella).

Ellen: englische Variante von ▸ Helen, auch dänische Form von ▸ Helene.

Elli, (auch:) Elly: Koseform von ▸ Elisabeth.

Ellida, (auch:) Elida: abgeleitet von dem altisländischen Schiffsnamen Ellídi »Schnellsegler«, seit 1842 in der Form Ellida als nordischer weibl. Vorname in Gebrauch.

Ellie: englische Herkunft, Koseform von Namen, die mit »El-« beginnen, vor allem von ▸ Eleanor.

Ellinor: Nebenform von ▸ Elinor.

Ellis: Kurzform von ▸ Elisabeth, möglicherweise auch Schreibvariante von engl. Ellice, einer Nebenform von ▸ Alice, oder identisch mit dem männl. Vornamen ▸ Ellis.

Elly: ▸ Elli.

Elma: Kurzform von Namen, die auf »-elma« ausgehen (z. B. ▸ Wilhelma), Doppelform aus ▸ Elisabeth und ▸ Maria oder Variante von ▸ [2]Alma.

Elmine: Erweiterung von ▸ Elma.

Elmira: spanische Herkunft, weibl. Form westgotischer Namen wie Adalmir (vgl. ▸ Elmar) oder Alamir (zu got. alls »all, ganz«).

Elna: dänische und schwedische Nebenform von ▸ Elina.

Élodie: aus dem Französischen, germanischer Ursprung, zu ahd. al »ganz, vollständig« + ahd. ōt »Besitz, Reichtum«, vgl. ahd. alōd »Allod, freier Besitz«.

Eloisa: italienische Form von Eloïse.

Die schönsten arabischen Mädchennamen

Aischa	Leila
Aliya	Malaika
Amina	Muna
Anissa	Safia
Fadila	Salwa
Halima	Sitta
Isra	Yamina

Eloïse [elɔ'iz]: französ. Nebenform von Heloïse (▸ Heloise).

Elsa: Kurzform von ▸ Elisabeth. Der Name ist bekannt durch die Elsa von Brabant aus der Lohengrinsage und aus Richard Wagners Oper »Lohengrin« (1850).

Elsbeth: Kurzform von ▸ Elisabeth.

Else: Kurzform von ▸ Elisabeth.

Elsi: Koseform von ▸ Elisabeth.

Elsie, (auch:) Elsy: englische Koseform von Elizabeth (▸ Elisabeth).

Elvi: Kurzform von ▸ Elvira.

[1]Elvina: englische Herkunft, ▸ [1]Alvina.

[2]Elvina: ▸ Elwine.

Elvira, (auch:) Elvire; Elwira: aus dem Spanischen, westgotische Herkunft, zu got. *gails, vgl. gailjan »erfreuen«, oder *gails »Speer« + wērs »wahr« oder -uara »der [Ab]wehrende, Verteidiger«.

Elwine: Nebenform von ▸ Alwine.

Emanuela: weibl. Form von ▸ Emanuel.

Emelie: Variante von ▸ Amelie oder Eindeutschung von Emely (▸ Emily).

Emeline: geht zurück auf eine Erweiterung von ▸ Amalie.

Emely: englische Variante von ▸ Emily.

Emerald ['ɛmərəld]:engl. emerald »Smaragd«.

Emilia: Variante von ▸ Emilie, auch spanisch und italienisch.

Emilie: weibl. Form von ▸ Emil.

Émilie [emi'li]: französische Form von ▸ Emilie.

Emily: englische Form von ▸ Emilie.

Emina, (auch:) Emine: Variante von ▸ [3]Amina oder verselbstständigte Kurzform von Namen, die mit »Erm-« beginnen (▸ Ermelind).

Emine: türkische Form von ▸ [1]Amina.

Emma: alter deutscher Vorname, verselbstständigte Kurzform von Namen, die mit »Erm(en)-«, »Irm(in)-« (german. *ermana, *irmina »allumfassend, groß«, später Namenglied mit verstärkender Bedeutung) gebildet wurden.

Emmanuelle [ɛma'nɥɛl]: aus dem Französischen, weibl. Form von ▸ Emmanuel.

Emmelie, (auch:) Emmely: deutsche und niederländische Neubildungen zu ▸ Emma und ▸ Emily.

Emmeline: Schreibvariante von ▸ Emeline, auch englisch.

Ẹmmely: ▸ Emmelie.
Ẹmmi: Koseform von ▸ Emma.
Ẹmmy: Schreibvariante von ▸ Emmi, auch englische Koseform von ▸ Emma, ▸ Emily.
E̲na: evtl. Kurzform von ▸ Helena oder englische Form des irischen Namens Eithne, dessen Herkunft unbekannt ist.
Enid [ˈiːnɪd]: keltischer Ursprung, nach einer Gestalt aus der Artussage.
Ẹnja: russische Herkunft, Ableitung von Enej (▸ Aeneas).
Ẹnna, (auch:) Ẹnne: verselbstständigte niederdeutsch-friesische Kurzform von Zusammensetzungen mit »Ein-« (aus »Agin-«/»Egin-«, zu german. *agi- »Schrecken«, später überlagert von ahd. ekka »[Schwert]schneide, Spitze«) oder »Arn-« (ahd. arn »Adler«).
Ẹnya: englische Nebenform des irischen Vornamens Eithne (vgl. Edna) oder Schreibvariante von ▸ Enja.
E̲os: aus der griechischen Mythologie, Name der Göttin der Morgenröte.
E̲rica: ▸ Erika.
E̲rika, (auch:) E̲rica: weibl. Form von ▸ Erich, die sich mit dem Vornamen Eri̲ka (eigentlich »Heidekraut«, aus griech. ereíkē, lat. erīcē) vermengte.
Erin: identisch mit dem männl. Vornamen ▸ Erin.
Ẹrmelind, (auch:) Ermelịnda: alter deutscher Vorname, zu german. *ermana, *irmina »allumfassend, groß«, später Namenglied mit verstärkender Bedeutung + ahd. lind »sanft, weich, mild«, auch beeinflusst durch ahd. linta »Linde, Schild aus Lindenholz«.
Ermi̲nia: weibl. Bildung zu ▸ Ermin, nach einer Gestalt aus Torquato Tassos Epos »Das befreite Jerusalem«.
Ẹrna: Kurzform von ▸ Ernesta, ▸ Ernestina.
Ernẹsta: weibl. Form von Ernestus, Latinisierung von ▸ Ernst.

Die schönsten hebräischen Mädchennamen

Abigail
Aris
Batya
Dalia
Dina
Irit
Jael
Noa
Mara
Michal
Tikva
Rivka
Varda

Ernestine, (auch:) Ernestina: weibl. Form von ▸ Ernst mit der Endung »-ine/-ina«.

Eska, (auch:) Eske: friesische Koseform, wohl von Namen, die mit altfries. ēs »Ase (Gott)« gebildet wurden.

Esmé, (auch): Esmée: schottischer Vorname, ursprünglich französische Herkunft (Partizip Perfekt von altfranzös. esmer »lieben, schätzen«).

Esmeralda: zu span. esmeralda »Smaragd«.

Esperanza: zu span. esperanza »Hoffnung«.

Esra: aus dem Türkischen, zu arab. asra' »schneller«.

Estella: Latinisierung von französisch ▸ Estelle.

Estelle: zu altfranzös. estoile »Stern«.

Esther, (auch:) Ester: aus der Bibel, Herkunft unsicher, zu altpersisch *star(eh) »Stern« oder zur babylonischen Göttin Ishtar. Nach der Bibel war Esther die Frau des persischen Königs Ahaschwerosch (Xerxes I.). Sie vereitelte die Ausrottung der Juden in Persien.

Estrella [es'trelja]: zu span. estrella »Stern«.

Etelka: ungarische Herkunft, nach dem Königsnamen Etele (▸ Attila) + ka 1788 von dem Schriftsteller András Dugonics geschaffen.

Ethel: aus dem Englischen, Kurzform von Namen, die mit »Ethel-« (altengl. æðel »edel«) gebildet sind.

[1]Etta: Nebenform von ▸ Edda.

[2]Etta: Kurzform von Namen, die auf »-etta« ausgehen (z. B. ▸ Henrietta).

Eugenie, (auch:) Eugenia: zu griech. eugenḗs »wohlgeboren, von edler Abkunft, edel«.

Eugénie [øʒe'ni]: französische Form von ▸ Eugenie.

Eulalia, (auch:) Eulalie: zu griech. eúlalos »wohlredend, beredt«.

Eunike: zu griech. eũ »wohl, gut, schön, reich« + griech. níkē »Sieg«.

Euphemia: zu griech. euphēmía »gute Benennung«.

Eva, (auch:) Eve: aus der Bibel, Herkunft und Bedeutung nicht sicher geklärt, in der Bibel zu hebr. chajjah »lebendig« gestellt, denn Eva ist die Mutter aller Lebenden, evtl. gehört er aber auch zu aram. chewyā »Schlange«.

Evamaria, (auch:) Evamarie: Doppelform aus ▸ Eva und ▸ Maria.

[1]Eve: Nebenform von ▸ Eva.

[2]Eve: [i:v]: englische Form von ▸ Eva.

Evelin: eindeutschende Schreibung von ▸ Evelyn.
Evelina, (auch:) Eveline: aus dem Englischen, geht zurück auf den altfranzösisch-normannischen Namen Aveline (▸ Ava).
Evelyn, (auch:) Evelyn: aus dem Englischen, geht zurück auf den gleichlautenden Familiennamen, der sich wiederum von dem Namen Aveline (▸ Evelina) ableitet.
Evelyne: Nebenform von ▸ Evelyn.
Evi: Koseform von ▸ Eva.
Evita: spanische Koseform von ▸ Eva.
Ewa: polnische Form von ▸ Eva.
Eyla: ▸ Eila.
Eyleen: ▸ Eileen.

F

Fabia: weibl. Form von ▸ Fabius.
Fabiane, (auch:) Fabiana: weibl. Form von ▸ Fabian.
Fabienne: französische Form von ▸ Fabiane.
Fabiola: aus dem Spanischen, geht zurück auf eine Ableitung von lat. ▸ Fabia.
Fabrizia: italienische Herkunft, weibl. Form von ▸ Fabrizio.
Fadila: zu arab. fadīla »moralische Vortrefflichkeit, Tugend«.
Faith [feɪθ]: zu engl. faith »Glaube«, wurde als religiöser Name von den Puritanern in die englische Namengebung eingeführt und ist heute vor allem in den USA geläufig.
Falka: weibl. Form von ▸ Falko.
Fanja: russische Koseform verschiedener Vornamen.
Fanni: eindeutschende Schreibweise von ▸ Fanny.
Fanny: aus dem Englischen, Koseform von Frances, der

Die schönsten biblischen Mädchennamen

Anna	Maria
Debora	Martha
Elisabeth	Rahel
Esther	Rebekka
Hanna	Ruth
Judith	Tamar
Lea	Sara
Magdalena	

englischen Form von ▸ Franziska, wird in Frankreich häufig, in Deutschland nur gelegentlich als Kurzform von ▸ Stephanie gebraucht.

Farah, (auch:) Fara: zu arab. faraḥ »Freude, Heiterkeit, Glück«.

Farida: weibl. Form von ▸ Farid; im Arabischen ist farīda auch eine Bezeichnung für »Edelstein«.

Farin: persische Herkunft, Bedeutung »die Beste«.

Fatima, (auch:) Fatma: zu arab. fāṭima »die Abstillende«. Die durch Zusammenziehung entstandene Form Fatma ist vor allem türkisch. Fatima hieß die jüngste Tochter Mohammeds.

Fatin: zu arab. fātin »bezaubernd, verführerisch«.

Faustina, (auch:) Faustine: weibl. Form von ▸ Faustin.

Faye, (auch:) Fay [feɪ]: aus dem Englischen, zugrunde liegt entweder eine Umbildung von faith »Glaube« oder fay »Fee«.

Fayola: aus Nigeria, bedeutet in der Yoruba-Sprache »Glück geht einher mit Ehre«.

[1]Fe: Kurzform von Namen, die mit »Fe-« beginnen.

[2]Fe: zu span. fe »Glaube« (vgl. ▸ Fides).

Federica: weibl. Form von ▸ Federico.

Fedora: weibl. Form von ▸ Fedor.

Fee: Variante von ▸ [1]Fe, in der Schreibung an das Wort »Fee« angelehnt.

Feike: friesische Lall- und Koseform von Namen, die mit »Fried-« gebildet sind.

Felice: weibl. Bildung zu ▸ Felix.

Felicia: ▸ Felizia.

Felicitas: ▸ Felizitas.

Felicity [fɪˈlɪsɪtɪ]: englische Form von ▸ Felizitas.

Felina, (auch:) Feline: unsichere Herkunft, wahrscheinlich Weiterbildung zu lat. fēlīx »fruchtbar; glücklich; Glück bringend«.

Felisa: aus dem Spanischen, weibliche Form von ▸ Felix.

Felizia, (auch:) Felicia: weibl. Form von ▸ Felix.

Felizitas, (auch:) Felicitas: zu lat. fēlīcitās »Fruchtbarkeit; Glück, Glückseligkeit«, auch personifiziert: Göttin des Glücks.

Fenella: aus dem Englischen, gäl. Fionnguala zu fionn »weiß« + guala »Schulter«.

Fenja: russische Koseform von ▸ Feodora und anderen Namen.

Fenna: niederdeutsch-friesischer Vorname, Herkunft umstritten, am ehesten eine Kurzform von Aleferna/Alferne (altsächs. al-, ala- »all, ganz« + ferna, Namenbestandteil ungeklärten Ursprungs).

Fenni: Koseform von ▸ Fenna.

Fentje: Koseform von ▸ Fenna.

Feodora: weibl. Form von ▸ Feodor.

Ferdinande, (auch:) Ferdinanda: weibl. Form von ▸ Ferdinand.

Feride: türkische Form von ▸ Farida.

Fernanda: weibl. Form von ▸ Fernando.

Fia: Kurzform von Sofia (▸ Sophia).

Fidelia: weibl. Form von ▸ Fidelius.

Fides: zu lat. fidēs »Glaube«.

Filippa: weibl. Form von ▸ Filippo.

Filomena: ▸ Philomena.

Fina, (auch:) Fine: Kurzform von Namen, die auf »-fina« ausgehen, besonders von ▸ Josefine, Josefina.

Finja, (auch:) Finia; Finnja; Finya: russische Kurzform von Rufinija (▸ Rufina) oder weibl. Bildung zu ▸ [1]Finn oder ▸ [2]Finn.

Finola: Nebenform von ▸ Fenella.

Fiona: aus dem Englischen, keltischer Ursprung, zu gäl. fionn »weiß, hell, blond«.

Fiora: zu italien. fiore »Blume«.

Fiorella: italienische Herkunft, Erweiterung von ▸ Fiora.

Fioretta: italienische Herkunft, Erweiterung von ▸ Fiora.

Fiorina: italienische Herkunft, Erweiterung von ▸ Fiora.

Flavia: weibl. Form von ▸ Flavius oder ▸ Flavio.

Fleur [flœ:r]: zu französ. fleur »Blume«; geht zurück auf die Gestalt der Fleur Forsyte in der »Forsyte Saga« von J. Galsworthy.

Fleurie [[flœˈri]: Neubildung zu französ. fleurir »blühen«.

Flor: verkürzte Form von ▸ Flora, ▸ Florence, ▸ Florenze oder zu span. flor »Blume«.

Flora: nach der römischen Göttin der Blumen und des Frühlings, zu lat. flōs, flōris »Blume«, auch weibl. Form des römischen Beinamens ▸ Florus.

Florence: englische Form von ▸ Florenze.

Florentine, (auch:) Florentina: weibl. Form von ▸ Florentin.

Florenze: weibl. Form von ▸ Florenz.

Floretta: italienische Koseform von ▸ Flora.

Floria: Weiterbildung von ▸ Flora.

Floriane, (auch:) Floriana: weibl. Form von ▸ Florian.

Florianne: Nebenform von ▸ Floriane oder Doppelform aus Flori(ane) + ▸ Anne.

Florica ['floritsa]: rumänische Koseform von ▸ Flora, auch serbisch, kroatisch.

Florida: zu lat. flōridus, -a, -um »blühend, blumenreich«.

Florina: weibl. Form von ▸ Florin.

Florine: französische Form von ▸ Florina.

Fokka, (auch:) Fokke: alte (besonders friesische) Kurzform von Namen, die mit »Volk-« gebildet sind (z. B. ▸ Volkhild).

Foline, (auch:) Voline: friesische Erweiterung einer Kurzform von Namen, die mit »Volk-« gebildet sind (z. B. ▸ Volkhild).

Fortuna: zu lat. fortūna »Schicksal, Glück«. In der römischen Mythologie ist Fortuna die Schicksals- oder Glücksgöttin.

Franca: italienische Herkunft, weibl. Form von ▸ Franco.

France [frãs]: identisch mit dem Ländernamen, französ. France »Frankreich«, zum Teil aber auch als verkürzte Form von ▸ Françoise aufgefasst.

Frances ['frɑːnsɪs]: englische Form von ▸ Franziska.

Francesca [fran'tʃeska]: italienische Form von ▸ Franziska.

Francie ['frɑːnsɪ]: englische Koseform von ▸ Frances.

Francine [frã'sin]: französische Herkunft, weibl. Form von Francin, einer Koseform von Franc (▸ Frank).

Francisca: Schreibvariante von ▸ Franziska, auch spanisch.

Françoise [frã'swaːz]: französische Form von ▸ Franziska.

Franka: weibl. Form von ▸ Frank.

Franzi, (auch:) Fränzi: Koseform von ▸ Franziska.

Franzine: weibl. Form von ▸ Franz.

Franzis: Kurzform von ▸ Franziska.

Franziska, (auch:) Francisca: weibl. Form von ▸ Franziskus.

Frauke: friesische und niederdeutsche Koseform, unklare Herkunft, zu ahd. frouwa »Frau, Herrin« oder zu ahd. frawa- »fröhlich, heiter«.

Freda, (auch:) Frede: Kurzform von ▸ Frederika.

Frederica: weibl. Form von Fredericus (▸ Friedrich), auch englisch.

Frederika, (auch:) Frederike: weibl. Form von ▸ Frederik.

Frédérique: französische Form von ▸ Friederike.

Freia, (auch:) Freya; Freyja: nordische Herkunft. In der nordischen Mythologie war Freyja ursprünglich eine Erdgöttin, später wurde sie als Göttin der Liebe und des Frühlings verehrt. Ihr Name gehört zu altnord. frjá »lieben«, vgl. auch ▸ Frigga.

Freydis: nordische Herkunft, zu altnord. frjá »lieben« und altnord. dís »Göttin«.

Frida: ▸ Frieda.

Friderica: weibl. Form von ▸ Fridericus.

Frieda, (auch:) Friede; Frida: Kurzform von Namen, die mit »Fried-« oder »-friede« gebildet sind, besonders von ▸ Friederike und ▸ Elfriede.

Friede: ▸ Frieda.

Friedel, (auch:) Fridel: Koseform von Namen, die mit »Fried-« oder »-friede« gebildet sind, besonders von ▸ Frieda, ▸ Friederike und ▸ Elfriede.

Friederike, (auch:) Friederika; Friedericke; Friedericka; Friderike: weibl. Form von ▸ Friedrich.

Frigga: aus dem Schwedischen oder Norwegischen, geht zurück auf Frigg, zu altnord. frjá, altengl. frēogan »lieben«, vgl. altindisch priyā »Ehegattin, Geliebte«. Frigg(a) war die Göttin der Ehe. In der nordischen Sage tritt Frigg(a) manchmal unter dem Namen Freyja (▸ Freia) in Erscheinung. Der Vorname Frigga ist auch als Kurzform von schwed. Fredrika, norweg. Fredrikke (▸ Friederike) in Gebrauch.

Fritzi, (auch:) Frizzi: Koseform von ▸ Friederike.

Fulvia: weibl. Form von ▸ Fulvio.

G

Gabi, (auch:) Gaby: Koseform von ▸ Gabriele.

Gabriela: ▸ Gabriele.

Gabriele, (auch:) Gabriela: weibl. Form von ▸ Gabriel.

Gabriella: italienische Form von ▸ Gabriele.

Gabrielle: französische Form von ▸ Gabriele.

Gaby: ▸ Gabi.

Gaetana: weibl. Form von ▸ Gaetano.

Gail [geɪl]: englische Kurzform von ▸ Abigail.

Gala: russische Kurzform von ▸ Galina, gelegentlich auch von ▸ Jelena.

Galatea: zu griech. Galáteia, schon in der Antike zu griech. gála »Milch« gestellt und entweder als »die Milchweiße« gedeutet oder als »der wie Milch weiße Schaum des Meeres«; in der griechischen Mythologie Name einer Meeresnymphe.

Galina: russischer Vorname, zu griech. galḗnē »Ruhe«.

Garda: Kurzform von Namen, die mit »-gard« gebildet sind (z. B. ▸ Hildegard).

Gardis: Kurzform von Namen, die auf »-gardis« ausgehen (z. B. ▸ Hildegardis).

[1]**Gea:** (kindersprachliche) Verkürzung verschiedener Namen (z. B. ▸ Gertrud, ▸ Gerlinde u. a.).

[2]**Gea:** griech. Gaia, Erdgöttin, zu griech. gē̄ »Erde«.

Geesche: ▸ Gesche.

Geeske: ▸ Geske.

[1]**Gela,** (auch:) Gele: Kurzform von ▸ Gertrud oder von Namen, die mit german. *gaila- »lustig, lüstern« gebildet wurden.

[2]**Gela:** Kurzform von ▸ Angela.

Geli: Kurzform von ▸ Angelika.

Gelsomina [dʒɛlsoˈmina]: zu italien. gelsomino »Jasmin«.

Gemma [ˈdʒɛmma]: zu italien. gemma »Edelstein«.

Geneva [dʒɪˈniːvə]: aus dem Englischen, identisch mit dem englischen Namen der Stadt Genf, aufgekommen aber eher als latinisierende Kurzform von ▸ Genoveva.

Geneviève [ʒənˈvjɛːv]: französische Form von ▸ Genoveva.

Genia: Kurzform von Eugenia (▸ Eugenie).

Geno: Kurzform von ▸ Genoveva.

Genovefa: ▸ Genoveva.

Genoveva: wahrscheinlich zu german. *ginu- »weit, geräumig, ausgedehnt« + german. *waifō- »die sich Bewegende«, also »die weithin [im Kampf] sich Bewegende«.

Georgette [ʒɔrˈʒɛt]: aus dem Französischen, weibl. Form von Georges (▸ Georg).

Georgia: engl. Aussprache: [ˈdʒɔːdʒə]: weibl. Form von ▸ Georg.

Georgina, (auch:) Georgine: weibl. Form von ▸ Georg mit der Endung »-ine/-ina«.

Geraldine [dʒɛrəlˈdiːn]: aus dem Englischen, weibl. Form von ▸ Gerald.

Gerda: nordische Herkunft, Ableitung des altnordischen Frauennamens Gerðr, dem – wie auch dem deutschen

Namenglied »-gard« (vgl. ▸Hildegard, ▸Irmgard) – german. *gardaz »Zaun, Einfriedung« zugrunde liegt. In der nordischen Mythologie ist Gerðr die schöne Tochter eines Riesen, die den Gott Freyr heiratet.

Gerdi: Koseform von ▸Gerda.

Gerdina, (auch:) Gerdine: Weiterbildung von ▸Gerda oder Kurzform von Gerhardina.

Gerdis: schwedische Herkunft, Neubildung aus ▸Gerda nach dem Vorbild von ▸Hjördis.

Gerhild, (auch:) Gerhilde: alter deutscher Vorname, zu ahd. gēr »Speer« + ahd. hiltja »Kampf«.

[1]**Geri:** Koseform von Namen, die mit »Ger-« gebildet sind, z. B. ▸Gerhild, ▸Gerlinde.

[2]**Geri** [ˈdʒɛrɪ], [ˈgɛrɪ]: englische Herkunft, Schreibvariante von ▸Gerry.

Gerit: ▸Gerrit.

Gerke: niederdeutsch-friesische Koseform von Namen, die mit »Ger-« gebildet sind, besonders von ▸Gertrud.

Gerlinde, (auch:) Gerlind: alter deutscher Vorname, zu ahd. gēr »Speer« + ahd. lind »sanft, weich, mild«, auch beeinflusst von ahd. linta »Linde, Schild aus Lindenholz«. Eine Sagengestalt ist Gerlind, die Mutter des Normannenkönigs Hartmut im Kudrunepos.

Gerline: Koseform von Namen, die mit »Ger-« gebildet sind, oder Doppelform aus ▸Ger(hild), ▸Ger(trud) + Line (▸Lina).

Germaine [ʒɛrˈmɛn]: weibl. Form von ▸Germain.

Gerrit, (auch:) Gerit: identisch mit dem männl. Vornamen ▸Gerrit.

Gerry [ˈdʒɛrɪ]: englische Herkunft, Kurzform von ▸Geraldine.

Gerta: Kurzform von ▸Gertrud.

Die schönsten Mädchennamen auf -*i[e]*

Anneli	Leni
Effi	Lilli
Eléni	Magali
Elvi	Melanie
Inkeri	Natalie
Irini	Niki
Irmi	Noemi
Kari	Rosi

Gerti, (auch:) Gertie; Gerty: Koseform von ▸Gerta, ▸Gertrud.

Gertje: friesische Koseform von ▸Gerta.

Gertrud, (auch:) Gertruda; Gertrude: alter deutscher Vorname, zu ahd. gēr »Speer« + german. *þrūþi »Kraft, Stärke«, in althochdeutscher Zeit umgedeutet zu trūt »vertraut, lieb«.

Gertrudis: latinisierte Form von ▸Gertrud.

Gerty: ▸Gerti.

Gesa, (auch:) Gese: niederdeutsch-friesische Koseform von ▸Gertrud.

Gesche: niederdeutsch-friesische Koseform von ▸Gertrud.

Gese: ▸Gesa.

Gesina, (auch:) Gesine: Erweiterung von ▸Gesa.

Geske: niederdeutsch-friesische Koseform von ▸Gertrud.

Ghislaine [gizˈlɛn]: weibl. Form des französischen Namens Ghislain, der den Namenbestandteil »gisel-/gisil-« (vgl. ▸Giselbert) enthält.

Giada [ˈdʒa:da]: zu italien. giada »Jade«.

Gianna [ˈdʒanna]: italienische Kurzform von Giovanna (▸Johanna).

Giannina [dʒanˈnina]: italienische Koseform von ▸Gianna.

Giesela: ▸Gisela.

Gil [dʒɪl]: Kurzform von ▸Gillian.

Gila: Kurzform von ▸Gisela.

¹Gilda [ˈdʒilda]: aus dem Italienischen, weibl. Form von ▸¹Gildo.

²Gilda: verselbstständigte Kurzform von Namen, die mit »Gild-« (ahd. gelt »Entgelt, Lohn, Opfer«) gebildet wurden.

Gillian [ˈdʒɪlɪən], [ˈgɪlɪən]: englische Form von ▸Juliana.

¹Gina: Kurzform von ▸Regina.

²Gina [ˈdʒi:na]: aus dem Italienischen, weibl. Form von ▸Gino.

Gine: Kurzform von Regine (▸Regina).

Ginette [ʒiˈnɛt]: französische Koseform von ▸Geneviève.

Ginger [ˈdʒɪndʒə]: zu engl. ginger »Ingwer, ingwerfarben; rötlichgelb« oder kindliche Spielform von ▸Virginia.

Ginia: Kurzform von ▸Virginia.

Ginny [ˈdʒɪnɪ]: englische Koseform von ▸Virginia.

Gioia [ˈdʒɔ:i̯a]: zu italien. gioia »Freude; Juwel«.

Giorgia [ˈdʒɔrdʒa]: weibl. Form von ▸Giorgio.

Giovanna [dʒoˈvanna]: italienische Form von ▸ Johanna.

Giovannina [dʒovanˈni:na]: italienische Koseform von Giovanna (▸ Johanna).

Gi̱sa: Kurzform von ▸ Gisela und Namen, die mit »Gis-« gebildet sind (z. B. Gislind).

Gi̱sela: alter deutscher Vorname, zu ahd. gīsal »Geisel; Bürge, Unterpfand«.

Gisèle [ʒiˈzɛl]: französische Form von ▸ Gisela.

Gisella [dʒiˈzella]: italienische Form von ▸ Gisela.

Giselle: Schreibvariante von ▸ Gisèle.

Gi̱ta: Kurzform von Bergita (▸ Bergit) oder ▸ Margarita.

Gịtta, (auch:) Gịtte: Kurzform von ▸ Brigitte, Brigitta.

Gịtti: Koseform von ▸ Gitta.

Giulia [ˈdʒu:li̯a]: italienische Form von ▸ Julia.

Giuliana [dʒuˈli̯a:na]: italienische Form von ▸ Juliana.

Giulietta [dʒuˈli̯etta]: italienische Koseform von Giulia (▸ Julia).

Giuseppina [dʒuzepˈpi:na]: weibl. Form von ▸ Giuseppe.

Glẹnda: aus dem Englischen, walisische Herkunft, Neuprägung aus gäl. glan »sauber, rein, heilig« + da »gut« oder weibl. Form von ▸ Glenn.

Glẹnn: identisch mit dem männl. Vornamen ▸ Glenn.

Glẹnna: weibl. Bildung zu ▸ Glenn.

Glo̱ria: zu lat. glōria »Ruhm, Ehre«; es kann sich hierbei sowohl um einen Wunschnamen handeln als auch um einen christlich motivierten Namen, der den Preis Gottes (Gloria in excelsis Deo = Ehre sei Gott in der Höhe) zum Ausdruck bringt.

Go̱da: Kurzform von Namen, die mit »God-« (ahd. got »Gott«) gebildet sind.

Gọnda: Variante von ▸ Gunda.

Grace [greɪs]: aus dem Englischen (▸ Grazia).

Gra̱cia: ▸ Grazia.

Die schönsten Mädchennamen auf *-iana*

Adriana	Liliana
Bibiana	Liviana
Damiana	Luciana
Eliana	Oriana
Iliana	Silviana
Juliana	Tatiana
Kiana	Viviana

Grazia: deutsche und italienische Form von lat. Gratia (»Anmut, Huld, Gnade«).

Graziella: italienische Koseform von ▸ Grazia.

Greet, (auch:) Greeta; Greete: niederdeutsch-friesische Kurzform von ▸ Margarete.

Gret: ▸ Grete.

Greta: Kurzform von Margareta (▸ Margarete), auch schwedisch.

Gretchen: Koseform von ▸ Grete.

Grete: Kurzform von ▸ Margarete.

Gretel: Koseform von ▸ Grete.

Grethe: ▸ Grete.

Gretje, (auch:) Gretjen: friesische Koseform von ▸ Grete.

Griet, (auch:) Grieta: friesische und niederländische Varianten von ▸ Gret, ▸ Greta.

Grietje: friesische und niederländische Koseform von ▸ Grete.

Griselda, (latinisiert:) Griseldis: aus dem Italienischen, germanischer Ursprung (zu altfranzös. grīs aus german. *græ-wa »grau« + ahd. hiltja »Kampf«). Nach der italienischen Sage erduldet Griselda gehorsam und demütig die harten Bewährungsproben, die ihr Ehemann ihr auferlegt.

Grit, (auch:) Gritt: Kurzform von Margrit (▸ Margarete).

Grita, (auch:) Gritta: Kurzform von Margrit (▸ Margarete).

Guda: alter deutscher Vorname, zu ahd. guot »gut« oder Kurzform von Namen, die mit altsächs. gūth »Kampf« bzw. mit ahd. got »Gott« gebildet wurden.

Gudela: ▸ Gudula.

Gudrid: norwegische, schwedische Herkunft, altnord. Guðriðr, zu altnord. guð »Gott« + altnord. friðr »schön«.

Gudrun, (auch:) Gutrun; Gutrune: nordische Herkunft, altnord. Guðrún zu altnord. guð »Gott« + altnord. rún »Geheimnis, geheime Beratung«. In der nordischen Sage ist Gudrun Sigurds Gemahlin (entsprechend Kriemhild und Siegfried im »Nibelungenlied«).

Gudula: alter deutscher Vorname, Weiterbildung von ▸ Guda.

Gül: zu pers./türk. gül »Rose«.

Gülay: zu pers./türk. gül »Rose« + türk. ay »Mond«.

Günay: identisch mit dem männl. Vornamen ▸ Günay.

Gunda, (auch:) Gunde: alter deutscher Vorname, Kurzform von Namen, die mit »Gund-/Gunt-« oder »-gund[e]« (zu ahd. gund »Kampf«) gebildet sind.

Gunde: ▸ Gunda.

Gundel: Koseform von Namen, die mit »Gund-/Gunt-« oder »-gund[e]« (zu ahd. gund »Kampf«) gebildet sind.

Gundela: Erweiterung von ▸ Gundel.

Gundi: Koseform von Namen, die mit »Gund-/Gunt-« oder »-gund[e]« (zu ahd. gund »Kampf«) gebildet sind.

Gundis: aus dem Schwedischen, Neubildung aus den Bestandteilen altnord. gunnr »Kampf, Streit« + altnord. dís »Göttin«.

Gundula: Weiterbildung von ▸ Gunda.

Gunhild, (auch:) Gunhild: dänische/schwedische Herkunft, zu altnord. gunnr »Kampf, Streit« + altnord. hildr »Kampf, Streit«.

Gunild: dänische Nebenform von ▸ Gunhild.

Gunilla: in Schweden entstandene latinisierte Form von ▸ Gunhild.

Gunna: dänische/schwedische Kurzform von ▸ Gunhild und anderen Namen, die mit »Gun-« beginnen.

Gusta: Kurzform von ▸ Augusta.

Guste: Kurzform von ▸ Auguste.

Gustel: Koseform von ▸ Auguste.

Gusti: Koseform von ▸ Auguste.

Gwen: Kurzform von ▸ Gwendolin.

Gwenda: Neubildung zu walis. gwen »weiß, schön, glücklich« und walis. da »gut«.

Gwendolin, (auch:) Gwendolen; Gwendoline; Gwendolyn: zu walis. gwen »weiß, schön, glücklich« + dolen »Ring, Bogen«.

H

Hadassa (eigentlich: Hadassa): aus der Bibel, zu hebr. hadassā, weibl. Form zu hebr. hadas »Myrte«, ursprünglicher Name der ▸ Esther.

Hadwig, (auch:) Hedwig: alter deutscher Vorname, ahd. hadu- »Kampf« + ahd. wīg »Kampf«.

Haide: ▸ Heide.

Haidée, (auch:) Haydée: geht wahrscheinlich zurück auf den neugriechischen Namen Chaído, zu neugriech. cháidi »Zärtlichkeit, Liebkosung« oder neugriech. aidṓs »Bescheidenheit«.

Haidi: ▸ Heidi.

Haike: ▸ [2]Heike.
Hailey: Schreibvariante von ▸ Hayley.
Hakima: weibl. Form von ▸ Hakim.
Haley: Schreibvariante von ▸ Hayley.
Halima: zu arab. ḥalīma »die Milde, Geduldige«.
Halina: wahrscheinlich eine polnische Ableitung von ▸ Helene.
Hạlka: Koseform von ▸ Halina.
Hạna: zu japan. hana »Blume, Blüte«.
Hạnia: polnische Koseform von ▸ [1]Hanna.
Hạnja: Koseform von ▸ [1]Hanna oder ▸ [2]Hanna in Anlehnung an russische Koseformen wie ▸ Anja, ▸ Tanja.
Hạnka: polnische oder tschechische Koseform von ▸ [2]Hanna.
Hạnke: niederdeutsch-friesische Koseform von ▸ Johanna.
[1]Hạnna, (auch:) Hạnnah: zu hebr. hannā »Anmut, Liebreiz«.
[2]Hạnna, (auch:) Hạnne: Kurzform von ▸ Johanna. Hanna ist häufig Bestandteil von Doppelformen wie z. B. Hạnnelore oder Hạnnelena.
Hạnnelore: Doppelform aus Hanne (▸ [2]Hanna) und ▸ Lore.
Hạnni: Koseform von ▸ Johanna.
Hạnsi: Koseform von ▸ Johanna.
Harạlda: weibl. Form von ▸ Harald.
Hạrriet ['hærɪət]: aus dem Englischen, weibl. Bildung zu ▸ Harry.
Hauke: identisch mit dem männl. Vornamen ▸ Hauke.
Haydée: ▸ Haidée.
Hayley, (auch:) Hailey; Haley ['heɪlɪ]: englische Herkunft, ursprünglich ein Familienname, der wiederum auf einen Ortsnamen zurückgeht.
Heather ['hɛðə]: zu engl. heather »Erika, Heidekraut«.
Hẹdda: nordische Kurzform von ▸ Hedvig.
Hẹddi, (auch:) Hẹddy: Koseform von ▸ Hedda.
Hedi, (auch:) Hedy: Koseform von ▸ Hedwig.
Hedvig: dänische, schwedische, norwegische Form von ▸ Hedwig.
Hedwig: alter deutscher Vorname, jüngere Form von ▸ Hadwig.
Hedy: ▸ Hedi.
Heide, (auch:) Haide: Kurzform von ▸ Adelheid. Der Name wird oft mit der gleichlautenden Pflanzenbezeichnung in

Verbindung gebracht. Der Name kommt kommt auch als Bestandteil von Doppelformen wie z. B. Heidegard (▸ Hildegard) oder Heidelind(e) vor.

Heidi, (auch:) Haidi: Koseform von ▸ Adelheid, auch als Koseform von Doppelformen mit ▸ Heide verwendet.

[1]Heike: ▸ Heiko.

[2]Heike, (auch:) Heika; Haike: niederdeutsch-friesische Koseform von ▸ Heinrike.

Heinrike, (auch:) Heinrika: weibl. Form von ▸ Heinrich.

Hela: ▸ [1]Hella.

Helen, (auch:) Helen: verkürzte Form von ▸ Helene, auch englisch.

Helene, (auch:) Helena: griech. Helénē. In der griechischen Sage ist Helena, Gemahlin des Königs Menelaos von Sparta, eine Frau von außerordentlicher Schönheit. Ihre Entführung bzw., nach einer anderen Version der Sage, die Entführung ihres Trugbildes durch Paris löst den Trojanischen Krieg aus.

Hélène [eˈlɛn]: französische Form von ▸ Helene.

Helga: nordische Herkunft, weibl. Form des männl. Vornamens ▸ Helge.

Helge: deutsche Nebenform von ▸ Helga.

Helia: weibl. Form von ▸ Helios.

Helja: Neubildung aus ▸ Hel(ene) und ▸ Ja(kob).

[1]Hella, (auch:) Hela: Kurzform von ▸ Helene.

[2]Hella: norwegische Variante von ▸ Helga.

Helma: Kurzform von Zusammensetzungen mit »Helm-« oder »-helma« (z. B. Helmtraud und ▸ Wilhelma).

Helmine, (auch:) Helmina: Kurzform von ▸ Wilhelmine.

Heloise: aus dem Französischen, germanische Herkunft, wahrscheinlich zu ahd. heil »gesund, unversehrt, heil« + ahd. witu »Holz, Wald«.

Hendrike, (auch:) Hendrika: weibl. Form von ▸ Hendrik.

Die schönsten Mädchennamen auf *-ia*

Alessia
Amelia
Antonia
Aurelia
Cecilia
Cintia
Fabia
Felicia
Ilaria
Kezia
Lavinia
Livia
Lydia
Viktoria

Hendrikje: niederländische Koseform von ▸ Hendrike.

Hendrina: weibl. Bildung zu ▸ Hendrik.

Henja, (auch:) Henia: Ableitung von Namen, die mit »Hen-« beginnen (z. B. ▸ Hendrike).

Henni, (auch:) Henny: Koseform von ▸ Henriette oder auch von ▸ Johanna.

Henny: ▸ Henni.

Henrica: Schreibvariante von Henrika (▸ Henrike).

Henrieke: ▸ Henrike.

Henrietta: latinisierte Form von ▸ Henriette.

Henriette: aus dem Französischen, weibl. Form von Henri (▸ Heinrich).

Henrike, (auch:) Henrika; Henrieke: weibl. Form von ▸ Henrik.

[1]**Hera:** Kurzform von Namen, die mit »Her-« beginnen (z. B. Herlinde).

[2]**Hera:** aus der griechischen Mythologie. Die Göttin Hera, Gemahlin des Zeus, war die Beschützerin von Ehe und Familie.

Herdis: nordische Herkunft, zu altnord. Herdís; der erste Namenbestandteil entspricht ahd. heri »Kriegsschar, Heer«, der zweite enthält altnord. dís »Göttin«.

Herma: weibl. Form von ▸ Herm oder Kurzform von ▸ Hermine.

Hermine, (auch:) Hermina: weibl. Bildung zu ▸ Hermann.

Hermione: griech. Hermiónē, zum Götternamen ▸ Hermes. Nach der griechischen Sage war Hermione die Tochter des Menelaos und der Helena (▸ Helene).

Hero: griechischer Ursprung, bekannt durch die tragische Liebesgeschichte zwischen Hero und Leander.

Herta, (auch:) Hertha: beruht auf einer falschen Lesart des Namens der germanischen Göttin Nerthus (Tacitus, Germania, Kap. 40).

Hester: englische Form von ▸ Esther.

Heta, (auch:) Hete; Hetta: Kurzform von ▸ Hedwig.

Heti, (auch:) Hetti, Hetty: Koseform von ▸ Heta.

Hetta: ▸ Heta.

Hetti, (auch:) Hetty: ▸ Heti.

Hilaria: weibl. Form von ▸ Hilarius.

Hilary [ˈhɪlərɪ]: englische Form von ▸ Hilaria.

Hilda: ▸ Hilde.

Hilde, (auch:) Hilda: alter deutscher Vorname, Kurzform

von Namen, die mit »Hilde-« oder »-hild[e]« gebildet sind (z. B. ▸ Hildegard und ▸ Mathilde). Eine Sagengestalt ist Hilde, die Mutter Gudruns, in der Gudrunsage.

Hịldegard, (auch:) Hildegạrda; Hildegạrde; Hịldegart; Hildegạrdis: alter deutscher Vorname, zu ahd. hiltja »Kampf« + german. *gardaz »Zaun, Einfriedung«, vgl. ahd. garto »Garten«.

Hildegạrdis: latinisierte Form von ▸ Hildegard.

Hịldis: latinisierte Form von ▸ Hilde oder schwedische Neubildung, zu altnord. hildr »Kampf« + altnord. dís »Göttin«.

Hịlja: Neubildung zu finn. hiljainen »ruhig, still«.

Hịlke, (auch:) Hịlka: niederdeutsch-friesische Koseform von Namen, die mit »Hild(e)-« oder »-hild(e)« gebildet sind.

Hịlla, (auch:) Hịlle: Kurzform von Namen, die mit »Hilde-« oder »-hild(e)« gebildet sind.

Hịlma: weibl. Bildung zu einer friesischen Kurzform von ▸ Hilmar.

Hịltje: friesische Koseform von Namen, die mit »Hild(e)-« oder »-hild(e)« gebildet sind.

Hịltrud, (auch:) Hịltraud; Hiltru̱de: alter deutscher Vorname, zu ahd. hiltja »Kampf« + german. *þrūþi »Kraft, Stärke«, in althochdeutscher Zeit umgedeutet zu trūt »vertraut, lieb«.

Hinderi̱ka: weibl. Form von ▸ Hinderk.

Hindri̱ke, (auch:) Hindri̱ka: weibl. Form von ▸ Hindrik.

Hinneri̱ka: weibl. Form von ▸ Hinnerk.

Hinri̱ke, (auch:) Hinri̱ka: weibl. Form von ▸ Hinrik.

Hjọ̈rdis, (auch:) Jọ̈rdis: nordische Herkunft, altnord. Hjǫrdís zu altnord. hjǫrr »Schwert« + altnord. dís »Göttin«. In der nordischen Sage ist Hjördis die Mutter des Sigurd.

Họlda, (auch:) Họlde: Nebenform von ▸ ¹Hulda.

Họlle: durch Zusammenziehung entstandene Form von Holde (▸ Holda).

Die schönsten Mädchennamen auf *-ina*

Adina	Fiorina
Amina	Gesina
Bettina	Irina
Carina	Justina
Celina	Leonina
Despina	Madina
Evelina	Tamina

Holly: Koseform von ▸ Holle; auch englischer Vorname nach der gleichlautenden Pflanzenbezeichnung (engl. holly »Stechpalme, Stechpalmenzweig«).

Holma: weibl. Form von ▸ Holm.

Hortense [ɔrˈtãːs]: französische Form von ▸ Hortensia.

Hortensia, (auch:) Hortensie: weibl. Form des römischen Geschlechternamens Hortensius, zu lat. hortus »Garten«, auch nach dem gleichlautenden Zierstrauch (vgl. ▸ Lilie). Die Pflanzenbezeichnung »Hortensie« wurde von dem französischen Botaniker P. Commerson (18. Jh.) nach dem Frauennamen ▸ Hortense geprägt.

¹Hulda, (auch:) Holda; Holde: zu ahd. hold »gnädig, günstig; dienstbar; treu«.

²Hulda: aus der Bibel, hebr. »Wiesel«, im Alten Testament der Name einer Prophetin.

Hulya: zu pers. hulyā »Traum«.

Hyazintha: weibl. Form von ▸ Hyazinth.

I

Ida: alter deutscher Vorname, verselbstständigte Kurzform von heute nicht mehr gebräuchlichen Vornamen, die mit »Ida-« (vielleicht zu altnord. ídh »Werk, Tätigkeit«) gebildet wurden.

Iduna: latinisierte Form von Iðunn(r), dem Namen der altnordischen Göttin der ewigen Jugend.

Ignatia: weibl. Form von ▸ Ignatius.

Ignazia: eindeutschende Schreibung von ▸ Ignatia.

Ika: verselbstständigte friesische Kurzform, Ursprung unbekannt; auch schwedische Kurzform von ▸ Annika.

Ike: identisch mit dem männl. Vornamen ▸ ¹Ike.

Ila: ungarische Kurzform von ▸ Ilona.

Ilana: weibl. Form von ▸ ¹Ilan und ▸ ²Ilan.

Ilaria: italienische Form von ▸ Hilaria.

Ilayda: aus dem Türkischen; zugrunde liegt der Name einer Wasserfee.

Ildiko: Koseform von ▸ Hilde.

Ileana: rumänische Form von ▸ Helene.

Ileane: deutsche Variante von ▸ Ileana.

Ilektra: neugriechische Form von ▸ Elektra.

Ilena, (auch:) Ilene: wohl eine vereinfachte Form von ▸ Ileana.

Ilenia, (auch:) Ylenia: Erweiterung von ▸ Ilena.

Ilga, (auch:) Ilge: knüpft vielleicht an den bislang ungeklärten Namen der seligen Ilga von Schwarzenberg/Vorarlberg an.

Ilia: wohl Kurzform von Namen, die auf »-ilia« enden, auch italienisch.

Iliana: Schreibvariante von ▸ Iljana, auch schwedische Kurzform von ▸ Juliana.

Iljana: weibl. Bildung zu dem russischen männl. Vornamen ▸ Ilja.

[1]**Ilka:** zugrunde liegen kann u. a. eine ungarische [ˈilkɔ] Koseform von ▸ Ilona, eine russische Koseform von Ilarija (▸ Hilaria) oder eine weibliche Form der bulgarischen Koseform ▸ Ilko.

[2]**Ilka,** (auch:) Ilke: verselbstständigte friesische Koseform unbekannten Ursprungs.

Illa, (auch:) Ille: Lallform eines nicht mehr erschließbaren Namens.

[1]**Ilma:** zu finn. ilma »Luft«.

[2]**Ilma:** ungarische Herkunft, Neuprägung aus ▸ Il(ona) und (Vil)ma (▸ Wilma) des ungarischen Dichters Mihály Vörösmarty für eine Gestalt seines Märchenspiels »Csongor und Tünde«.

Ilona, (auch:) Ilona: ungarische Form von ▸ Helene.

Ilonka, (auch:) Ilonka: aus dem Ungarischen, Koseform von ▸ Ilona.

Ilsa: ▸ Ilse.

Ilsabe, (auch:) Ilsbet: Nebenform von ▸ Elisabeth.

Ilse, (auch:) Ilsa: Kurzform von ▸ Elisabeth. Ilse kommt auch vor als Bestandteil von Doppelformen wie z. B. Ilsedore oder Ilsegret.

Ilske: niederdeutsche Koseform von ▸ Ilse.

Ilva: italienische Herkunft, geht zurück auf Ilva, den lateinischen Namen der Insel Elba, oder Schreibvariante von ▸ Ylva.

Iman: zu arab. imān »Glaube«.

Imelda: italienische, aus altfranzös. Emihild entstandene Form von ▸ Irmhild.

Imke, (auch:) Imka: friesische Koseform von Namen, die mit »Irm-« gebildet sind, besonders von ▸ Irmgard.

Imogen: aus Shakespeares Drama »Cymbeline«, beruht offensichtlich auf einem Setzfehler, da Shakespeares

Quelle Innogen, vielleicht von altirisch *eni-genā »Tochter, Mädchen«, hat.

Ina: Kurzform von Namen, die auf »-ina« ausgehen.

Inamaria: Doppelform aus ▸ Ina und ▸ Maria.

Indira: zu sanskrit. indira »Schönheit, Glanz«, Beiname der Göttin Lakschmi, Wischnus Gattin.

Indra: weibl. Form von Indri, einer bulgarischen Koseform von ▸ Andreas.

Ineke: ▸ Inke.

Ines: spanische Form von ▸ Agnes.

Inessa: vielleicht eine Erweiterung von ▸ Ines nach dem Vorbild von ▸ Vanessa.

Inga: nordische Kurzform von Namen, die mit »Ing-« gebildet sind, z. B. ▸ Ingeborg.

Inge: Eindeutschung von ▸ Inga, auch dänisch. Inge kommt auch als Bestandteil von Doppelformen wie z. B. Ingedore oder Ingelene vor.

Ingeborg: aus dem Dänischen oder Schwedischen, zu altnord. Yngvi – Name einer germanischen Gottheit + altnord. borg »Zufluchtstätte, Schutz«.

Inger: jüngere Form von Ingegerd.

Ingke: ▸ Inke.

Ingrid: zu altnord. Ingiríðr; zum ersten Namenbestandteil siehe ▸ Ingeborg, der zweite enthält altnord. fríðr »schön«.

Ingrun: Neubildung aus ▸ Ing(e) und dem alten Namenbestandteil »-run« (ahd. rūna »Geheimnis, geheime Beratung«).

Inis: vermutlich Variante von ▸ Ines.

¹Inja: Neubildung aus ▸ In(geborg) und ▸ Ja(koba).

²Inja: russische Kurzform von Innokentja (▸ Innocentia).

Inke, (auch:) Inka; Inken; Ineke; Ingke: friesischer Vorname unsicherer Herkunft, vielleicht Koseformen von Namen, die mit »Ing(e)-« beginnen oder auf »-ina/-ine« ausgehen.

Inkeri: finnische Form von ▸ Ingrid.

Inna: verselbstständigte friesische Kurzform unsicherer Herkunft (vgl. ▸ Inke), auch russische Kurzform verschiedener Namen.

Innocentia: weibl. Form von ▸ Innozenz.

Inse, (auch:) Insa: verselbstständigte friesische Koseform unsicherer Herkunft, vgl. ▸ Inke.

Inska, (auch:) Inske: Weiterbildung von ▸ Inse.

Ioanna: Schreibvariante von ▸ Johanna.

Iolanda: ▸ Jolanda.
Iolanthe: ▸ Jolanda.
Iona [aɪˈoʊnə]: aus dem Englischen, nach einer kleinen Insel der Hebriden.
Ira: Kurzform von ▸ Irena oder ▸ Irina.
Ireen: englische Form von ▸ Irene.
Irena: latinisierte Form von ▸ Irene.
Irene: zu griech. eirḗnē »Frieden«, auch Name der griechischen Friedensgöttin.
Irène: französische Form von ▸ Irene.
Irina: russische Form von ▸ Irene.
Irini: neugriechische Form von ▸ Irene.
Iris: geht zurück auf griech. Íris, den Namen der Götterbotin. In der griechischen Mythologie wurde die Botin der Götter mit dem Regenbogen gleichgesetzt und íris appellativisch im Sinne von »Regenbogen« gebraucht. Heute denkt man bei dem Vornamen gewöhnlich an die gleichnamige Blume.
Irit, (auch:) Irith: zu neuhebr. irīt »Asphodele; ein Liliengewächs«.
Irka: tschechische und polnische Koseform von ▸ Irena.
Irma: alter deutscher Vorname, verselbstständigte Kurzform von Namen, die mit »Irm-« gebildet sind (z. B. ▸ Irmgard und ▸ Irmtraud).
Irmalotte: Doppelform aus ▸ Irma und ▸ Lotte.
Irmela: Koseform von ▸ Irma.
Irmelin: Weiterbildung von ▸ Irmela.
Irmelind, (auch:) Irmelinde; Irmlind; Irmlinde: alter deut-

Die schönsten Namen großer Schriftstellerinnen

Anaïs Nin
Anna Seghers
Charlotte Brontë
Clara Viebig
Daphne du Maurier
Doris Lessing
Edith Stein
Elsa Morante
Herta Müller
Isabel Allende
Joanne K. Rowling
Johanna Spyri
Karoline von Schlegel
Leonie Ossowski
Luise Rinser
Marguerite Duras
Marie Luise Kaschnitz
Nadine Gordimer
Patricia Highsmith
Sarah Kirsch
Simone de Beauvoir
Sophie von La Roche
Virginia Woolf

scher Vorname, zu german. *ermana, *irmina »allumfassend, groß«, später Namenglied mit verstärkender Bedeutung, + ahd. lind »sanft, weich, mild«, auch beeinflusst durch ahd. linta »Linde, Schild aus Lindenholz«.

Irmgard, (auch:) Irmengard; Irmingard: alter deutscher Vorname, zu german. *ermana, *irmina »allumfassend, groß«, später Namenglied mit verstärkender Bedeutung, + german. *gardaz »Zaun, Einfriedung«, vgl. ahd. garto »Garten«.

Irmhild, (auch:) Irmhilde: alter deutscher Vorname, zu german. *ermana, *irmina »allumfassend, groß«, später Namenglied mit verstärkender Bedeutung, + ahd. hiltja »Kampf«.

Irmi: Koseform von Namen, die mit »Irm-« gebildet sind.

Irmina: Weiterbildung von ▸ Irma.

Irmingard: ▸ Irmgard.

Irmtraud, (auch:) Irmtraut; Irmtrud: alter deutscher Vorname, zu german. *ermana, *irmina »allumfassend, groß«, später Namenglied mit verstärkender Bedeutung, + *þrūþi »Kraft, Stärke«, in althochdeutscher Zeit umgedeutet zu trūt »vertraut, lieb«.

Isa: Kurzform von ▸ Isabella, gelegentlich auch von ▸ Elisa, ▸ Isolde und ▸ Luisa/Luise.

Isabe: wohl Kurzform von ▸ Isabella.

Isabeau [...'bo]: französische Herkunft, ältere Variante von ▸ Isabelle.

Isabel: spanische Form von ▸ Elisabeth, entstand wahrscheinlich durch eine Angleichung der Endung »-(b)et« an die üblichere Endung »-(b)el« und eine Kürzung von »Elisa-« zu »Isa-«.

Isabell, (auch:) Isabell: Schreibvariante von ▸ Isabel oder ▸ Isabelle.

Isabella: italienische Form von ▸ Isabel.

Isabelle: französische Form von ▸ Isabel.

Isadora: Nebenform von ▸ Isidora.

Isamaria: Doppelform aus ▸ Isa und ▸ Maria.

Isaura: griechischer/lateinischer Ursprung, weibl. Form zu lat. Isaurus, »der Isaurier«, nach der antiken Landschaft Isaurien in Kleinasien (heute südliche Türkei, etwa zwischen Konya und Silifke gelegen).

Ishild, (auch:) Ishilde: alter deutscher Vorname, zu ahd. īsan »Eisen« + ahd. hiltja »Kampf«.

Isidora, (auch:) Isidore: weibl. Form von ▸ Isidor.
Isis: geht zurück auf den Namen der ägyptischen Göttin.
Iska, (auch:) Iske: niederdeutsche Koseform von Namen, die mit »Is-« (ahd. īsan »Eisen«) gebildet sind.
Ismene: griechischer Ursprung, Bedeutung unklar. In der griechischen Sage ist Ismene eine Tochter des Ödipus und die Schwester der Antigone.
Ismet: identisch mit dem männlichen Vornamen ▸ Ismet.
Isobel ['izəbɛl]: vor allem schottische Variante von ▸ Isabel.
Isolde: Herkunft unklar, vielleicht zu ahd. īsan »Eisen« oder īs »Eis« + ahd. hiltja »Kampf«. Der Name wurde im Mittelalter durch die Sage von »Tristan und Isolde« bekannt.
Isra: zu arab. isrā' »nächtliche Reise«.
Israela: weibl. Form von ▸ Israel. Neuhebr. Form: Yisraela.
Iva: weibl. Form von ▸ Ivo oder Kurzform von ▸ Ivana.
Ivana: ▸ Iwana.
Ivanka: ▸ Iwanka.
Ivette: deutsche Schreibvariante von ▸ Yvette.
Ivona, (auch:) Ivone: weibl. Bildung zu ▸ Ivo oder Variante von ▸ Ivonne.
Ivonne, (auch:) Ivonn: deutsche Schreibvariante des französischen Vornamens ▸ Yvonne.
Ivy ['aɪvɪ]: zu engl. ivy »Efeu«.
Iwana, (auch:) Ivana: weibl. Form von ▸ Iwan.
Iwanka, (auch:) Ivanka: Koseform von ▸ Iwana.

J

Jacinta: englische und spanische Form von ▸ Hyazintha.
Jackie, (auch:) Jacky ['dʒækɪ]: englische Koseform von ▸ Jacqueline.
Jacklyn, (auch:) Jaclyn: englische Schreibvarianten von ▸ Jacqueline.
Jacky: ▸ Jackie.
Jacqueline, französ. Aussprache: [ʒa'klin], engl. Aussprache: ['dʒækli:n]: aus dem Französischen, weibl. Form von Jacques (▸ Jakob), auch englisch
Jacquelyn: englische Variante von ▸ Jacqueline.

Jade, engl. Aussprache: [dʒeɪd], französ. Aussprache: [ʒad]: nach dem Edelstein; auch englisch und französisch.

Jael, (auch:) Yael: aus der Bibel, zu hebr. yāʿēl »Steinbock«.

Jakoba: weibl. Form von ▸ Jakob.

Jamie [ˈdʒeɪmɪ]: weibl. Bildung zu ▸ James.

Jamila: ▸ Djamila.

Jamina: ▸ Yamina.

Jana: weibl. Form von ▸ Jan, auch Kurzform von ▸ Juliana, im Niederländischen von ▸ Adriana.

^{1}**Jane:** Kurzform von ▸ Christiane, ▸ Juliane oder Nebenform von ▸ Jana.

^{2}**Jane** [dʒeɪn]: englische Form von ▸ Johanna, die aus altfranzös. Je(h)anne hervorgegangen ist.

Janea: Erweiterung von ▸ Jana oder ▸ ^{1}Jane.

Janet [ˈdʒænɪt]: englische Kosefom von ▸ ^{2}Jane.

Janetta: latinisierende Form von ▸ Janet oder Erweiterung von ▸ Jana.

Janette: Erweiterung von engl. ▸ Janet oder vereinfachte Schreibung von französ. ▸ Jeannette; gelegentlich auch Weiterbildung von ▸ Jana.

Janice: englische Koseform von Jane.

Janika: weibl. Bildung zu ▸ Janik.

Janin: deutsche Variante von ▸ ^{2}Janine.

Janina: weibl. Form von ▸ Jan.

^{1}**Janine:** deutsche und niederländische Variante von ▸ Janina.

^{2}**Janine,** auch englisch [ʒəˈni:n:]:vereinfachte Schreibweise von französ. ▸ Jeannine.

Janita, engl. Aussprache: [dʒəˈni:tə]: weibl. Bildung zu ▸ Jan, im Englischen vereinfachte Form von ▸ Juanita oder Erweiterung von ▸ Janet.

Janja: Koseform mehrerer russischer Vornamen; vielleicht auch weibl. Bildung zu ▸ Jan in Anlehnung an häufige Vornamen wie ▸ Anja, ▸ Tanja.

^{1}**Janka:** ungarische Koseform von ▸ Johanna.

^{2}**Janka:** polnische und tschechische Koseform von ▸ Johanna.

Janna, (auch:) Janne: niederdeutsch-friesische Kurzform von ▸ Johanna.

Janneke: niederdeutsch-friesische Koseform von ▸ Johanna.

Jannette: Erweiterung von Janna mit der Endung »-ette« oder Eindeutschung von ▸ Jeannette.

Janni, (auch:) Janny: Koseform von ▸ Janna.
Jannika: weibl. Bildung zu ▸ Jannik.
Jannina: Erweiterung von ▸ Janna oder Variante von ▸ Janina.
Janny: ▸ Janni.
Jantje: friesische Herkunft, weibl. Bildung zu ▸ Jan.
Jaqueline: deutsche Schreibvariante von ▸ Jacqueline.
Jara: tschechische Kurzform (Jára) von Namen, die mit »Jar-« beginnen (z. B. ▸ Jarmila).
Jarmila: tschechische Herkunft, weibl. Form von Jarmil, einer Neubildung aus tschech. jarý »heftig, frisch, stark« und milý »lieb«.
Jasmin, (auch:) Jasmina; Jasmine; Yasmin; Yasmina: identisch mit dem Namen des Zierstrauchs. Der Pflanzenbezeichnung liegt letztlich persisch yāsaman mit gleicher Bedeutung zugrunde, das über arab. yāsamīn und span. jazmín ins Deutsche gelangte.
Jean [dʒi:n]: englische Form von ▸ Johanna.
Jeanette: deutsche Variante von ▸ Jeannette.
Jeanie: ▸ Jeanny.
Jeanine: ▸ Jeannine.
Jeanne [ʒɑn]: französische Form von ▸ Johanna.
Jeannette [ʒaˈnɛt]: Koseform von Jeanne (▸ Johanna).
Jeannie: ▸ Jeanny.
Jeannine [ʒaˈnin]: Koseform von Jeanne (▸ Johanna).
Jeanny, (auch:) Jeannie; Jeanie [ˈdʒi:...]: englische Koseform von ▸ Jean.
Jelena: russische Form von ▸ Helena.
Jelka: kroatische und slowenische Koseform von ▸ Helene, gleichlautend mit kroat., slowen. jelka »Tanne«.
Jella: Kurzform von Gabriela (▸ Gabriele), ▸ Gabriella.

Die schönsten Namen großer Schauspielerinnen

Angelina Jolie
Anne Hathaway
Brigitte Bardot
Corinna Harfouch
Diane Keaton
Emma Thompson
Franka Potente
Iris Berben
Isabella Rossellini
Jennifer Aniston
Julia Roberts
Juliette Binoche
Kate Winslet
Nicole Kidman
Penelope Cruz
Sandra Bullock
Sophia Loren

Jẹlle: Kurzform von ▸Gabriele oder friesische Kurzform, deren Ausgangsform nicht mehr sicher zu erschließen ist, vielleicht von Zusammensetzungen mit »Geld-« (ahd. gelt »Entgelt, Lohn, Opfer«).

Jemi̲ma: aus der Bibel, zu hebr. yemīmā »Turteltaube«. So heißt im Alten Testament die älteste Tochter Hiobs.

Jenifer: ▸Jennifer.

Jẹnna, engl. Aussprache: [ˈdʒ...]: aus dem Englischen, latinisierte Form von ▸Jenny.

Jẹnni, (auch:) Jẹnnie; Jẹnny: Koseform von ▸Johanna oder ▸Eugenie.

Jennifer, (auch:) Jenifer: [ˈdʒ...]: aus dem Englischen, geht zurück auf kelt. Guenevere (walis. gwen »weiß, blond; gesegnet, heilig« + hwyfar »glatt, weich«), den Namen der Gemahlin von König Artus.

Jẹnny, engl. Aussprache: [ˈdʒɛnɪ]: ▸Jenni oder englische Koseform von ▸Jane und Kurzform von ▸Jennifer.

Jẹssica, engl. Aussprache: [ˈdʒ...]: wurde geprägt von Shakespeare für eine Gestalt in seinem Drama »Der Kaufmann von Venedig«, vielleicht in Anlehnung an hebr. Jiska (»Er [Gott] schaut«).

Jessie, (auch:) Jessye [ˈdʒ...]: schottische Koseform von ▸Jean (▸Johanna). Jessie wird auch als Kurzform von ▸Jessica gebraucht.

Jẹtte, (auch:) Jẹtta: Kurzform von ▸Henriette.

Jill, (auch:) Jil: englische Kurzform von ▸Jillian.

Jillian: englische Nebenform von Gillian (▸Juliana).

Jimena, (auch:) Ximena [xiˈmena]: weibl. Form von Jimeno, einem im mittelalterlichen Spanien geläufigen männlichen Namen, der wahrscheinlich baskischer Herkunft ist.

Jịrina, (auch:) Jiri̲na: eindeutschende Schreibung von tschech. Jiřina, weibl. Form von Jiří (▸Georg).

Jịrka: tschechische Koseform von Jiřina (▸Jirina).

Jịska: aus der Bibel, Bedeutung »Jahwe sieht«, Name einer Nichte Abrahams.

Jịtka: tschechische Form von ▸Judith.

Jo̲: Kurzform von Namen, die mit »Jo-« beginnen, besonders von ▸Johanna; engl. Jo ist eine Kurzform von Josephine (▸Josefine).

Joan [dʒoʊn]: englische Form von ▸Johanna.

Joa̲na, (auch:) Joạnna [ʒoʊˈænə]: Nebenform von ▸Johanna, auch englisch.

Joanne [ʒɔ'an], engl. Aussprache: [dʒoʊ'æn]: altfranzösische Form von ▸ Johanna, es kann aber auch eine deutsche oder englische Doppelform aus ▸ Jo und ▸ Anne zugrunde liegen.

Jocelyn, (auch:) Joceline ['dʒɔslɪn]: normannische Herkunft (doppelte Verkleinerungsform zu dem Stammesnamen der Goten/Gauten: Gautzelin).

Jody, (auch:) Jodie ['dʒoʊdɪ]: aus dem Englischen, Herkunft umstritten, möglicherweise eine Koseform von ▸ Judith oder eine Erweiterung von ▸ Jo.

Joẹla: weibl. Form von ▸ Joel.

Joelle [ʒɔ'ɛl]: französische Herkunft, weibl. Form von ▸ Joel.

Johạnna, (auch:) Johạnne; Jo̲ana; Joạnna: aus der Bibel, griechische Form von hebr. yḥnn »Gott ist gnädig«. Nach der Bibel gehörte Johanna zu den Frauen, die Jesus geheilt hatte und die ihm nachfolgten.

Jo̲la: Kurzform von ▸ Jolanda.

Jolạnda, (auch:) Jolạnde; Jolạnta; Jolạnthe; Iolạnthe; Iolạnda; Yolạnda: Entstehung ungeklärt, vermutlich liegt ursprünglich die altfranzösische Form eines germanischen Namens zugrunde, dessen Bestandteile nicht mehr sicher zu identifizieren sind. Der Name wechselt in der Überlieferung mit Violante und wurde möglicherweise in Anlehnung an griech. íon »Veilchen« + griech. ánthos »Blume, Blüte« bzw. lat. viola »Veilchen« umgedeutet.

Jole̲na: deutsche Variante von ▸ Jolene oder Neubildung aus ▸ Jo + ▸ Lena.

Jolene [dʒoʊ'li:n]: In den USA aus ▸ Jo und der Endung »-lene« gebildet.

Jolie [ʒɔ'li]: zu französ. joli, -e »hübsch, niedlich«. Dieser Vorname ist in Frankreich nicht üblich, begegnet aber in Holland, England und den USA.

Joli̲na, (auch:) Joli̲ne: deutsche Variante von ▸ Jolene oder Neubildung aus ▸ Jo + ▸ Lina.

Die schönsten Namen von Sängerinnen

Adele
Alicia Keys
Amy Winehouse
Bonnie Tyler
Britney Spears
Christina Aguilera
Diana Ross
Edith Piaf
Ella Fitzgerald
Katy Perry
Nelly Furtado
Norah Jones
Sarah Connor

Joline: ▸ Jolina.

Jonna: durch Zusammenziehung entstandene dänische und norwegische Form von ▸ Johanna.

Jorid: nordische Herkunft, zu altnord. Jóríðr zu altnord. jór »Hengst« + altnord. fríðr »schön«.

Jorina: friesische weibliche Bildung zu ▸ Gregor oder ▸ Georg.

Jorinde: vielleicht niederdeutsche weibl. Bildung zu ▸ Georg oder ▸ Gregor. Der Name ist bekannt durch das grimmsche Märchen »Jorinde und Joringel«.

Josefa, (auch:) Josepha: weibl. Form von ▸ Josef.

Josefine, (auch:) Josefina; Josefin; Josephine; Josephina; Josephin: weibl. Form von ▸ Josef.

Josepha: ▸ Josefa.

Josephine, (auch:) Josephina: ▸ Josefine.

Josette [ʒoˈzɛt]: französische Herkunft, weibl. Bildung zu ▸ Joseph.

Josina: friesische und niederländische Kurzform von ▸ Josefine.

Jovana: weibl. Form von ▸ Jovan.

Jovanka: Ableitung von ▸ Jovana.

Joy [dʒɔɪ]: zu engl. joy »Freude«.

Juana [ˈxu̯ana]: spanische Form von ▸ Johanna.

Juanita [xu̯aˈnita]: spanische Koseform von Juana (▸ Johanna).

Judith, (überkonfessionelle Form:) Judit: zu hebr. yehūdīt »Judäerin«. Nach den apokryphen Schriften tötete Judith den assyrischen Feldherrn Holofernes mit einer List und rettete so ihre Vaterstadt Bethulia und Jerusalem.

Judy [ˈdʒ...]: englische Koseform von ▸ Judith.

Jula, (auch:) Jule: Kurzform von ▸ Julia.

Juli: Kurzform von ▸ Julia, ▸ Juliana.

Julia, (auch:) Julie: weibl. Form von ▸ Julius.

Juliana, (auch:) Juliane: weibl. Form von Julianus (▸ Julian).

Julianna, (auch:) Julianne: Erweiterung von ▸ Julia in Anlehnung an ▸ Anna/Anne.

Julie, engl. Aussprache: [ˈdʒuːlɪ], französ. Aussprache: [ʒyˈli]: ▸ Julia, auch englisch und französisch.

Julienne [ʒyˈljɛn]: französische Form von ▸ Juliana.

Juliet [ˈdʒuːljət]: geht zurück auf die Heldin von Shakespeares Drama »Romeo and Juliet« (dt. »Romeo und Julia«), Anpassung von italien. Giulietta, Koseform von Giulia (▸ Julia), an das Englische.

Julietta: latinisierende Erweiterung von ▸ Julia oder ▸ Juliet.

Juliette [ʒy'ljɛt]: französische Koseform von Julie (▸ Julia).
Julika: aus dem Ungarischen, Koseform von ▸ Julia.
Julina, (auch:) Juline: Weiterbildung von ▸ Julia.
Julischka: deutsche Schreibweise von Juliska, einer ungarischen Koseform von ▸ Julia.
Julitta: lateinischer Ursprung, mit dem Suffix »-itta« erweiterte Form von ▸ Julius.
Jurina: friesische und niederländische Form von ▸ Georgina.
Justina, (auch:) Justine: weibl. Form von ▸ Justinus.
Jutta: alte Koseform von ▸ Judith.
Jytte: dänische Nebenform von ▸ Jutta.

K

Kai, (auch:) Kaj; Kay; Cay: nordische Herkunft, stark verkürzte Form von ▸ Katharina.
Kaija: schwedische und finnische Kurzform von ▸ Katharina.
Kaitlyn: in den USA häufige Schreibvariante von ▸ Caitlín.
Kaj: ▸ Kai.
Kaja, (auch:) Caja; Kaya; Caya: schwedische Kurzform von ▸ Katharina oder weibl. Form von ▸ Kai, Kaj.
Kajsa: schwedische Koseform von ▸ Karin.
Kalinka: russische Koseform von Kallinika (griech. kalós »schön« + griech. níkē »Sieg«).
Kalliope: aus der griechischen Mythologie, zu griech. kalós »schön« + griech. óps, opós »Stimme«; Kalliope war die Muse der Dichtung.
Kamea: aus Hawaii, Bedeutung »die Einzige«.
Kamilla: ▸ Camilla.
Kaori: japanische Herkunft, Bedeutung »Duft«.
Kara: ▸ Cara.
Karam: identisch mit dem männl. Vornamen Karam.
Kareen: Eindeutschung von ▸ Careen.
Karen, (auch:) Caren: dänische Form von ▸ Katharina.
Karena: Erweiterung von ▸ Karen.
Kari: schwedische und norwegische Kurzform von ▸ Katharina.
Karima: weibl. Form von ▸ Karim.
Karin: schwedische Form von ▸ Katharina.

Karina, (auch:) Karine; Carina; Carine: Weiterbildung von ▸ Karin.

Karla, (auch:) Carla: weibl. Form von ▸ Karl.

Karlina, (auch:) Karline; Carline; Carlina: Weiterbildung von ▸ Karla.

Karlotta: eindeutschende Schreibweise von ▸ Carlotta.

Karna: südschwedische und dänische Kurzform von ▸ Katharina.

Karola: ▸ Carola.

Karolin: ▸ Carolin.

Karolina: ▸ Carolina.

Karoline, (auch:) Caroline: Weiterbildung von ▸ Carola mit der Endung »-ine/-ina«. Eine moderne Variante ist die verkürzte Form ▸ Carolin.

Karsta, (auch:) Carsta: niederdeutsche Form von ▸ Christa.

Kassandra, (auch:) Cassandra: griechischer Ursprung, Bedeutung nicht sicher geklärt. Nach der griechischen Sage sagte Kassandra – ohne dass jemand ihren Prophezeiungen Glauben schenkte – den Untergang Trojas voraus und warnte vergeblich vor dem hölzernen Pferd.

Katalin: ungarische Form von ▸ Katharina.

Katarina: ▸ Katharina.

Kate [keɪt]: englische Kurzform von Katherine (▸ Katharina).

Käte: ▸ Käthe.

Katerina: ▸ Katharina.

Katharina, (auch:) Katharine; Katarina; Katherina; Katerina; Catarina: griechischer Ursprung, Umdeutung des griechischen Frauennamens Aikateríně zu griech. katharós »rein«.

Käthchen: Koseform von ▸ Käthe.

Käthe, (auch:) Käte: Kurzform von ▸ Katharina.

Käthemarie: Doppelform aus ▸ Käthe und ▸ Marie.

Katherina: ▸ Katharina.

Katherine [ˈkæθərɪn]: englische Form von ▸ Katharina.

Kathi: ▸ Kati.

Kathinka: ▸ Katinka.

Kathleen: aus dem Englischen, Schreibvariante von ▸ Cathleen.

Kathrin, (auch:) Katrin; Cathrin; Catrin: verkürzte Form von ▸ Katharina.

Kathrina, (auch:) Kathrine; Katrina; Katrine; Cathrina; Catrina: Nebenform von ▸ Katharina.

Kạthryn: englische Schreibvariante von ▸ Katherine.
Kathy ['kæθɪ]: Schreibvariante von ▸ Kati, auch englisch.
Ka̲ti, (auch:) Ka̲thi; Ka̲ty: Koseform von ▸ Katharina.
Kạtia: ▸ Katja.
Kati̲na: Erweiterung von ▸ Kati oder verkürzte Form von ▸ Kathrina.
Katịnka: ungarische Koseform von ▸ Katharina, auch Eindeutschung von russ. Katen'ka, Katjonka, tschech. Katynka, Kátěnka.
Kạtja: aus dem Russischen, Koseform von Jekaterina (▸ Katharina).
Katja̲na: Weiterbildung von ▸ Katja.
Katrice: ▸ Catrice.
Kạtrin: ▸ Kathrin.
Katri̲na, (auch:) Katri̲ne: ▸ Kathrina.
Kạtti, (auch:) Kạtty: Koseform von ▸ Katharina.
Ka̲ty: ▸ Kati.
Ka̲y: Schreibvariante von ▸ Kai. Im Englischen ist Kay [keɪ] eine Kurzform von Namen, die mit »K-« beginnen, besonders von Katherine (▸ Katharina).
Ka̲ya: ▸ Kaja.
Kazuko ['kazko]: zu japan. kazu »Frieden« + ko »Kind«.
Ke̲a: ostfriesische Herkunft, eigentlich nur die Endung von latinisierten Namen wie Alkea (▸ Alke), Fraukea (▸ Frauke).
Keiko ['keiko]: zu japan. kei »Gnade«, »Munterkeit«, »Freude«, »Respekt« + ko »Kind«.
Keisha ['ki:ʃə]: verkürzte Form des afroamerikanischen Vornamens ▸ Lakeisha.
Kẹlly, (auch:) Kẹllie: identisch mit dem männl. Vornamen ▸ Kelly.
Kẹlsey: aus dem Englischen, geht zurück auf den gleichlautenden Familiennamen. In den englischsprachigen Ländern ist Kelsey auch ein männlicher Vorname.

Die schönsten Namen großer Künstlerinnen

Angelica Kauffmann
Angelina Below
Artemisia Gentileschi
Bridget Riley
Camille Claudel
Dorothea Tanning
Frida Kahlo
Gabriele Münter
Käthe Kollwitz
Marianne von Werefkin
Natalja Gontscharowa
Niki de Saint Phalle
Paula Modersohn-Becker

Kendra ['kɛndrə]: aus dem Englischen, wahrscheinlich eine Neuprägung aus ▸ Ken(neth) und ▸ (Alexan)dra, wird auch als weibl. Bildung zu ▸ Kenneth aufgefasst.

Kenia ['kɛnjə]: englische Neubildung als weibl. Form zu ▸ Kenneth.

Kẹnja: deutsche Schreibvariante von ▸ Kenia.

Kẹnya: Schreibvariante von ▸ Kenia.

Kẹrry: aus dem Englischen, zugrunde liegt der gleichlautende Name einer irischen Grafschaft.

Kẹrstin: niederdeutsche und schwedische Form von ▸ Christine.

Kersti̱na, (auch:) Kersti̱ne: Erweiterung von ▸ Kerstin.

Keshia, (auch:) Keshya ['kɛʃjə]: Variante des afroamerikanischen Vornamens Keisha (▸ Lakeisha).

Ke̱zia, (auch:) Ke̱ziah, engl. Aussprache: [kɪ'zaɪə]: aus dem Englischen, biblische Herkunft (hebr. qesi'ā »Kassia«, eine Heil- und Gewürzpflanze).

Khadi̱ja, (auch:) Khadi̱dja; Kadi̱ja, Kadi̱dja [xa'di:dʒa]: zu arab. khadīja »frühzeitig geborenes Kind«. Diesen altarabischen Namen trug die erste Frau Mohammeds.

[1]Kiana [kɪ'ænə]: weibl. Bildung zu ▸ Kian.

[2]Kiana [kɪ'ænə]: hawaiische Form von ▸ Diana.

Kiera ['kɪərə]: weibl. Bildung zu ▸ Kieran.

Kịm: Kurzform von ▸ Kimberley.

Kịmberley, (auch:) Kịmberly: englische Herkunft, zugrunde liegt ein englischer Ortsname bzw. der davon abgeleitete Familienname.

Kịnga: ungarische Kurzform von ▸ Kunigunde.

Kịra: russische Form von ▸ Kyra.

Kịrsa: dänische Kurzform von ▸ Kirstin.

Kịrsten: niederdeutsche, norwegische, schwedische und dänische Form von ▸ Christine.

Kịrsti: norwegische und schwedische Variante von ▸ Kirstin.

Kịrstin: Nebenform von ▸ Kirsten.

Kirsti̱na: Erweiterung von ▸ Kirstin.

Kirsty ['kə:stɪ]: ursprünglich eine schottische Koseform von ▸ Christine.

Kịtty: aus dem Englischen, Koseform von ▸ Katherine.

Kla̱ra: ▸ Clara.

Klä̱re: ▸ Claire.

Klari̱na: Weiterbildung von ▸ Klara.

Klarissa: ▸ Clarissa.
Klaudia: ▸ Claudia.
Klementina, (auch:) Klementine: ▸ Clementine.
Klothilde: geht zurück auf den altfränkischen Frauennamen Chlothildis, zu ahd. hlūt »laut, berühmt« + ahd. hiltja »Kampf«. Klothilde (Chlothilde) hieß die Gemahlin des Frankenkönigs Chlodwig I.
Konstantine, (auch:) Konstantina: weibl. Form von ▸ Konstantin.
Konstanze: ▸ Constanze.
¹Kora: ▸ ¹Cora.
²Kora, (auch:) Cora: griechischer Ursprung, geht zurück auf den Beinamen der Göttin Persephone (griech. kórē »Jungfrau, Mädchen«).
Kordelia: ▸ Cordelia.
Kordula: ▸ Cordula.
¹Korinna, (auch:) Korina: ▸ ¹Corinna.
²Korinna, (auch:) Corinna: zu griech. kórē »Jungfrau, Mädchen«, ▸ ²Kora.
Kornelia: ▸ Cornelia.
Kosima: ▸ Cosima.
Kreszentia, (auch:) Kreszenz: ▸ Crescentia.
Kriemhild, (auch:) Kriemhilde; Krimhild; Krimhilde: alter deutscher Vorname, jüngere Form von Grimhild (german. *grīm-an »Maske; Helm« + ahd. hiltja »Kampf«). Der Name ist durch die Kriemhild aus dem Nibelungenlied bekannt.
Kris: Schreibvariante von ▸ Chris.
Krista: (vorwiegend skandinavische) Schreibvariante von ▸ Christa.
Kristiane, (auch:) Kristiana: (vorwiegend skandinavische) Schreibvariante von ▸ Christiane.

Die schönsten Namen großer Sportlerinnen

Anni Friesinger
Birgit Prinz
Britta Steffen
Cathy Freeman
Franziska van Almsick
Hannah Stockbauer
Janica Kostelić
Jelena Issinbajewa
Jennifer Capriati
Katharina Witt
Magdalena Neuner
Maria Riesch
Marion Jones
Regina Halmich
Serena Williams

Kristin: (vorwiegend skandinavische) Schreibvariante von ▸ Christin.

Kristina, (auch:) Kristine: (vorwiegend skandinavische) Schreibvariante von ▸ Christine.

Kristy: englische Kurzform von ▸ Christine.

Krystal, (auch:) Krystle: ▸ Crystal.

Kunigunde: alter deutscher Vorname, zu ahd. kunni »Geschlecht, Sippe« + ahd. gund »Kampf«.

Kyla [ˈkaɪlə]: in England neu geprägte, eindeutig weibliche Form von ▸ Kyle.

Kyle: identisch mit dem männl. Vornamen ▸ Kyle.

Kylie [ˈkaɪlɪ]: australische Herkunft, wohl Erweiterung von ▸ Kyle.

Kyra: griechischer Ursprung, weibl. Form von Kyrillos (▸ Cyrillus) oder von Kyros (▸ Cyrus).

L

Laetitia, (auch:) Laetizia; Lätitia: lateinischer Ursprung, zu lat. laetitia »Freude, Fröhlichkeit«.

Laila: ▸ Leila.

Lakeisha [ləˈkiːʃə]: afroamerikanische Neubildung aus der Vorsilbe »La-«, einem »-k-« als Gleitlaut und wohl einer abgewandelten Form von Aisha, Ayesha (▸ Aischa).

[1]**Lale:** kindersprachliche Form von ▸ Lieselotte oder von Namen, die auf »-alie« enden.

[2]**Lale:** zu türk. lale »Tulpe«.

Lamberta: weibl. Form von ▸ Lambert.

Lana: russische Kurzform von Namen, die auf »-lana« ausgehen (z. B. ▸ Swetlana). Im Englischen ist Lana eine Kurzform von ▸ Alana.

Lara: russische Kurzform von ▸ Laura oder ▸ Larissa.

Laraine [ləˈreɪn], Lareen [ləˈriːn]: englische Herkunft, Varianten von ▸ Lorraine.

Larina: Erweiterung von ▸ Lara oder Eindeutschung von Larena (▸ Laraine).

Larissa, (auch:) Larisa: aus dem Russischen, griechische Herkunft, vielleicht zum Ortsnamen Larissa oder Erweiterung zu griech. larós »lieblich« oder zu griech. láros »Möwe«.

Latifa: arabischer Ursprung, weibl. Form zu ▸ Latif.
Lätitia, (auch:) Lätizia: ▸ Laetitia.
Latona: Lātō bzw. Lātōna ist die lateinische Form des Namens der griechischen Göttin Leto, der Mutter des Apollon und der Artemis.
Laura: aus dem Italienischen, geht zurück auf einen lateinischen Personennamen der Kaiserzeit, zu lat. laurea »Lorbeerbaum, Lorbeerkranz«. Der Name war ein Wunschname, der auf die Schönheit der Pflanze und auf den Lorbeerkranz als Symbol des Sieges anspielte; bei den frühen Christen war der Lorbeerkranz auch Symbol des Martyriums.
Laure [lɔ:r]: französische Form von ▸ Laura.
Laureen [lɔ'ri:n]: englische Koseform von ▸ Laura.
Lauren, (auch:) Loren ['lɔrən]: aus dem Englischen, vielleicht eine weibl. Bildung zu ▸ Laurence oder eine Koseform von ▸ Laura.
Laurena [lɔ'rɪ:nə]: englische Koseform von ▸ Laura.
Laurence [lɔ'rãs]: französische Form von ▸ Laurentia.
Laurentia: weibl. Form von ▸ Laurentius.
Lauretta: italienische Koseform von ▸ Laura.
Laurette, (auch:) Lorette [lɔ'rɛt]: französische Koseform von Laure (▸ Laura).
Laurie ['lɔrɪ]: englische Koseform von ▸ Laura.
Laurina: italienische Erweiterung von ▸ Laura.
Laurine [lɔ'rin]: dem Französischen angepasste Form von ▸ Laureen.
Lauryn: ▸ Laureen.
Lavinia: lateinischer Ursprung, Bedeutung unklar. In der römischen Mythologie ist Lavinia die Tochter von Latinus, König von Latium, und die Gattin des Äneas.
Layla: ▸ Leila.
Lea: aus der Bibel, zu hebr. le'āh »[Wild]kuh«. Nach der Bibel war Lea die Tochter Labans und die ältere Schwester Rachels. Durch Betrug ihres Vaters wurde sie die erste Frau Jakobs.
Leah [li:]: englische Form von ▸ Lea.
Leana: Erweiterung von ▸ Lea oder Kurzform von ▸ Ileana.
Leandra: weibl. Form von ▸ Leander.
Leanne [lɪ'æn]: englische Doppelform aus ▸ Lee und ▸ Anne.
Leda: griechischer Ursprung, Bedeutung unklar. In der griechischen Mythologie zeugt Zeus in Gestalt eines

Schwans mit Leda, der Frau des Spartanerkönigs Tyndareos, die Dioskuren Kastor und Pollux.

Lee, (auch:) Leigh: identisch mit dem männl. Vornamen ▸ Lee.

Lei [leɪ]: chinesische Herkunft, Bedeutung »Knospe«.

Leigh: ▸ Lee.

Leila, (auch:) Laila; Layla; Leyla: arabischer Ursprung, Bedeutung »Dunkelheit, Nacht«. Der Name wurde bekannt durch die arabopersische Liebesgeschichte von Leila und Madschnun.

Lelia: lateinischer Ursprung, weibl. Form des römischen Geschlechternamens Laelius.

Lena, (auch:) Lene: Kurzform von ▸ Helene und ▸ Magdalena.

Lene: ▸ Lena.

Leni, (auch:) Leny: Koseform von ▸ Helene und ▸ Magdalena.

Lenja: russische Kurzform von ▸ Helene.

Lenka: polnische, tschechische Koseform von ▸ Helene und ▸ Magdalena.

Lenore: Nebenform von ▸ Leonore.

Leny: ▸ Leni.

Leokadia: geht zurück auf den antiken Namen Leucadia, der zu dem Namen des Vorgebirges auf der griech. Insel Leukás, Leukátas, gebildet wurde, von dem sich die Dichterin Sappho (um 600 v. Chr.) zu Tode stürzte.

Leona: weibl. Form von ▸ Leon.

Leonarda: weibl. Form von ▸ Leonardo.

Leonella: italienische Koseform von ▸ Leona.

Leonie, (auch:) Leonie; Leoni; Leony: aus dem Französischen, weibl. Form von Léon (▸ Leo).

Leonilla, (auch:) Leonille: aus dem Italienischen, Koseform von ▸ Leona.

Leonina: Weiterbildung von ▸ Leona, auch italienisch.

Leonore, (auch:) Leonora: Kurzform von ▸ Eleonore.

Leopoldine: weibl. Form von ▸ Leopold mit der Endung »-ine«.

Leska: Kurzform von ▸ Valeska.

Leslie, (auch:) Lesley: identisch mit dem männl. Vornamen ▸ Leslie.

Leticia, (auch:) Letitia; Letizia: ▸ Laetitia.

Letta: Kurzform von ▸ Violetta.

Levinia: eigtl. weibliche Form zu ▸ Levin, eher jedoch aufgefasst als Eindeutschung der englischen Aussprache von ▸ Lavinia.

Lexa: Kurzform von ▸ Alexandra.

Leyla: ▸ Leila.

Li: chinesische Herkunft, identisch mit dem männl. Vornamen ▸ Li.

[1]**Lia:** griechisch-lateinische Form (Léia, Lia) des biblischen Namens ▸ Lea.

[2]**Lia:** Kurzform von Namen, die auf »-lia« ausgehen, besonders von ▸ Julia.

Lian: chinesische Herkunft, identisch mit dem männl. Vornamen ▸ Lian.

Liane, (auch:) Liana: Kurzform von Juliane (▸ Juliana). Heute wird der Vorname häufig mit »Liane«, der Bezeichnung der tropischen Schlingpflanze, gleichgesetzt.

Lianne, (auch:) Lyanne; Lyann: Umbildung von ▸ Liane in Anlehnung an Anne oder Doppelform aus ▸ Elisabeth und ▸ Anne.

Die schönsten Mädchennamen nach Blumenbezeichnungen

Amancaya (Blumenname auf Quechua)
Amaryllis
Daisy (engl.: »Gänseblümchen«)
Erica, Erika
Fleur (französ.: »Blume«)
Flora (italien., span.: »Blume«)
Heide
Iris
Irit (neuhebr.: »Asphodele [ein Liliengewächs]«)
Jasmin
Kezia (eine Heil- und Gewürzpflanze)
Lily (engl.: »Lilie«)
Linnea
Marguerite (französ. auch: »Margarite«)
Myrta, Myrte
Nurit (neuhebr.: »Ranunkel, Hahnenfuß«)
Padma (sanskrit.: «Lotus«)
Rosa, Rose
Susanne (hebr.: »Lilie«)
Varda (neuhebr.: »Rose, Rosenstrauch«)
Viola, Violetta (lat., italien.: »Veilchen«)
Zahra (arab.: »Blume, Blüte«)

Libby: englische Koseform von Elizabeth (▸ Elisabeth).
Lida: Kurzform von ▸ Alida, tschechische Kurzform (Lída) von Lidmila (▸ Ludmilla) oder italienische Kurzform von Lidia (▸ Lydia).
Liddy: englische Kurzform von ▸ Lydia.
Lidia: ▸ Lydia, auch polnisch, spanisch, italienisch.
Lidwina: ▸ Ludwina.
Lies, (auch:) Liesa; Liese; Lise; Lis: Kurzform von ▸ Elisabeth.
Liesbeth, (auch:) Lisbeth: Kurzform von ▸ Elisabeth.
Liese: ▸ Lies.
Liesel, (oberdeutsch auch:) Liesl: Koseform von ▸ Elisabeth.
Lieselotte, (auch:) Lieselott; Liselotte: Doppelform aus ▸ Liese und ▸ Lotte.
Liesl: ▸ Liesel.
Lil, (auch:) Lili: ▸ Lilli.
Lilia, (auch:) Lilie: nach der Blumenbezeichnung.
Lilian, (auch:) Lillian: englische Herkunft, zugrunde liegt wahrscheinlich eine Lallform von ▸ Elisabeth. Heute wird Lilian manchmal als Ableitung von Lily (»Lilie«) aufgefasst.
Liliana, (auch:) Liliane; Lilliana; Lilliane: Weiterbildung von ▸ Lilian.
Lilie: ▸ Lilia.
Lilith: aus der Bibel, zu hebr. līlit < akkadisch lilītū < sumerisch líl »Wind«, ursprünglich der Name eines babylonischen weiblichen Sturmdämons, der in Israel wegen des Anklangs an hebr. layl »Nacht« als Nachtgespenst angesehen wurde.
Lilja: zu schwed. lilja »Lilie«.
Lilla: kindersprachliche Koseform zu ▸ Elisabeth oder italienische Koseform zu Namen wie ▸ Angela, ▸ Lilia oder ▸ Raffaella bzw. nordische Kurzform zu ▸ Lillemor.
Lillemor: zu schwed. lilla mor »kleine Mutter«.
Lilli, (auch:) Lil; Lill; Lili: Koseform – eigentlich Lallform aus der Kindersprache – von ▸ Elisabeth. Der Vorname ist bekannt durch das Soldatenlied »Lilli Marlen«.
Lillian: ▸ Lilian.
Lilly: ▸ Lilli und ▸ Lily.
Lilo: Kurzform von ▸ Lieselotte.
Lily: Variante von ▸ Lilli, auch englischer Vorname zu engl. lily »Lilie«.
Lin: chinesische Herkunft, Bedeutung »Jade«.

Lina, (auch:) Line: Kurzform von Namen, die auf »-lina« ausgehen, besonders von ▸ Carolina.

Linda: Nebenform von ▸ Linde, auch englisch (hier oft Kurzform von ▸ Belinda, später auch mit span. linda »hübsch« in Verbindung gebracht).

Linde: Kurzform von Namen, die mit »-linde« (ahd. lind »sanft, weich, mild«, auch beeinflusst durch ahd. linta »Linde, Schild aus Lindenholz«) gebildet sind. Der Vorname wird heute volkstümlich auf das Adjektiv »lind« bezogen oder mit dem Baumnamen »Linde« gleichgesetzt.

Line, französ. Aussprache: [lin]: ▸ Lina, auch französisch.

Linea: Schreibvariante von ▸ Linnea.

Linette, (auch:) Linett: französische Koseform von Line (▸ Lina).

Linka: Kurzform von Karolinka, einer polnischen Koseform von ▸ Karoline.

Linn: Kurzform von Namen, die auf »-lin«, »-lina«, »-line« enden.

Linnea, (auch:) Linnéa: schwedische Herkunft, nach der Blume, die nach dem schwedischen Botaniker Carl von Linné benannt wurde.

Lioba: verselbstständigte Kurzform von Namen, die mit »Li(e)b-« (ahd. liob »lieb«) gebildet sind.

Liona: weibl. Form von ▸ Lion.

Lionella: weibl. Bildung zu ▸ Lionel oder Erweiterung von ▸ Liona.

Lis: ▸ Lies.

Lisa: Kurzform von ▸ Elisabeth.

Die schönsten Mädchennamen nach Edelsteinbezeichnungen

Amber (engl.: »Bernstein«)
Beryl (engl.: »Beryll [ein Halbedelstein]«)
Coral (engl.: »Koralle«)
Esmeralda (span.: »Smaragd«)
Gemma (ital.: »Edelstein«)
Giada (ital.: »Jade«)
Inbar (hebr.: »Bernstein«)
Jade (engl., französ.: »Jade«)
Pearl (engl.: »Perle«)
Rubina (ital.: »Rubin«)
Ruby (engl.: »Rubin«)

Lisabeth: Kurzform von ▸ Elisabeth.

Lisamaria, (auch:) Lisamarie: Doppelform aus ▸ Lisa und ▸ Maria.

Lisanne, (auch:) Lisann; Lysann; Lysanne: Doppelform aus ▸ Lisa und ▸ Anne.

Lisbeth: ▸ Liesbeth.

Lise: ▸ Lies.

Liselotte: ▸ Lieselotte.

Lisette, (auch:) Lisett: aus dem Französischen entlehnte Koseform von ▸ Elisabeth.

Liska: schwedische und russische Koseform von ▸ Elisabeth.

Lissa, (auch:) Lisse: Kurzform von ▸ Elisabeth oder ▸ Melissa.

Lissi, (auch:) Lissy: Koseform von ▸ Elisabeth.

Liutgard: ▸ Luitgard.

Liv: norwegische Herkunft, zu altnord. hlíf »Wehr, Schild«, häufig aber mit liv »Leben« in Verbindung gebracht.

Livia: weibl. Form von ▸ Livius.

Liviana: eigentlich weibl. Form des römischen Beinamens Līviānus, der von dem römischen Geschlechternamen ▸ Livius abgeleitet ist, wird heute jedoch eher als Erweiterung von ▸ Livia aufgefasst wird.

Liz [lɪz]: englische Kurzform von Elizabeth (▸ Elisabeth).

Liza [ˈlaɪzə]: englische Kurzform von Elizabeth (▸ Elisabeth).

Lizanne [lɪˈzæn]: englische Neubildung aus ▸ Liz und ▸ Anne.

Lizzy, engl. Aussprache: [ˈlɪzɪ]: aus dem Englischen übernommene Koseform von Elizabeth (▸ Elisabeth).

Lois [ˈloʊɪs]: aus dem Englischen, biblische Herkunft. Loïs (hebr. »angenehm, wohlgefällig«) heißt die Großmutter des Paulusschülers Timotheus. Der Name wird heute gelegentlich auch als Kurzform von ▸ Louisa oder Eloise (▸ Heloise) aufgefasst.

Lola: spanische Koseform (Lallform) von ▸ Dolores, auch kindersprachliche Form von ▸ Carlotta, ▸ Carola, ▸ Leonore und auf Sizilien von ▸ Lorenza.

Lolita: spanische Koseform von ▸ Lola.

Lona: Kurzform von ▸ Apollonia und ▸ Leona, auch englisch.

Loni, (auch:) Lonni; Lonie; Lony; Lonny: Kurzform von ▸ Apollonia und ▸ Leonie.

Lora: Kurzform von Eleonora (▸ Eleonore) oder Nebenform von ▸ Laura.

Loraine: ▸ Lorraine.

Lore: Kurzform von ▸ Eleonore.

Lore̲a: Erweiterung von ▸ Lore.
Lorẹlla: italienische Koseform von ▸ Lora.
Lo̲ren: ▸ Lauren.
Lore̲na: ▸ Laurena, auch spanische und italienische Form von ▸ Lorraine.
Lorẹnza: weibl. Form von ▸ Lorenzo.
Lorẹtta: italienische Koseform von ▸ Lora.
Lorẹtte, (auch:) Lorẹtt: ▸ Laurette.
Lo̲ri: Koseform von ▸ Lora, ▸ Lore.
Lori̲na: italienische Erweiterung von ▸ Lora.
Lo̲ris: phonetische Schreibweise von Laurice [lɔˈrɪs], einem englischen Vornamen, dem der römische Name Lauricia, weibliche Form zu dem Beinamen Lauricius (zu lat. laurus »Lorbeer«), zugrunde liegt.
Lọrna: englische Herkunft, wurde von R. D. Blackmore für die Heldin seines Romans »Lorna Doone« wohl nach dem schottischen Ortsnamen Lorn geprägt.
Lorraine, engl. Aussprache: [lɔˈreɪn], französ. Aussprache: [lɔˈrɛn]: englische oder französische Herkunft, identisch mit dem Namen der französischen Region (dt. Lothringen). Der englische und schottische Vorname kann aus einem gleichlautenden Familiennamen, der ursprünglich die Herkunft aus Lothringen bezeichnete, oder auch aus einer Umbildung von ▸ Lora hervorgegangen sein.
Lọtte, (auch:) Lọtta: Kurzform von ▸ Charlotte. Doppelformen mit Lotte sind z. B. Lọtteli(e)s und Lọttemarie.
Lou [lu:]: Kurzform von Louise (▸ Luise).
Loui̲sa: latinisierte Form von ▸ Louise, auch englisch.
Loui̲se: weibl. Form von ▸ Louis, auch englisch.
Lourdes [lurd]: nach dem gleichlautenden Wallfahrtsort in Südfrankreich.

Die schönsten Mädchennamen mit der Bedeutung »schön«

Anna (»Anmut, Schönheit«)
Bella (»schön«)
Blanka (»glänzend, schön«)
Bonita (»gut«, »hübsch«)
Carina (»hübsch, lieb«)
Djamila (»schön, hübsch«)
Fatin (»bezaubernd, verführerisch«)
Zohra (»Helligkeit, Schönheit«)

Lovisa: weibl. Form von ▸ Lovis.
Lu: Kurzform von ▸ Luise.
Luana: eindeutschende Schreibweise von Louane.
Luca: ▸ Luka.
Luci: verkürzte Form von ▸ Lucia.
Lucia, (auch:) Luzia; Lucie; Luzie: weibl. Form von ▸ Lucius.
Luciana, (auch:) Luciane: weibl. Form von ▸ Lucian.
Lucie: ▸ Lucia, auch französisch.
Lucienne [ly'sjɛn]: aus dem Französischen, weibl. Form von ▸ Lucien.
Lucilla: geht zurück auf einen römischen Beinamen der Kaiserzeit, eine Weiterbildung von ▸ Lucius, auch italienisch.
Lucille [lu'sɪl]: englische Form von ▸ Lucilla.
Lucinde, (auch:) Lucinda: Weiterbildung von ▸ Lucia.
Lucretia: ▸ Lukretia.
Lucrezia: italienische Form von ▸ Lukretia.
Lucy [lu:sɪ]: englische Form von ▸ Lucia.
Ludmilla: aus dem Tschechischen (Ludmila), zu urslaw. *l'udь »Volk« + *milь »lieb, teuer«.
Ludovica, (auch:) Ludovika; Ludowika: weibl. Form von Ludovicus, Latinisierung von ▸ Ludwig.
Ludwina, (auch:) Lidwina: weibl. Form von ▸ Ludwin.
Luise, (auch:) Luisa: eindeutschende Form von ▸ Louise.
Luitgard, (auch:) Liutgard; Ludgard; Lutgard: alter deutscher Vorname, zu ahd. liut »Volk« + german. *gardaz »Zaun, Einfriedung«, vgl. ahd. garto »Garten«.
Luka, (auch:) Luca: weibl. Form von ▸ Lukas.
Lukretia, (auch:) Lucretia; Lukrezia: lateinischer Ursprung, weibl. Form des altrömischen Geschlechternamens Lucretius, Herkunft und Bedeutung unbekannt.
Lulu: Lallform aus der Kindersprache von Namen, die mit »Lu-« beginnen, z. B. ▸ Ludmilla, ▸ Luise.
Luna: nach der römischen Mondgöttin oder zu lat./span./italien. luna »Mond«.
Lutgard: ▸ Luitgard.
Luzia, (auch:) Luzie: ▸ Lucia.
Lydia, (auch:) Lidia: griech. Lydía, Bedeutung »die aus Lydien in Kleinasien Stammende, die Lydierin«.
Lynn, (auch:) Lyn; Lynne [lɪn]: aus dem Englischen, Kurzform von ▸ Linda oder von ▸ Carolyn.
Lysann, (auch:) Lysanne: ▸ Lisanne.

M

Mabel [meɪbl]: englische Kurzform von Amabel (lat. amābilis »liebenswürdig«).

Maddy [ˈmædɪ]: englische Kurzform von Magdalen (▸ Magdalena).

Madeleine [maˈdlɛn]: französische Form von ▸ Magdalena, auch englisch.

Madeline, engl. Aussprache: [ˈmædlin], französ. Aussprache: [maˈdlin]: englische Variante von ▸ Madeleine, auch im Französischen gebräuchlich.

Madelon [maˈdlɔ̃]: französische Koseform von ▸ Madeleine.

Madina: italienische Koseform von Maddalena (▸ Magdalena).

Madita: Neubildung der Kinderbuchautorin Astrid Lindgren als Koseform von Margareta (▸ Margarete) für eines ihrer Bücher.

Madlaina, (auch:) Madleina: rätoromanische Form von ▸ Magdalena.

Madleen, (auch:) Madlen; Madlena; Madlene: Kurzform von ▸ Magdalena.

Madlin: eindeutschende Schreibung von ▸ Madeline.

Madlon: deutsche Schreibvariante von ▸ Madelon.

Mae [meɪ]: englische Variante von ▸ May.

Maëlle [maˈɛl]: weibl. Form von ▸ Maël.

Maéva [maeˈva]: aus dem Französischen, polynesische Herkunft, Bedeutung »willkommen«.

Maeve [meɪv]: englische Form von Meadhbh (»die betrunken macht, die berauscht«), dem Namen einer Königin in der irischen Sage.

Magali, (auch:) Magalie: aus dem Französischen, provenzalische Form von ▸ Margarete.

Magda: Kurzform von ▸ Magdalena.

Magdalena, (auch:) Magdalene: hebräischer Ursprung, Kürzung aus Maria Magdalena (eigentlich »Maria aus dem Ort Magdala am See Genezareth«). Nach der Bibel war Maria Magdalena eine der treuesten Jüngerinnen Jesu. Ihr erschien als Erster der auferstandene Christus.

Maggie, (auch:) Maggy [ˈmægɪ]: englische Koseform von ▸ Margaret.

Magna: weibl. Form von ▸ Magnus.

Magnolia: nach der Blumenbezeichnung. Die Magnolie wurde nach dem französischen Botaniker Pierre Magnol (17./18. Jh.) benannt.

Mai: ▸ Maie, auch norwegische und eingedeutschte Form von ▸ Maj, ▸ May.

Maia: ▸ ¹Maja, ▸ ²Maja, ▸ ³Maja.

Maibrit, (auch:) Maibritt; Mai-Britt; Maybrit; Maybritt: eindeutschende Schreibung von schwed. Majbritt bzw. norweg. May-Britt, einer Doppelform aus ▸ Maj bzw. May und Britt (▸ Brit).

Maie, (auch:) Mai: niederdeutsch-friesische Kurzform von ▸ Maria.

Maike, (auch:) Maiken; Maika: niederdeutsch-friesische Koseform von ▸ Maria.

Maila: finnische Koseform von ▸ Maria.

Mailin, (auch:) Mailina; Mailine: Neubildung aus ▸ Mai und ▸ Lin(a), auch norwegische Kosebildung zu ▸ Mai mit der Endung »-lin«.

Maire [ˈmɛərɪ]: irische Form (Máire) von ▸ Maria.

¹Maite: aus dem Spanischen, baskischer Ursprung, Bedeutung »Geliebte«.

²Maite: spanische Herkunft, entstanden aus María Teresa.

Maj: schwedische Kurzform von ▸ Maria.

¹Maja: Kurzform von ▸ Maria, auch schwedisch.

²Maja: griechisch-lateinischer Ursprung. In der griechischen Mythologie war Maĩa die schönste der Plejaden. In Rom wurde sie gleichgesetzt mit Māia, der altrömischen Göttin des Wachstums.

³Maja: geht zurück auf die altindische Göttin Maya (»Wunderkraft«, auch »Trugbild«).

Majella: geht zurück auf den Familiennamen des heiligen Gerhard Majella.

Makayla [məˈkeɪlə]: in den USA geläufige Abwandlung von ▸ Michaela.

Makayle [məˈkeɪlə]: in den USA, Variante von ▸ Michaela.

Makena: aus Kenia, Bedeutung in der Kikuju-Sprache »die Glückliche«.

Malaika, (auch:) Maleika: zu arab. malā'ika, Mehrzahl von »Engel«.

Maleen, (auch:) Malen; Malena: Kurzform von ▸ Magdalena.

Maleika: ▸ Malaika.

Malen, (auch:) Malena: ▸ Maleen.

Mali: Kurzform von ▸ Amalie.

Malika: weibl. Form von ▸ [1]Malik, ▸ [2]Malik. Ungarisch Málika ['ma:likɔ] ist eine Koseform von ▸ Amalie.

Malin: nordische Kurzform von ▸ Magdalena.

Malina: Erweiterung von ▸ Malin oder russische Kurzform von Magdalina (▸ Magdalena), vielleicht mit Anlehnung an malina »Himbeere«. In Ingeborg Bachmanns Roman »Malina« ist »Malina« allerdings der (slowenische) Familienname des Geliebten der Hauptperson.

Malissa: Erweiterung von ▸ Mali oder Abwandlung von ▸ Melissa.

Malka: tschechische (Málka) Koseform von ▸ Amalie.

Malou [ma'lu:]: Doppelform aus ▸ Marie und ▸ Louise.

Malu: Doppelform aus ▸ Marie und ▸ Luise.

Malve, (auch:) Malva: nach dem gleichlautenden Pflanzennamen.

Malwine, (auch:) Malwina; Malvina; Malvine: geht zurück auf den Namen einer Gestalt aus »The Works of Ossian« von James MacPherson. Möglicherweise prägte er den Namen Malvina in Anlehnung an gäl. maol-mhin »glatte Augenbraue«.

Mandana: zu pers. manda »schwarzer Bernstein«.

Mandy ['mændɪ]: englische Kurzform von ▸ Amanda.

Manja: russische Koseform von ▸ Maria.

Manon [ma'nõ]: französische Koseform von ▸ Maria.

Manuela: weibl. Form von ▸ Manuel.

Die schönsten Mädchennamen mit der Bedeutung »fröhlich«

Aliza (»die Fröhliche«)
Allegra (»fröhlich, heiter«)
Aspasia (»willkommen, freudig«)
Candida (»heiter, rein, ehrlich«)
Farah (»Freude, Heiterkeit, Glück«)
Hilary (»heiter, fröhlich«)
Ilaria (»heiter, fröhlich«)
Joy (»Freude«)
Lätizia (»Freude, Fröhlichkeit«)
Merry (»lustig, fröhlich«)
Ronit (»singen, jubeln«)
Serena (»heiter, hell, leuchtend«)
Sunny (»sonnig«)

[1]Mara: bulgarische, makedonische, serbische, kroatische Nebenform von ▸ Maria.

[2]Mara, (auch:) Marah: aus der Bibel, zu hebr. mārā' »bitter«. Nach der Bibel nahm ▸ Noemi nach dem Tod ihres Mannes Elimelech diesen Namen an.

Maraike: ▸ Mareike.

Marceline [marsə'lin]: französische Herkunft, weibl. Form von ▸ Marcelin.

Marcella, (auch:) Marzella: weibl. Form von ▸ Marcellus.

Marcellina: weibl. Form von ▸ Marcellinus.

Marcia ['mɑ:ʃə]: aus dem Englischen, lateinischer Ursprung, weibl. Form von Marcius, einem römischen Geschlechternamen; oft auch als weibl. Form von ▸ [1]Mark aufgefasst.

Mareen: ▸ Marena.

Marei: Nebenform von ▸ Maria.

Mareike, (auch:) Mareika; Maraike: niederdeutsche Koseform von ▸ Maria.

Mareile: Koseform von ▸ Marei.

Mareka, (auch:) Mareke: niederdeutsch-friesische Koseform von ▸ Maria.

Maren: dänische Form von ▸ Marina.

Marena, (auch:) Marene; Mareen: Weiterbildung von ▸ Maren.

Maresa: Neubildung aus ▸ Maria und ▸ Theresa.

Maret: norwegische und schwedische Kurzform von ▸ Margarete.

Marga: Kurzform von ▸ Margarete.

Margard: alter deutscher Vorname, zu ahd. māri »bekannt, berühmt, angesehen« + german. *gardaz »Zaun, Einfriedung«, vgl. ahd. garto »Garten«.

Margaret ['mɑ:gərɪt]: englische Form von ▸ Margarete.

Margareta: Nebenform von ▸ Margarete, auch schwedisch.

Margarete, (auch:) Margareta; Margarita; (ältere Schreibungen:) Margarethe; Margaretha: zu lat. margarīta »Perle« aus griech. margarítēs »Perle«. Der Vorname wird oft mit dem Blumennamen Margerite gleichgesetzt. Der Blumenname ist aus französ. marguerite »Gänseblümchen, Maßliebchen« entlehnt, das gleichfalls auf lat. margarīta »Perle« zurückgeht. Der Benennung der Blume liegt ein Vergleich der Blütenköpfchen von Gänseblümchen mit Perlen zugrunde.

Margarita: lateinische, spanische und russische Form von ▸ Margarete.

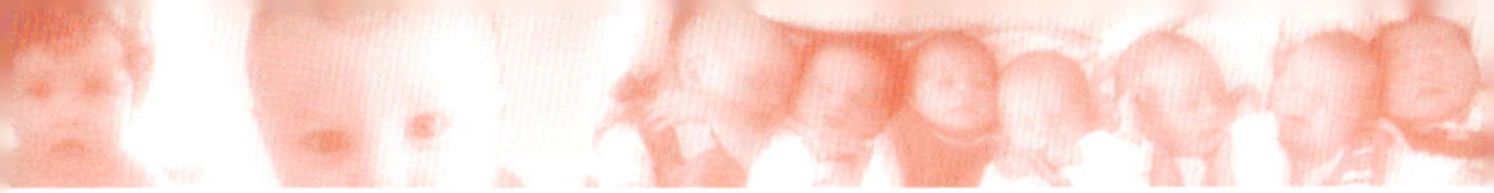

Margaux [mar'go]: Schreibvariante von ▸ Margot, eingeführt von der amerikanischen Schauspielerin Margaux (eigtl. Margot) Hemingway in Anlehnung an einen bekannten französischen Rotwein.

Margit: schwedische, norwegische und ungarische ['mɔrgit] Kurzform von ▸ Margarete.

Margitta, (auch:) Margitte: Weiterbildung von ▸ Margit.

Margot, französ. Aussprache: [mar'go]: aus dem Französischen, Koseform von Marguerite (▸ Margarete).

Margret: Kurzform von ▸ Margarete.

Margrit: Kurzform von ▸ Margarete.

Marguerite [margə'rit]: französische Form von ▸ Margarete.

Mari: Kurzform von ▸ Maria.

Maria: aus der Bibel, griechische und lateinische Form von hebräisch (aramäisch) Mirjām, dessen Herkunft noch nicht sicher geklärt ist (vielleicht zur hebr. Wurzel rym »schenken«, also »Gottesgeschenk«, oder zur Wurzel mry »fruchtbar sein«), seit dem 18. Jh. als zweiter Vorname auch an Jungen vergeben, um sie dem Schutz der Jungfrau Maria anzuvertrauen.

Mariam, (auch:) Maryam: Variante von Mirjam (▸ Maria), auch arabisch.

Marian ['mærɪən]: englische Herkunft, ursprünglich eine mittelalterliche Schreibvariante von ▸ Marion, die im 18. Jh. auch als Doppelform aus ▸ Mary und ▸ Ann aufgefasst wurde.

Mariane, (auch:) Mariana: weibl. Form von ▸ Marian, auch Schreibvariante von ▸ Marianne.

Die schönsten Mädchennamen mit der Bedeutung »Glück, glücklich«

Ananda (»Glück, Freude«)
Batseba (»Tochter der Fülle, des Glücks«)
Beatrix (etwa »die glücklich Machende«)
Gioia (»Freude«)
Fayola (»Glück geht einher mit Ehre«)
Felizitas (»Glück, Glückseligkeit«)
Fortuna (»Schicksal, Glück«)
Monifa (»Ich habe mein Glück«)
Noemi (»Freude«)
Rowena (»Ruhm« + »Freude«)
Sevinç (»Freude«)
Yamina (»rechter Hand, glücklich«)

Mariạnka: polnische Koseform von ▸ Marianne.
Mariạnn: ▸ Marianne, ▸ Marian.
Mariạnne, (auch:) Mariạnna: Doppelform aus ▸ Maria und ▸ Anna.
Maribẹl: spanische Herkunft, Doppelform aus ▸ Mari[a] und ▸ [Isa]bel.
Marie: Nebenform von ▸ Maria, auch französisch.
Mariechen: Koseform von ▸ Maria.
Marieke: niederdeutsch-friesische Koseform von ▸ Maria.
Mariela: ▸ Mariella.
Mariele: oberdeutsche Koseform von ▸ Maria.
Marielena, (auch:) Marielene; Marilena; Marilene: Doppelform aus ▸ Maria und ▸ Lena.
Marielies, (auch:) Marielis; Marieliese: Doppelform aus ▸ Marie und ▸ Lies.
Mariẹll: eindeutschende Form von ▸ Marielle.
Mariẹlla: aus dem Italienischen, Koseform von ▸ Maria. Deutsch auch Mariela.
Mariẹlle: französische Koseform von ▸ Maria.
Marieluise: Doppelform aus ▸ Marie und ▸ Luise.
Marietheres: Doppelform aus ▸ Marie und ▸ Theres[a].
Mariẹtta: aus dem Italienischen, Koseform von ▸ Maria.
Mariẹtte: französische Koseform von ▸ Maria.
Marija, (auch:) Mạrja: russische Form von ▸ Maria.
Marijana: weibl. Form von ▸ Marijan.
Marijke [maˈrɛikə]: niederländische Koseform von ▸ Maria.
Marika: aus dem Ungarischen, Koseform von ▸ Maria.
Marike: ▸ Marieke.
Mạriko: japanische Herkunft mit verschiedenen Deutungsmöglichkeiten, z. B. japan. ma »wahrhaft, echt« + ri »klug« + ko »Kind« oder Mari [Maria] + ko.
Marilena, (auch:) Marilene: ▸ Marielena.
Marilu: Doppelform aus ▸ Mari[a] und ▸ Lu[ise].
Marilyn, (auch:) Marylin [ˈmæ...]: englische Erweiterung von Mary (▸ Maria) mit der Endung »-lyn«.
Marina: weibl. Form von ▸ Marinus, auch italienisch.
Marinẹlla: italienische Koseform von ▸ Marina.
Mạrinka: ungarische Koseform von ▸ Maria.
Mariola: italienische Koseform von ▸ Maria.
Mạrion: aus dem Französischen oder Englischen, Koseform von ▸ Maria.
Mariona: Weiterbildung von ▸ Marion.

Maris: geht zurück auf lat. Stēlla maris (»Meerstern«, einen Beinamen der Jungfrau Maria (vgl. auch ▸ Stella).
Marisa, (auch:) Marise: Doppelform aus ▸ Maria und ▸ Luisa/▸ Luise, ▸ Lisa/▸ Lise, auch spanisch.
Marischka: russische Koseform von ▸ Maria oder ▸ Marina; auch Eindeutschung von ungarisch ▸ Mariska.
Mariska: Koseform von ▸ Maria.
Marisol: spanische Herkunft, Kurzform aus den marianischen Namen María del Sol (span. sol »Sonne«) oder María de la Soledad (span. soledad »Einsamkeit«).
Marissa: Erweiterung von ▸ Maria.
Marit: schwedische und norwegische Kurzform von ▸ Margarete.
Marita: norwegische Variante von ▸ Marit, gelegentlich auch Koseform von ▸ Maria mit der spanischen Endung »-ita«. Eine deutsche Schreibvariante ist Maritta.
Marja: friesische, finnische, slowenische Form von ▸ Maria, auch Schreibvariante von ▸ Marija.
Marjana: ▸ Marijana.
Marjolaine [marʒɔˈlɛn]: zu französ. marjolaine »Majoran«.
Markéta: tschechische Form von ▸ Margarete.
Marla, (auch:) Marle: Kurzform von ▸ Marlene.
Marlene, (auch:) Marlena; Marlen; Marleen: Doppelform aus ▸ Maria und ▸ Lena/▸ Lene.
Marlies, (auch:) Marlis; Marliese: Doppelform aus ▸ Maria und ▸ Lies.
Marlin: die englische Aussprache von ▸ Marlene wiedergebende Schreibweise.
Marlina: ▸ Marline.
Marlind, (auch:) Marlinde: Variante von Merlind oder Neubildung aus ▸ Maria und Dietlind, Sieglinde.
Marline, (auch:) Marlina: Doppelform aus ▸ Maria und ▸ Lina, ▸ Line. Im Englischen ist Marline eine Variante von ▸ Marlene.
Marlis: ▸ Marlies.
Marlitt, (auch:) Marlit: vielleicht Neubildung aus ▸ Maria und ▸ Melitta oder nach dem Künstlernamen der Schriftstellerin Eugenie Marlitt (eigtl. John).
Marlou [marˈluː]: Doppelform aus ▸ Marie und ▸ Louise.
Marlu: Doppelform aus ▸ Marie und ▸ Luise.
Marnie, (auch:) Marny: angloamerikanische Ableitung von Marna, einer schwedischen Form von ▸ Marina.

Mạrsha: phonetische Schreibweise von ▸Marcia, die vor allem von afroamerikanischen Eltern bevorzugt wird.

Mạrtha, (älter auch:) Mạrthe; Mạrte; (überkonfessionelle Form:) Mạrta: aus der Bibel, zu aram. mārtā' »Herrin«. Nach der Bibel war Martha die Schwester des Lazarus und der Maria von Bethanien. Sie ist die Patronin der Hausfrauen.

Martina: weibl. Form von ▸Martin.

Martịne: französische Form von ▸Martina.

Mạrtje: friesische Koseform von ▸Martha, im Niederländischen auch weibliche Form von ▸Martin.

Marụschka: russische Koseform von ▸Maria. Bei Mạruschka handelt es sich um eine Eindeutschung von ungarisch Maruska.

Mary ['mærɪ]: englische Form von ▸Maria.

Maryam: ▸Mariam.

Marylin: ▸Marilyn.

Marylou [mærɪ'lu:]: aus dem Englischen, Doppelform aus ▸Mary und ▸Lou[isa].

Marzẹlla: weibl. Form von ▸Marzell.

Mạsako: zu japan. masa »gerecht« + ko »Kind«.

Mạscha: aus dem Russischen, Koseform von Marija (▸Maria).

Matea: weibl. Form von ▸Mateo.

Mathịlde, (auch:) Mathịlda; Matịlde; Matịlda: alter deutscher Vorname, zu ahd. ma[c]ht »Macht, Kraft« + ahd. hiltja »Kampf«.

Mattea: weibl. Form von ▸Matteo.

Mattia: weibl. Form von ▸Matthias.

Maud, (auch:) Maude [mɔ:d]: englische Form von ▸Mathilde, die auf altfranzös. Mahault zurückgeht.

[1]**Maura** ['mɔ:rə]: aus dem Englischen, irische Herkunft, ursprünglich keltischer Name, den eine heilige Märtyrerin aus dem 5. Jh. trug, wird in Irland heute jedoch als eine Form von Máire (▸Maria) aufgefasst.

[2]**Maura:** weibl. Form von ▸Mauro.

Maureen, (auch:) Moreen [mɔ'ri:n]: englische Form des irischen Namens Máirín, einer Koseform von ▸Maria.

Maurizia: weibl. Form von ▸Maurizio.

Mạxi, (auch:) Mạxie: besonders süddeutsche Kurzform von ▸Maximiliane.

Maxime: weibl. Form von ▸Maxim.

Maximiliane, (auch:) Maximiliana: weibl. Form von ▸ Maximilian.

Maxine: weibl. Form von ▸ Max.

May [meɪ]: englische Kurzform von ▸ Mary und ▸ Margaret, seit den 1920er-Jahren auch nach dem Monatsnamen.

Maya: ▸ ^{1}Maja, ▸ ^{2}Maja, ▸ ^{3}Maja.

Maybrit, (auch:) Maybritt: ▸ Maibrit.

Mayleen, (auch:) [meɪˈliːn]: Neubildung aus ▸ May und Namen wie ▸ Eileen, ▸ Charleen.

Mechthild, (auch:) Mechthilde (latinisierte Form:) Mechtildis, davon abgeleitet Mechtilde: alter deutscher Vorname, umgelautete Nebenform von ▸ Mathilde.

Medea: zu griech. Mḗdeia, zu griech. mḗdomai »nachdenken; geschickt, fähig sein«. In der griechischen Mythologie ist Medea die zauberkundige Tochter des Königs Aietes in Kolchis, die Jason zum Goldenen Vlies verhilft und später aus Rache an ihm die gemeinsamen Kinder umbringt.

Meg: englische Koseform von Margaret (▸ Margarete).

Megan [ˈmɛgən]: aus dem Englischen, walisische Koseform von Margaret (▸ Margarete).

Meggy: englische Koseform von Margaret (▸ Margarete).

Mei [meɪ]: chinesische Herkunft, Bedeutung »Pflaume«.

Meike: niederdeutsch-friesische Koseform von Namen, die mit »Mein-« gebildet sind (z. B. ▸ Meinhild).

Meina: Kurzform von Namen, die mit »Mein-« gebildet sind (z. B. ▸ Meinhild).

Meinhild: alter deutscher Vorname, zu ahd. magan, megin »Kraft, Stärke, Macht« + ahd. hiltja »Kampf«.

Mel: englische Kurzform von ▸ Melanie.

Die schönsten Mädchennamen mit religiöser Bedeutung

Batya (»Tochter Gottes«)
Dalia (»Gott hat Großes getan«)
Dorothea (»Gottesgeschenk«)
Elisabeth (»Gott ist Fülle, Vollkommenheit«)
Jessica (»Er [Gott] schaut hervor«)
Jiska (»Jahwe sieht«)
Johanna (»Gott ist gnädig«)
Maria (wahrsch. »Gottesgeschenk«)
Salvia (»erlöst in Gott«)

Mela: Kurzform von Namen, die mit »Mela-« beginnen oder auf »-mela« enden (z. B. ▸ Melanie oder ▸ Pamela).

Melani: verkürzte Form von ▸ Melanie.

Melania: latinisierte Form von ▸ Melanie.

Melanie, (auch:) Melanie: geht zurück auf einen spätrömischen Personennamen griechischer Herkunft (griech. Melanía zu griech. mélas »schwarz«).

Melany ['mɛlənɪ]: englische Form von ▸ Melanie.

Melba: geht zurück auf den Künstlernamen (Nellie Melba) der australischen Sopranistin Helen Porter Armstrong, geprägt in Anlehnung an die Stadt Melbourne, in deren Nähe die Sängerin geboren wurde. Ihr zu Ehren nannte der Londoner Spitzenkoch Auguste Escoffier das von ihm kreierte Dessert »Pfirsich Melba«.

Melena: Variante von Melene, einer niederländischen Kurzform von ▸ Magdalena.

Melia: verkürzte Form von ▸ Amelia, gelegentlich auch von ▸ Melania.

Melina, (auch:) Meline: altfranzösische Kurzform von Ameline, einer Koseform von germanischen Namen, die mit dem Stamm »Amal-« gebildet wurden (Amalia).

Melinda: Kurzform von ▸ Ermelind(a) oder englische Bildung aus ▸ Melanie oder ▸ Melissa mit der Endung »-inda« nach dem Muster von ▸ Lucinda.

Meline: ▸ Melina.

Melisande: Nebenform von Melisenda, einem Namen westfränkischer Herkunft, der besonders in den »fränkischen« Kreuzfahrerstaaten beliebt wurde (wohl zu german. *mel »lieb, mild« + german. *swinþa »stark, ungestüm« oder german. *sinþa, got. sinþs »Weg, Gang, Kriegszug«).

Melissa: ▸ Melitta.

Melita: italienische Form von ▸ Melitta.

Melitta, (auch:) Melissa: zu griech. mélitta, -issa »Biene«.

Mélodie: zu französ. mélodie »Melodie«.

Melody: zu engl. melody »Melodie«.

Melvina: ▸ Malwine.

Mena: ▸ Meina.

Meral: zu türk. meral »Damhirschkuh«.

Mercedes: aus dem Spanischen, bezieht sich auf das Fest Maria de mercede redemptionis captivorum »Maria von der Gnade der Gefangenenerlösung«.

Meret: Kurzform von ▸ Margarete.

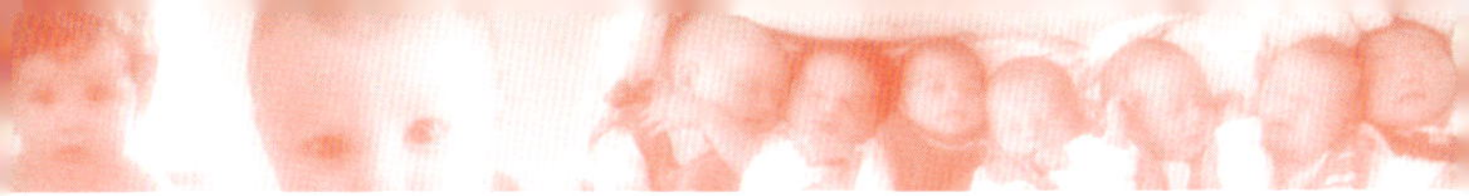

Mẹrit: schwedische Form von ▸ Margarete.

Mẹrle: aus dem Englischen, zu französ. merle, lat. merula »Amsel«.

Mẹrlin, (auch:) Mẹrlyn: aus dem Englischen, angeregt durch engl. merlin »Zwergfalke« sowie durch die beliebten weiblichen Endungen »-lin/-lyn«.

Mẹrry: ursprünglich Koseform des englischen Vornamens Mercy (»Barmherzigkeit«), heute in Verbindung gebracht mit dem Adjektiv merry »lustig, fröhlich«.

Mẹrula: zu lat. merula »Amsel«.

Merve [mə:v]: aus dem Englischen, weibl. Form zu ▸ Mervyn.

Mẹryem: türkische Form von ▸ Maria.

Mẹta: Kurzform von ▸ Margareta.

Mẹtta: niederdeutsche und schwedische Kurzform von ▸ Mechthild.

Mẹtte: niederdeutsche, dänische und norwegische Kurzform von ▸ Mechthild.

Mia: Kurzform von ▸ Maria, auch englisch.

Micaẹla: spanische Form von ▸ Michaela.

Mịcha: Kurzform von ▸ Michaela.

Michaela, (auch:) Michaele: weibl. Form von ▸ Michael.

Mịchal: aus der Bibel, hebräischer Ursprung, wohl weibl. Kurzform von ▸ Michael. So heißt im Alten Testament eine Tochter Sauls, die König David heiratete.

Michalina, (auch:) Michaline: Weiterbildung von ▸ Michaela.

Michela [mi'kɛla]: weibl. Form von ▸ Michele.

Michèle, (auch:) Michelle [mi'ʃɛl]: französische Form von ▸ Michaela.

Micheline [miʃ'lin]: aus dem Französischen, Weiterbildung von Michèle (▸ Michaela).

Michelle: Schreibvariante von ▸ Michèle.

Michiko ['mitʃko]: zu japan. mi »schön« + chi »vernünftig, verständig« + ko »Kind«.

Mịdori: japanische Herkunft, Bedeutung »grün«, Symbol für Hoffnung, Jungsein, Frische oder »Schönheit«, auch »Aufstieg«, »Heimat«.

Mieke: niederdeutsche Koseform von ▸ Maria.

Mika: Kurzform von ▸ Mikaela.

Mikaela: schwedische Form von ▸ Michaela.

Mila: tschechische Kurzform (Míla) mehrerer weiblicher Vornamen, z. B. Ludmila (▸ Ludmilla), ▸ Milena, Emílie (▸ Emilie).

Mịlada: tschechische Herkunft, Neubildung zu tschech. milá »Geliebte«.
Mila̲na: weibl. Form von ▸ Milan.
Mịlda: verselbstständigte Kurzform von Namen, die mit ahd. milti »Sanftmut, Milde« gebildet wurden, oder italienische Kurzform von ▸ Romilda.
Mịldred: aus dem Englischen, geht zurück auf altengl. Mildþryð (altengl. mild »mild, sanft« + altengl. þrȳð »Stärke, Macht«).
Mịlena, (deutsch auch:) Mile̲na: aus dem Tschechischen, zu urslaw. *milь »lieb, teuer« + Endung -ena.
Mịlenka: tschechische Koseform von ▸ Milena.
[1]Mịlka: aus der Bibel, hebräischer Ursprung, zur hebräischen Wurzel mlk »König«, »Königin«.
[2]Mịlka: tschechische Koseform von ▸ Mila, ▸ Milena, polnische und tschechische Koseform von ▸ Emilie.
Mịlla: Kurzform von ▸ Camilla, ▸ Ludmilla.
Mịlli: Koseform von ▸ Emilie, ▸ Ludmilla.
Mịlva: italienische Doppelform aus ▸ Maria und ▸ Ilva.
Mi̲mi: Koseform – eigentlich Lallform aus der Kindersprache – von ▸ Maria.
Mi̲na, (auch:) Mi̲ne; Mi̲e̲na: Kurzform von Namen, die auf »-mina« oder »-mine« ausgehen, besonders von ▸ Wilhelmine/-a und ▸ Hermine/-a.
Minẹrva: geht zurück auf die römische Göttin der Weisheit, des Handwerks und der schönen Künste.
Minẹtte: französierende Koseform von Mine (▸ Mina).
Mịnja: Koseform verschiedener russischer Vornamen.
Mịnka: polnische oder tschechische (Mínka) Koseform von ▸ Wilhelmine.
Mịnna, (auch:) Mịnne: Kurzform von ▸ Wilhelmine.
Mịnni: Koseform von ▸ Wilhelmine.
Mịnnie: englische Koseform von Wilhelmina (▸ Wilhelmine).
Minou [miˈnu:]: Koseform von ▸ Mina.
Mịo: zu japan. mio »schöner Kirschbaum«.
Mịra: Kurzform von Miroslawa/Miroslava oder von ▸ Miranda.
Mirạnda: aus dem Englischen, wohl von Shakespeare für die Heldin seines Schauspiels »Der Sturm« (zu lat. mīrandus, -a, -um »wunderbar, bewundernswert«) gebildet.
Mire̲ia: katalanische Form von ▸ Mireille.

Mireille [mi'rɛj]: französische Form von provenzal. Mirèio, von F. Mistral für die Titelheldin seiner Verserzählung »Mirèio« (wohl in Anlehnung an provenzal. mirar »bewundern«) gebildet.

Mirjam, (auch:) Miriam; Mirijam; Myriam: aus der Bibel, hebräischer (aramäischer) Ursprung. Die griechische und lateinische Form von Mirjam ist ▸ Maria.

Mirjana: weibl. Form zu ▸ Mirjan.

Mirka: Koseform von Miroslawa/Miroslava.

Mirta: spanische und italienische Form von ▸ Myrta.

Mitsuko ['mitsko]: zu japan. mitsu »Licht, Schein« + japan. ko »Kind«.

Miyuki: japanische Herkunft, Bedeutung »tiefer Schnee«.

Mo [mɔ]: englische Herkunft, Kurzform von ▸ Maureen.

Moana: hawaiische Herkunft, Bedeutung »Ozean«.

Moira: aus dem Englischen, gibt die Aussprache von Máire, der irischen Form von Mary (▸ Maria), wieder.

Molly: aus dem Englischen, Koseform – eigentlich Lallform aus der Kindersprache – von Mary (▸ Maria).

[1]**Mona:** irische Herkunft, zu gäl. muadh »edel«. Der Name des berühmten Gemäldes von Leonardo da Vinci hat

Die schönsten Mädchennamen mit verschiedenen positiven Bedeutungen

Akila (»intelligent«)
Ardita (»kühn, wagemutig«)
Aurora (»[Göttin der] Morgenröte«)
Clara (»hell, leuchtend, klar, berühmt«)
Désirée (»die Erwünschte, Ersehnte«)
Fadila (»moralische Vortrefflichkeit, Tugend«)
Gloria (»Ruhm«)
Halima (»die Milde, Geduldige«)
Irene (»Frieden«)
Laura (»Lorbeerbaum« = Symbol des Siegs)
Lois (»angenehm, wohlgefällig«)
Maéva (»willkommen«)
Malaika (»Engel« [in der Mehrzahl])
Nike (= Göttin des Sieges)
Themba (»Hoffnung«)
Tikva (»Hoffnung«)
Valentia (»kräftig, stark, mächtig«)
Viktoria (»Sieg«)

nichts mit dem Vornamen Mona zu tun. Mona Lisa, eigentlich Madonna Lisa, bedeutet »Frau Lisa«.

^{2}**Mona:** Kurzform von ▸ Monika und ▸ Ramona.

Moni: Kurzform von ▸ Monika.

Monia: ▸ Monja.

Monifa: aus Nigeria, bedeutet in der Yoruba-Sprache »ich habe mein Glück«.

Monika, (auch:) Monica: wohl punische Herkunft, Bedeutung unklar.

Monique: französische Form von ▸ Monika.

Monja: russische Koseform von Marija (▸ Maria) und anderen Namen.

Moreen: Schreibvariante von ▸ Maureen.

Morena: weibl. Form von ▸ Moreno.

Morgaine [...ˈgɛn]: ältere Form von ▸ Morgane.

Morgan [ˈmɔːgən]: Variante von ▸ Morgana.

Morgana: nach einer Gestalt aus den Artussagen, Herkunft aber noch ungeklärt. Nach einer Sagenversion nimmt Morgana, die mit ihren Schwestern auf einer magischen Insel lebt, König Artus auf und heilt seine Wunden. Nach einer anderen Fassung ist die Fee Morgana die Halbschwester von König Artus.

Morgane: französische Form von ▸ Morgana.

Morna: aus dem Englischen, Nebenform von ▸ Myrna.

Muna: zu arab. muna »Hoffnung, Wunsch«.

Munira: weibl. Form von ▸ Munir.

Muriel: aus dem Englischen, keltischer (bretonischer/irischer) Ursprung (vgl. den irischen Namen Muirgheal, zusammengesetzt aus muir »die See« und geal »glänzend«).

Mylène [miˈlɛn], (eingedeutscht:) Mylene: aus dem Französischen, entstanden durch Zusammenziehung von Marie-Hélène (▸ Maria, ▸ Helene).

Myra [ˈmaɪərə]: geprägt vom englischen Dichter Fulke Greville, möglicherweise gebildet als Anagramm von ▸ Mary, als vereinfachte Form von ▸ Myrrha oder zu lat. mīrāri »bewundern«.

Myriam: ▸ Mirjam.

Myrna [ˈməːnə]: englische Form eines irischen Namens, zu gäl. muirne »freundlich, geliebt«.

Myrrha, (auch:) Myrra: zu griech. mýrra »Myrrhe«, ein wohlriechendes Harz. In Ovids »Metamorphosen« liebt

Myrrha ihren eigenen Vater. Sie wird von den Göttern in einen Myrrhenbaum verwandelt, aus dessen Stamm Adonis geboren wird.

Mỵrta, (auch:) Mỵrtha; Mỵrte; Mỵrthe: identisch mit dem Pflanzennamen, zu griech. mýrtos »Myrte«.

N

Nabila: weibl. Form von ▸ Nabil.

Nạda: russische Kurzform von ▸ Nadjeschda.

Nadège [naˈdɛʒ]: französische Form von ▸ Nadjeschda.

Nạdia: ▸ [1]Nadja, ▸ [2]Nadja.

Nadine, (auch:) Nadina: französische Weiterbildung von ▸ [1]Nadja.

Nạdira: weibl. Form von ▸ Nadir.

[1]Nạdja, (auch:) Nạdia; Nạdya: aus dem Russischen, Kurzform von ▸ Nadjeschda.

[2]Nạdja, (auch:) Nạdia; Nạdya: zu arab. nadan »Morgentau« oder »Großzügigkeit«.

Nadjana: Weiterbildung von ▸ [1]Nadja.

Nadjẹschda: zu russ. nadežda »Hoffnung«.

Nạdya: ▸ [1]Nadja, ▸ [2]Nadja.

Naila: weibl. Form von ▸ Nail.

Naima: weibl. Form von ▸ Naim.

Naira: südamerikanische Herkunft, bedeutet auf Quechua »große Augen«.

Naja: aus Grönland, Bedeutung »kleine Schwester«.

Nanạ: französische Koseform von ▸ Anna.

Nancy [ˈnænsɪ]: aus dem Englischen, Koseform (Lallform) von Anne (▸ Anna).

[1]Nạnda: weibl. Form von ▸ Nando.

[2]Nạnda: zu sanskrit. nanda »Freude«.

Nane: aus der Kindersprache stammende Lallform verschiedener Vornamen (z. B. ▸ Christiane).

Nạnna, (auch:) Nạnne: aus der Kindersprache stammende Lallform von ▸ Anna und anderen Vornamen.

Nannẹtte, (auch:) Nanẹtte; Nanẹtt: französische Koseform von Anne (▸ Anna).

Nạnni: Koseform von ▸ Nanna.

Nannina: Erweiterung von ▸ Nanna, auch italienische Koseform von ▸ Giovanna.

Nanny: Variante von ▸ Nanni oder englische Koseform [ˈnænɪ] von ▸ Ann.
Nanon [...ˈnõ]: französische Koseform von ▸ Anna.
[1]**Naomi:** englische Form von ▸ Noemi.
[2]**Naomi:** zu japan. nao »Ehrlichkeit« + japan. mi »Schönheit«.
Narcissa: weibl. Form von ▸ Narciss.
Nastasja, (auch:) Nastasia; Nastassja: aus dem Russischen, Kurzform von ▸ Anastasia.
Nastja: Kurzform von ▸ Nastasja.
Natali: verkürzte Form von ▸ Natalie.
Natalie, (auch:) Natalia; Nathalie: Bedeutung »die am Geburtstag Christi (Weihnachten) Geborene«, zu lat. [diēs] nātālis »[Tag der] Geburt«, womit zunächst das heidnische Fest natalis Solis invicti gemeint war, der Geburtstag des unbesiegten Sonnengottes; frühestens seit dem 4. Jh. wurde der Name auch auf das Fest von Christi Geburt bezogen.
Natalina: italienische Koseform von ▸ Natalie.
Natalja: russische Form von ▸ Natalie.
Natanja: russische Koseform von ▸ Natalja.
Natascha: aus dem Russischen, Koseform von Natalja (▸ Natalie).
Nathalie: ▸ Natalie.
Nausikaa, (auch:) Nausika: aus der griechischen Sage. In der »Odyssee« findet Nausikaa, die Tochter von Alkinoos, den schiffbrüchigen Odysseus am Strand auf, versorgt ihn mit Kleidung und weist ihm den Weg zum Palast ihres Vaters.
Navina: indischer Ursprung, »die Neue«.
Nele, (auch:) Neele; Nela: niederdeutsch-friesische Kurzform von ▸ Cornelia.
Nelia: Kurzform von ▸ Cornelia.
Nella: Kurzform von ▸ Cornelia, ▸ Petronella und italienischen Namen auf »-nella« (z. B. ▸ Antonella, ▸ Ornella).
Nelli: Kurzform von ▸ Cornelia, ▸ Petronella.
Nelly: Schreibvariante von ▸ Nelli oder englische Lallform aus der Kindersprache von Helen (▸ Helene) oder Elinor (▸ Eleonore).
Nena: Lallform aus der Kindersprache zu verschiedenen Vornamen, z. B. im Italienischen von Maddalena (▸ Magdalena). Im Spanischen tritt Nena (span. nena »kleines Mädchen«) nicht als Vorname auf, sondern nur als

kosende Anredeform im engsten Familienkreis (etwa wie dt. Püppi).

Nerina: zu lat. Nērīnē < griech. Nēréinē »Nereide«, gelegentlich auch weibl. Form von italien. Neri, Kurzform von Raineri (▸ Rainer).

Neta: Kurzform von ▸ Agneta.

Netti, (auch:) Netty: Koseform von Namen, die auf »-nette« enden (z. B. ▸ Annette).

Nica: Kurzform von ▸ Nicola, ▸ Domenica, ▸ Dominica.

Nicki, (auch:) Niki: Koseform von ▸ Nikola und ▸ Nicole.

Nicky: Schreibvariante von ▸ Nicki, auch englisch.

Nicla: italienische Kurzform von ▸ Nicola.

Nicola, (auch:) Nicola: aus dem Italienischen, identisch mit dem männl. Vornamen ▸ Nicola.

Nicole: aus dem Französischen, weibl. Form von Nicolas (▸ Nikolaus).

Nicoletta: italienische Koseform von ▸ Nicola.

Nicolette: französische Koseform von ▸ Nicole.

Nicolina: italienische Koseform von ▸ Nicola.

Nicoline: französische Koseform von ▸ Nicole.

Nika: Kurzform von ▸ Nikola oder ▸ Veronika.

Nike: geht zurück auf griech. Nike, die Göttin des Sieges, zu griech. níkē »Sieg«.

Niki: ▸ Nicki.

Nikita: identisch mit dem männl. Vornamen ▸ Nikita. Die Verwendung als weiblicher Vorname seit den 1990er-Jahren geht auf die eiskalte Killerin und Titelheldin eines französisch-italienischen Films (1990) zurück; sie erhielt ihren Namen nach einem Lied von Elton John.

Nikola: weibl. Bildung zu ▸ Nikolaus.

Nikoletta: ▸ Nicoletta.

Die schönsten Formen von *Elisabeth*

Bess, Bessy, Beth (englisch)
Betta (italienisch)
Bettina (italienisch)
Betty, Betsy (englisch)
Elisa (deutsch)
Elissa (englisch)
Eliza (englisch)
Ella (deutsch, englisch)
Else, Elsa (deutsch, italienisch)
Isabel, Isabella, Isabelle (spanisch, italienisch, französisch)
Libby (englisch)
Lilly (deutsch)
Lisa (deutsch)
Liz (englisch)

Nikolẹtte: ▸ Nicolette.
Nikolina: ▸ Nicolina.
Nikoline: ▸ Nicoline.
Nilufar: zu pers. nīlufar »Lotusblume«.
Nina: vor allem russische Herkunft, bezieht sich möglicherweise auf die heilige Nina (auch: Nino), die als die Missionarin Georgiens auch unter dem Namen Christiana (wohl nur ihr Beiname: »die Christin«) verehrt wird. Ihr Name ist die weibl. Form des griechisch-assyrischen Namens Nínos. So hieß der sagenhafte Gründer der Stadt Ninive. Heute ist Nina eher Koseform; im Russischen vor allem zu ▸ Anna oder ▸ Antonina, im Italienischen zu ▸ Giovannina oder anderen Namen auf »-nina«.
Ninẹtte: französische Koseform von ▸ Nina.
Ninon [niˈnõ]: französische Koseform von ▸ Nina.
Nirmạla: zu sanskrit. niḥ »ohne« + sanskrit. malā »Flecken«: »unbefleckt, rein«.
Nita: Kurzform von Namen, die auf »-nita« ausgehen (z. B. ▸ Anita, ▸ Benita).
Noa: aus der Bibel, zu hebr. no'ā »Bewegung«. Im Alten Testament ist Noa eine Tochter Zelofhads.
Noelia: latinisierte Form von ▸ Noelle.
Noelle [noˈɛl]: weibl. Form von ▸ Noel.
Noemi, (überkonfessionelle Form:) Noomi: zu hebr. no'am »Freude«. Nach der Bibel war Noemi die Schwiegermutter der Ruth. Nach dem Tod ihres Mannes änderte sie ihren Namen in ▸ [2]Mara (hebr. »bitter«) um.
Nona: zu lat. nōna »die Neunte« oder zu Nōna, der Göttin, die die Geburt beschützte.
Nora: Kurzform von Eleonora (▸ Eleonore).
Noreen [nɔːˈriːn]: englische Form von Nóirín, einer irischen Koseform von ▸ Nora.
Nọri: zu japan. nori »Gesetz«.
Nọriko: zu japan. nori »Gesetz« + japan. ko »Kind«.
Norina: italienische Koseform von ▸ Nora.
Norita: spanische Koseform von ▸ Nora.
Nọrma: geht zurück auf Norma, die Hauptgestalt in Bellinis gleichnamiger Oper. Der Name wurde von dem Autor des Librettos, F. Romani, geprägt.
Nova: aus dem Englischen, zu lat. novus, -a, -um »neu«.
Nuala [njuˈæləl]: Koseform des irischen Namens Fionn(g)uala (▸ Fenella).

Nurgül: türkische Herkunft, zu arab./türk. nur »Licht« + pers./türk. gül »Rose«: »Lichtrose«.

Nuria: aus dem Spanischen, geht zurück auf ein Marienheiligtum in Katalonien, wo ein Muttergottesbild (katalan. »la Mare de Déu de Núria« = die Gottesmutter von Nuria) verehrt wird.

Nurit: zu neuhebr. nurit »Ranunkel, Hahnenfuß«.

O

Oceana, (auch:) Oceane; Ozeana: weibl. Bildung zu lat. Ōceanus, griech. Ōkeanós. Nach der griechischen Sage ist Ōkeanós der Gott des die Erdscheibe umströmenden Weltmeers.

Octavia, (auch:) Oktavia: weibl. Form von ▸ Octavius.

Oda: alter deutscher Vorname, verselbstständigte Kurzform von Zusammensetzungen mit »Ot-«, zu ahd. ōt »Besitz, Reichtum« als erstem Bestandteil. Bekannter als die ursprünglich altsächsische Namensform Oda ist die hochdeutsche Form ▸ Ute (ahd. Uota, Uoda).

Odessa: identisch mit dem Namen der ukrainischen Hafenstadt am Schwarzen Meer.

Odette: aus dem Französischen übernommene Koseform von ▸ Oda.

Odile: französische Form von ▸ Odilia.

Odilia, (auch:) Odilie: alter deutscher Vorname, latinisierte Form von ahd. Odila, Otila, einer Koseform von ▸ Oda.

Odina, (auch:) Odine: Weiterbildung von ▸ Oda oder weibl. Form von ▸ Odin.

Oktavia: ▸ Octavia.

Olesja: russische Koseform von ▸ Olga.

Olga: aus dem Russischen, geht zurück auf den nordischen Namen ▸ Helga. Der nordische Name gelangte mit den Warägern (Normannen) nach Russland.

Olimpia: ▸ Olympia.

Olina, (auch:) Oline: weibl. Bildung zu ▸ [1]Ole, ▸ [2]Ole oder Kurzform von Namen, die auf »-olina« bzw. »-oline« enden (z. B. von ▸ Carolina/Caroline).

Olivia, (auch:) Oliva: zu lat. olīva »Ölbaum; Ölzweig, Olive«.

Olli, (auch:) Olly: Koseform verschiedener Vornamen (z. B. ▸ Olga, ▸ Olivia und ▸ Ottilie).

Olympia, (auch:) Olimpia: griechischer Ursprung, geht zurück auf den Ortsnamen Olympía, die Stätte der Olympischen Spiele.

Onna: weibl. Form von ▸ Onno.

Oona ['u:nə]: Variante des irischen Vornamens Úna (▸ Una).

Ophelia: wurde wahrscheinlich geprägt von I. Sannazzaro für eine Gestalt seines Schäferromans »Arcadia« zu griech. ōphelía »Hilfe«.

Oriana, (auch:) Oriane: geht zurück auf die gleichnamige Gestalt in dem spätmittelalterlichen spanischen Ritterroman »Amadís de Gaula«, Herkunft umstritten (vielleicht zu lat. aurum »Gold« oder zu lat. orīrī »sich erheben; aufgehen«).

Orla: englische Form des irischen Namens Ór(fh)lait, der die gälischen Namenbestandteile ór »Gold« + flaith »Herrscherin, Prinzessin« enthält.

Ornella: von G. D'Annunzio für eine Gestalt seiner Tragödie »La figlia di Iorio« in Anlehnung an italien. ornello »Esche« geprägt.

Ottilie, (auch:) Ottilia: Nebenform von ▸ Odilia/Odilie.

Oxana: russische und ukrainische Form von Xenia, vgl. ▸ Axinja.

Ozeana: ▸ Oceana.

P

Padma: zu sanskrit. padma »Lotus«, Beiname der Göttin Lakschmi.

Paloma: zu span. paloma »Taube«, nach einem Beinamen der Gottesmutter (»Virgen de la Paloma«: »die [heilige] Jungfrau von der Taube«).

Pam [pæm]: englische Kurzform von ▸ Pamela.

Pamela: aus dem Englischen, wohl eine Neuprägung von Philip Sidney für eine Gestalt seines Romans »Arcadia«, erster Namenbestandteil zu griech. pān »all, ganz«, zweiter möglicherweise u. a. zu griech. mélas »schwarz« oder zu griech. méli »Honig«, vom englischen Dichter Samuel Richardson für die Heldin seines Romans »Pamela« übernommen.

Pamina: Herkunft und Bedeutung unklar, bekannt durch die Pamina in Mozarts Oper »Die Zauberflöte«.

Panya: aus Kenia und Tansania, bedeutet auf Suaheli »kleine Maus«.
Paola: italienische Form von ▸ Paula.
Parda: aus dem Italienischen, geht zurück auf die weibl. Form des römischen Beinamens Pardus (lat. pardus »der männliche Panther«).
Parvati: zu sanskrit. pārvatī »[Tochter] des Gebirges«, Beiname der Gemahlin des Gottes Schiwa.
Pascale: weibl. Form von ▸ Pascal.
Pascaline: Erweiterung von ▸ Pascale.
Pat [pæt]: englische Kurzform von ▸ Patricia.
Patrice [ˈpætrɪs]: Nebenform von ▸ Patricia.
Patricia: aus dem Englischen, weibl. Form von ▸ Patricius.
Patrizia: weibl. Form von ▸ Patrizio oder Eindeutschung von ▸ Patricia.
Patsy [ˈpætsɪ]: englische Koseform von ▸ Patricia.
Patty [ˈpætɪ]: englische Koseform von ▸ Patricia.
Paula: weibl. Form von ▸ Paul.
Paulette [poˈlɛt]: französische Koseform von ▸ Paula.
Pauline, (auch:) Paulina: Weiterbildung von ▸ Paula.
Pearl [pəːl]: zu engl. pearl »Perle«.
Peggy: englische Koseform – eigentlich Lallform aus der Kindersprache – von Margaret (▸ Margarete).
Pelin: zu türk. pelin »Wermutpflanze, Beifuß«.
Penelope: griechischer Ursprung. In der »Odyssee« ist Penelope die Gemahlin des Odysseus, die ihm während seiner 20-jährigen Abwesenheit die Treue hält. Zwar sieht schon der Dichter der »Odyssee« einen Zusammenhang zwischen dem Namen Penelope und griech. pēnélops »Entenart mit buntem Hals«, doch ist der Name wohl älter und unbekannter Herkunft.
Penny: englische Koseform von ▸ Penelope.

Die schönsten Formen von *Johanna*

Gianna (italienisch)
Giovanna (italienisch)
Hanna, Hanne, Hanni (deutsch)
Iwana, Iwanka (russisch)
Jana (polnisch, tschechisch)
Jane, Janet (englisch)
Janna, Janne, Janni (deutsch)
Jean (englisch)
Jeanne, Jeannette (französisch)
Jenny (englisch)
Joan (englisch)
Juana, Juanita (spanisch)

Pepita: spanische Koseform von ▸ Josefa.

Perla: zu italien./span. perla »Perle«.

Pernilla: schwedische Form von ▸ Petronella.

Petra: weibl. Form von ▸ Peter.

Petrina: Weiterbildung von ▸ Petra.

Petronella, (auch:) Petronilla: zu lat. Petronilla, einer Weiterbildung von dem Namen Petronia, der seinerseits auf den alten römischen Geschlechternamen Petronius (von unbekannter, wahrscheinlich etruskischer Herkunft) zurückgeht.

Phebe: niederländische Form von ▸ Phöbe, auch englisch.

Philine, (auch:) Philina: zu griech. phílos »lieb, geliebt, teuer«.

Philippa: weibl. Form von ▸ Philipp.

Philippine, (auch:) Philippina: weibl. Form von ▸ Philipp mit der Endung »-ine«.

Philomela, (auch:) Philomele: zu griech. phílos »Freund« und wahrscheinlich mēlon »Schaf; Herde« oder mēlon »Apfel«, schon früh umgedeutet in mélos »Lied, Melodie«. Philomela wurde nach der griechischen Sage in eine Nachtigall verwandelt.

Philomena, (auch:) Philomene; Filomena: zu griech. Philouménē; »eine, die geliebt wird«.

Phöbe, (auch:) Phoebe: zu griech. phoĩbos »glänzend, leuchtend, rein«. In der griechischen Sage ist Phöbe Beiname der Mondgöttin Artemis.

Phyllis: griechischer Ursprung, wohl zu griech. phýllon »[grünes] Blatt«. In der griechischen Mythologie tötet sich Phyllis, die Tochter des thrakischen Königs Sithon, selbst, weil ihr Geliebter Demophon zu lange fernblieb, und wird in einen Mandelbaum verwandelt.

Pia: weibl. Form von ▸ Pius.

Piera: weibl. Form von ▸ Piero.

Pilar: zu span. pilar »Pfeiler«, geht zurück auf die »Virgen del Pilar« (»die [heilige] Jungfrau von dem Pfeiler«).

Pili: spanische Herkunft, Koseform von ▸ Pilar.

Pina: italienische Kurzform von Namen, die auf »-pina« ausgehen, z. B. von ▸ Giuseppina.

Pippa: italienische Koseform – eigentlich Lallform aus der Kindersprache – von ▸ Philippa und Giuseppa (▸ Josefa).

Pirko: ungarische Koseform (Pirkó) von ▸ Piroska.

Piroschka: eindeutschende Schreibung des ungarischen Vornamens ▸ Piroska.

Piroska [ˈpiroʃkɔ]: ungarische Form von ▸ Prisca.
Pọla: polnische Kurzform von ▸ Appolonia.
Pọlly: in der Kindersprache über ▸ Molly entstandene Koseform von Mary (▸ Maria).
Prịsca, (auch:) Prịska: lateinischer Ursprung, geht zurück auf einen römischen Beinamen (zu lat. prīscus, -a, -um »alt«).
Priscịlla: lateinischer Ursprung, Verkleinerungsform von ▸ Prisca. Den Namen Priscilla (Prisca) trug eine Schülerin des Apostels Paulus.
Prịska: ▸ Prisca.

Q

Queenie [ˈkwi:...]: zu engl. queen »Königin«.
Quiri̲na: weibl. Form von Quirinus (▸ Quirin).

R

Rabe̲a: Variante von ▸ Rabia.
Ra̲bia: zu arab. Rābiʻa »die Vierte« für die vierte Tochter oder weibl. Form zu arab. Rabʻī »zum Frühling gehörend«.
Rạchel, (überkonfessionelle Form:) Rạhel, engl. Aussprache: [reɪtʃəl]: zu hebr. rāḥel »Mutterschaf«. Nach der Bibel war Rachel, eine Tochter Labans, die zweite Frau Jakobs. Sie schenkte ihm zwei Söhne, Josef und Benjamin.
Rachele, (auch:) Rachela [raˈkɛle], [raˈkɛla]: italienische Form von ▸ Rachel.
Rachelle: aus den USA, Variante von ▸ Rachel.
Ra̲dha: zu sanskrit. rādhā »Erfolg«; Name der Lieblingsgemahlin Krischnas.
Rae, (auch:) Raye [reɪ]: englische Kurzform von ▸ Rachel, zum Teil auch als weibl. Form von ▸ Ray aufgefasst.
Rafae̲la: ▸ Raphaela.
Raffae̲la: italienische Variante von ▸ Raffaella.
Raffaẹlla: italienische Form von ▸ Raphaela.
Rạhel: ▸ Rachel.
Rahimẹ: türkische Herkunft, weibliche Form von ▸ Rahim.
Ra̲ika: Eindeutschung von ▸ Rajka oder Schreibvariante von ▸ Reika.

Raina: ▸ Reina.

Raissa, (auch:) Raisa: aus dem Russischen, vermutlich eine Ableitung von griech. rádios »leicht, mühelos«.

Raja: russische Kurzform von Rachil (▸ Rachel).

Rajka: ungarische und russische Koseform von ▸ Rachel, ungarische, slowenische und tschechische Koseform von Rajmunda (Raimonda), tschechische und russische Koseform von ▸ Raissa.

Ramani: weibl. Form von Raman.

Ramona: aus dem Spanischen, weibl. Form von Ramón (▸ Raimund).

Randi: nordische Herkunft, Kurzform des altnordischen Namens Ragnfriðr, der erste Namenbestandteil gehört zu german. *ragina »Rat, Beschluss [der Götter], Schicksal«, der zweite enthält altnord. friðr »schön«.

Raphaela, (auch:) Rafaela: weibl. Form von ▸ Raphael.

Raquel [ra'kɛl]: spanische Form von ▸ Rachel.

Raschida: weibl. Form von ▸ Raschid.

Rea, (auch:) Rhea: geht zurück auf eine Gestalt der römischen Mythologie, Bedeutung unklar. Nach der römischen Sage war Rhea Silvia die Mutter von Romulus und Remus und somit Stammmutter der Römer.

Rebecca [rɪ'bɛkə]: englische Form von ▸ Rebekka.

Rebekka, (auch:) Rebecka: zu hebr. ribqā, vielleicht zu hebr. baqar »Rind«. Nach der Bibel war Rebekka die Frau Isaaks und die Mutter von Jakob und Esau.

Reena: ▸ Rena.

Regina, (auch:) Regine: zu lat. rēgīna »Königin«, kann auf die Himmelskönigin Maria bezogen sein oder aber den Wunsch der Eltern (das Mädchen möge schön, reich, glücklich wie eine Königin sein) ausdrücken.

Regula: lateinischer Ursprung, geht zurück auf den römischen Beinamen Regulus (lat. rēgulus »kleiner König, Häuptling, Fürst, Prinz«).

Reika, (auch:) Reike: verselbstständigte Kurzform von Namen, die mit altsächs. rīki »mächtig, gewaltig, reich« gebildet sind, auch Eindeutschung von ▸ Rajka.

Reina, (auch:) Raina: verselbstständigte Kurzform von Namen, die mit »Rein-« gebildet sind.

Reintje: friesische Koseform von Namen, die mit »Rein-« gebildet sind.

Rena, (auch:) Reena: Kurzform von ▸ Renate und ▸ Verena,

auch friesische Kurzform von Namen, die mit »Rein-« beginnen (z. B. Reintraud).

Renate, (auch:) Renata: weibl. Form von ▸ Renatus.

Renée: französische Form von ▸ Renate.

Renette: Neubildung, Erweiterung von ▸ Rena mit der französischen Endung »-ette«.

Reni: Koseform von ▸ Renate, ▸ Verena und ▸ Irene.

Renia: Weiterbildung von ▸ Reni.

Renkea: weibl. Bildung zu ▸ Renke.

Resi: Koseform von ▸ Therese.

[1]**Reta:** Kurzform von ▸ Margarete.

[2]**Reta:** aus der Schweiz, eigentlich »die Rätoromanin«.

Rhea: ▸ Rea.

Rhoda: aus dem Englischen, zu griech. rhódon »Rose«. In der »Apostelgeschichte« begegnet Rhode als Name einer Magd in Jerusalem.

Rhona: aus dem Englischen, Herkunft umstritten, möglicherweise eine weibl. Bildung zu ▸ Ronald oder in Anlehnung an Rona, eine Insel der Hebriden.

Ria: Kurzform von ▸ Maria.

Riana: Kurzform von ▸ Adriana.

Ribanna: Bedeutung unklar, bekannt durch Ribanna, die Geliebte Winnetous, in den Romanen Karl Mays.

Rica: Kurzform verschiedener Vornamen (z. B. ▸ Erica, ▸ Ricarda, ▸ Frederica).

Ricarda: weibl. Form von ▸ Ricardo oder latinisierende weibl. Form von ▸ Richard.

Ricca: Kurzform von ▸ Riccarda.

Die schönsten Mädchennamen aus der griechischen Mythologie

Ariadne
Athena
Cassiopeia
Chloe
Cynthia
Daphne
Delia
Desdemona
Doris
Hero
Irene
Iris
Kassandra
Kora
Leda
Oceana
Penelope
Philomela
Phöbe
Phyllis
Selene
Talia

Riccarda: weibl. Form von ▸ Riccardo.
Richarda: weibl. Form von ▸ Richard.
Ricky: Koseform von ▸ Rike.
Rieke, (auch:) Rieka: ▸ Rike, auch Kurzform von ▸ Marieke.
Rigoberta: weibl. Form von ▸ Rigobert.
Rike, (auch:) Rieke; Rika; Rieka: Kurzform von Namen, die auf »-rike« ausgehen, besonders von ▸ Friederike, ▸ Henrike und ▸ Ulrike.
Rikea: friesische Erweiterung von ▸ Rike.
Rilana: vielleicht eine Erweiterung von Rila, einer bulgarischen Kurzform von Kirila (vgl. ▸ Cyrillus) oder Gabrila (▸ Gabriele).
Rima: zu lit. rimti »ruhig sein«.
Rina: Kurzform von Namen, die auf »-rina« ausgehen, z. B. von ▸ Katharina, ▸ Marina.
Rita: aus dem Italienischen, Kurzform von Margherita (▸ Margarete).
Rivka: neuhebräische Form von ▸ Rebekka, auch russische Koseform von ▸ Margarita und ▸ Rebekka.
Rixa: niederdeutsch-friesische Kurzform von Namen, die mit »Rik-« (ahd. rīhhi »Herrschaft, Herrscher, Macht; reich, mächtig, hoch«) gebildet sind.
Roberta, (auch:) Roberte: weibl. Form von ▸ Robert.
Robertine: weibl. Form von ▸ Robert mit der Endung »-ine«.
Robin, (auch:) Robyn: identisch mit dem männlichen Vornamen ▸ Robin. Die zunehmende Verwendung als weibl. Vorname wurde auch durch engl. robin »Rotkehlchen« beeinflusst.
Robyn: ▸ Robin.
Rolanda, (auch:) Rolande: weibl. Form von ▸ Roland.
Romaine [rɔˈmɛn]: weibl. Form von ▸ Romain.
Romana: weibl. Form von ▸ Roman oder ▸ Romano.
Romea: weibl. Form von ▸ Romeo.
Romi: ▸ Romy.
Romilda: aus dem Italienischen, germanischer Ursprung, zu ahd. hruom »Ruhm« + ahd. hiltja »Kampf«.
Romola: weibl. Form von ▸ Romolo.
Romy, (auch:) Romi: Koseform – eigentlich Lallform aus der Kindersprache – von ▸ Rosemarie.
Rona: Schreibvariante von ▸ Rhona, Kurzform von ▸ Corona oder weibl. Bildung zu ▸ Ron.
Ronit: zu neuhebr. rānan »singen, jubeln«.

[1]Rọnja: von Astrid Lindgren für eine Gestalt aus ihrem Buch »Ronja Räubertochter« nach dem Ortsnamen Juronjaure in Lappland geprägt.

[2]Rọnja: russische Kurzform von ▸Veronika, ▸Roxana und anderen Vornamen.

Rọnny: englische Koseform von Veronica (▸Veronika).

[1]Rosa, (auch:) Rose: zu lat. rosa »Rose«. Rosa und Ros(e) kommen auch als Bestandteil von Doppelformen wie z. B. Rosemarie oder Roselies(e) vor.

[2]Rosa: Kurzform von ▸Rosalinde, ▸Rosamunde, ▸Roswitha.

Rosạlba: italienische Doppelform aus ▸[1]Rosa und ▸Alba.

Rosaleen [ˈrɔzəliːn]: englische Form einer irischen Koseform von ▸[1]Rosa.

Rosalia, (auch:) Rosalie: italienische Herkunft, Entstehung nicht sicher geklärt, wahrscheinlich sizilianische Umbildung eines ursprünglich germanischen Namens, zu german. *hrōþi »Ruhm« in Anlehnung an lat. rosa »Rose«.

Rọsalind: Variante von ▸Rosalinde oder englischer Vorname literarischen Ursprungs, geprägt von Edmund Spenser als Anagramm des Namens seiner Geliebten (Rosa Daniel), später übernommen von Thomas Lodge für die Hauptgestalt eines Romans, den Shakespeare in seiner Komödie »Wie es euch gefällt« dramatisch bearbeitete.

Rosalịnde, (auch:) Rosalịnda; Roselịnde: meist wohl eine Neubildung aus ▸Rosa und ▸Linde, gelegentlich aber auch Übernahme eines englischen Vornamens literarischer Herkunft (▸Rosalind). Letztere Erklärung kommt auch für italien./span. Rosalinda infrage. Im romanischen Bereich ist darüber hinaus mit dem Fortleben eines Namens germani-

Die schönsten Mädchennamen aus der römischen Geschichte

Amelia
Aurelia
Celia
Cornelia
Flavia
Julia
Lavinia
Lelia
Lucilla
Lucretia
Maja
Marcia
Petronella
Rea
Silvia
Terzia
Tizia
Valeria
Xenia

schen Ursprungs (wohl zu german. *hros »Ross« + german. *linta »Linde, Schild aus Lindenholz«) zu rechnen, wobei eine Umdeutung im Sinne von »reine Rose« (italien. lindo, -a »rein, sauber«) bzw. »schöne Rose« (span. lindo, -a »schön«) erfolgen konnte.

Rosamunde: Herkunft nicht sicher geklärt, wohl zu german. *rausa »daherstürmen, eilen« + german. *mundō »Schutz«, später umgedeutet in Anlehnung an lat. rosa munda »reine Rose« oder rosa mundi »Rose der Welt«, beides Titel der Jungfrau Maria.

Rosanna, (auch:) Rosanne: Doppelform aus ▸ [I]Rosa und ▸ Anna.

Rosaria: italienische Herkunft, weibliche Form von ▸ Rosario.

Rose: ▸ [I]Rosa.

Rosel, (auch:) Rösel: Koseform von ▸ [I]Rosa.

Rosella: italienische Koseform von ▸ [I]Rosa.

Rosemarie: Doppelform aus Rose (▸ [I]Rosa) und ▸ Marie.

Rosemary [roʊzmərɪ]: aus dem Englischen, zugrunde liegt die englische Pflanzenbezeichnung rosemary »Rosmarin«, häufig aber als Doppelform aus Rose (▸ [I]Rosa) und Mary (▸ Maria) aufgefasst.

Rosetta: italienische Koseform von ▸ [I]Rosa.

Rosi: Koseform von ▸ [I]Rosa.

Rosika: eindeutschende Schreibung von ungar. Rózika, einer Koseform von ▸ [I]Rosa.

Rosina: italienische Koseform von ▸ [I]Rosa.

Rosita: spanische Koseform von ▸ [I]Rosa.

Rossana: italienische Form von ▸ Roxana.

Roswitha, (auch:) Roswita: alter deutscher Vorname, zu ahd. hruod »Ruhm« + altsächs. swīth[i] »stark«, mhd. swint »stark, heftig«.

Rowena: aus dem Englischen, zugrunde liegt vielleicht die latinisierte Form des altenglischen Namens Hrōðwyn (hreod »Ruhm« + wine »Freund« oder wynn »Freude«).

Roxana, (auch:) Roxane: zu altpersisch [awestisch] raoxšna »strahlend, glänzend«, später »Morgenröte«.

Roxanna, (auch:) Roxanne: Umbildung von ▸ Roxana in Anlehnung an ▸ Anna.

Roxy: englische Koseform von ▸ Roxana.

Rubina: englische oder italienische Herkunft, engl. Rubina entweder Ableitung von ▸ Ruby oder weibl. Form von

▸ Rubin, italien. Rubina nach dem Edelstein, zu italien. rubino »Rubin«.

Ruby: aus dem Englischen, zu engl. ruby »Rubin«.

Rufina, (auch:) Rufine: weibl. Form von ▸ Rufin.

Runa, (auch:) Rune: Kurzform von Namen, die mit »Run-« oder mit »-run«, »-runa«, »-rune« gebildet sind, wie z. B. Runhild und ▸ Siegrun.

Ruth, (überkonfessionelle Form:) Rut: aus der Bibel, hebräische Herkunft, Bedeutung wohl »Labsal, Erquickung«. Ruth war eine fromme Moabiterin, die nach dem Tod ihres Mannes ihre israelitische Schwiegermutter nicht verließ und als Ährenleserin die Liebe des reichen Boas gewann.

S

Sabeth: Kurzform von ▸ Elisabeth.

Sabine, (auch:) Sabina: lateinischer Ursprung, weibl. Form des römischen Beinamens Sabinus (»Sabiner, Bewohner des Gebirgslandes in Mittelitalien nordöstlich von Rom«).

Sabira: weibl. Form von Sabir.

Sabrina: aus dem Englischen, eigentlich Name der Nymphe des Flusses Severn in England.

Sabrine: französische Form von ▸ Sabrina.

Sadie [ˈseɪdɪ]: englische Koseform von ▸ Sara.

Safia, (auch:) Safiyya: zu arab. safīa »Vertraute, Freundin«.

Saida: weibl. Form von ▸ Said.

Salima, (auch:) Salma: weibl. Form von ▸ Salim.

Salina: geht am ehesten auf eine englische Umbildung von ▸ Selina zurück, die unter dem Einfluss von ▸ Sally entstanden ist.

Salka: polnische, bulgarische Koseform von ▸ Salome, russische Koseform von Salwija (zu lat. salvus »wohlbehalten, unversehrt«) oder nach der Titelgestalt des isländischen Romans »Salka Valka« von Halldór Kilijan Laxness.

Sally [ˈsælɪ]: englische Koseform – eigentlich Lallform aus der Kindersprache – von ▸ Sarah.

Salma: ▸ Salima.

Salome, (auch:) Salomea: aus der Bibel, griechische Form eines hebräischen, mit šālōm »Glück, Wohlergehen, Friede« gebildeten Namens. Bekannt ist der Name durch die Stieftochter des Herodes Antipas, die die Enthauptung Johannes' des Täufers forderte.

Salvia: zu lat. salvus, -a, -um »wohlbehalten, unversehrt«, wurde in frühchristlicher Zeit als »erlöst in Gott« aufgefasst.

Salwa, (auch:) Salua: zu arab. salwa »Trost«.

Samantha, (auch:) Samanta: aus dem Angloamerikanischen, geht zurück auf eine Neuprägung aus den amerikanischen Südstaaten; wohl eine Bildung zu ▸ Sam mit einer an griech. ánthos »Blume, Blüte« angelehnten, auch in anderen zeitgenössischen Namen auftretenden Endung.

Samia: weibl. Form von ▸ Sami.

Samina: am ehesten eine weibl. Bildung zu ▸ Sam oder eine Erweiterung von ▸ Sammy.

Samira: weibl. Form von ▸ Samir.

Sammy: englische Koseform von ▸ Samantha.

Sandra: italienische Kurzform von Alessandra (▸ Alexandra), auch englisch.

Sandrina: italienische Koseform von ▸ Sandra.

Sandrine, französ. Aussprache: [sã'drin]: deutsche Variante von ▸ Sandrina.

Sandy ['sændɪ]: englische Koseform von ▸ Alexandra.

Saniyya: zu arab. saniyya »leuchtend, glänzend«.

Sanja: russische Kurzform verschiedener Vornamen, vor allem von ▸ Alexandra.

Sanna, (auch:) Sanne: Kurzform von ▸ Susanne.

Santa: weibl. Form von ▸ Santo.

Santana: spanischer Ursprung, im Spanischen kein Vorname, sondern ein geläufiger Familienname, der auf eine Herkunft aus dem häufigen Ortsnamen Santa Ana hinweist.

Santina: weibl. Form von ▸ Santino.

Saphira: aus der Bibel, zu aram. šappīrā' »die Schöne«.

Sara, (auch:) Sarah: zu hebr. śarā »Fürstin«. Nach der Bibel ist Sara, die Frau Abrahams, die Stammmutter Israels.

Sarah: ▸ Sara.

Sarai: zu hebr. śaray, ältere Form von ▸ Sara. Nach der Bibel trug die Frau Abrahams diesen Namen, bevor sie auf Gottes Geheiß in Sara umbenannt wurde.

Saralena: Doppelform aus ▸ Sara und ▸ Lena.

Sarina: Weiterbildung von ▸ Sara.

Sarita: spanische Koseform von ▸ Sara.

Sary: niederländische Koseform von ▸ Sara.
Sascha: russische Koseform von ▸ Alexandra.
Saskia: aus dem Niederländischen, weibl. Form eines mit »Sas-« (»Sachse«) gebildeten Namens.
Sassa: schwedische Koseform von ▸ Astrid und ▸ Sara.
Savanna, (auch:) Savannah [səˈvænə]: aus den USA, nach dem gleichlautenden Fluss- und Stadtnamen im Staat Georgia.
Savina: italienische Nebenform von Sabina (▸ Sabine).
Scarlett, (auch:) Scarlet: aus dem Englischen, zu engl. scarlet »scharlach-, feuerrot«.
Schahin: zu pers. schahīn »königlich«.
Schakira: weibl. Form von Schakir.
Schirin: persischer Ursprung, Bedeutung »süß, bezaubernd, angenehm«. Schirin war die Geliebte des Sassanidenkönigs Chosrau Parwēz. Ihre unglückliche Liebe zu dem Bildhauer und Baumeister Farhād wurde in der persischen Dichtung viel besungen.
Schulammit: ▸ Sulamith.
Sebastiane: weibl. Form von ▸ Sebastian.
Sebastina: weibl. Bildung zu ▸ Sebastian.
Selda, (auch:) Selde: Kurzform von ▸ Griselda.
Selene, (auch:) Selena: griechischer Ursprung, nach der griechischen Mondgöttin Selēnē.
Selia: Variante von ▸ Celia, auch englisch.
Selin: türkische Herkunft, Bedeutung »Wasserreichtum, reichlich fließendes Wasser«.

Die schönsten altmodischen Mädchennamen

Alma
Augusta
Cäcilie
Charlotte
Edith
Eleonore
Elisabeth
Emma
Felizitas
Franziska
Friederike
Henriette
Ilse
Irma
Josefine
Karla
Luise
Magda, Magdalena
Margarete
Marianne
Martha
Mathilde
Rosalia, Rosalie
Theresa, Therese
Ursula

Selina: Variante von ▸Celina, im Englischen auch von Selena (▸Selene).

Seline: ▸Selina.

Selini: neugriechische Form von ▸Selene.

Selke: Koseform von ▸Marcella oder von Namen, die mit ahd. salo »dunkel« gebildet wurden.

[1]Selma: aus dem Englischen, geht zurück auf einen Ortsnamen in »The Works of Ossian« von James MacPherson.

[2]Selma: Kurzform von ▸Anselma.

[3]Selma: türkische Form von ▸Salima.

[1]Sema: weibl. Bildung zu ▸Sem.

[2]Sema: türkische Herkunft, Bedeutung »Himmel[sgewölbe]«.

Semiramis: geht zurück auf den Namen der legendären assyrischen Königin. Semíramis ist die griechische Form des Namens der historischen assyrischen Königin Šammu-Rāmat (assyrisch »mein Name sei erhaben«), mit der sie zum Teil gleichgesetzt wurde.

Senja: russische und slowenische Kurzform mehrerer Vornamen, z. B. von Arsenia (< griech. ársēn »männlich, stark«).

Senna: Kurzform von ▸Crescentia.

Senta: geht zurück auf die Gestalt der Senta in Richard Wagners Oper »Der fliegende Holländer«. Hinweise dafür, dass Wagners Namenprägung in Anlehnung an den vor allem in Bayern verbreiteten Vornamen ▸Crescentia oder an ▸Vinzentia erfolgte, finden sich nicht.

Serafina, (auch:) Serafine: ▸Seraphine.

Seraina: rätoromanische Form von ▸Serena.

Seraphine, (auch:) Seraphina; Serafina; Serafine: weibl. Form von ▸Seraphin.

Serena: weibl. Form von ▸Serenus.

Severa: lateinischer Ursprung, weibl. Form des römischen Beinamens Severus (lat. sevērus, -a, um »streng, ernst«).

Severine, (auch:) Severina: weibl. Form von ▸Severin.

Sevil: zu türk. sevil »sei geliebt!«.

Sevinç [sɛˈvintʃ]: zu türk. sevinç »Freude«.

Shakira: englische Schreibweise von ▸Schakira.

Shaleen [ʃəˈliːn]: Variante von Shalena, einer afroamerikanischen Neubildung mit der Vorsilbe »Sha-«.

Shalin, (auch:) Shalina; Shaline: deutsche Varianten von ▸Shaleen.

Shalyn: ▸ Shaleen.
Shạn: englische Schreibweise von walisisch ▸ Sian, gelegentlich auch als Kurzform von ▸ Shannon aufgefasst.
Shạna: weibl. Bildung zu ▸ Shane oder Erweiterung von ▸ Shan.
Shane: identisch mit dem männl. Vorn. ▸ Shane.
Shanice [ˈʃænis]: afroamerikanische Umbildung von ▸ Janice.
Shannon [ˈʃænən]: aus den USA, nach dem gleichlautenden Fluss in Irland, seit den 1980er-Jahren auch männl. Vorname.
Shantẹlle: amerikanische Umbildung des französischen Vornamens ▸ Chantal.
Shạnti: zu sanskrit. śānti »Ruhe«.
Shara [ˈʃɛərə]: Koseform von ▸ Sharon.
Shareen [ʃəˈri:n]: aus dem Englischen, mit der ursprünglich irischen Endung »-een« geprägte Abwandlung von ▸ Sharon.
Shari [ˈʃɛərɪ]: Koseform von ▸ Sharon.
Sharin [ˈʃɛərɪn]: englische Variante von ▸ Sharon.
Sharon [ˈʃærən]: aus dem Englischen, geht zurück auf einen in der Bibel genannten Landschaftsnamen, die Küstenebene Scharon (hebr. šārōn »Talebene«). Als »Rose von Scharon« wird in Salomos Hohem Lied die Geliebte bezeichnet.
Sharona [ʃəˈroʊnə]: Erweiterung von ▸ Sharon.
Shauna [ˈʃɔ:nə]: weibl. Form von ▸ Shaun.
Sheela [ˈʃi:lə]: aus dem Englischen entlehnte Variante von ▸ Sheila.
Sheena [ˈʃi:nə]: englische Schreibung von irisch Síne bzw. schottisch Sìne. Diese gälischen Namensformen sind, wie auch englisch ▸ Jane, aus altfranzös. Je(h)anne (Johanna) hervorgegangen.

Die schönsten ausgefallenen Mädchennamen

Aina	Kamea
Altea	Leonella
Aris	Makena
Bele	Maris
Brinja	Nuala
Felisa	Olesja
Ilayda	Rima
Jara	Uletta

Sheila [ˈʃiːlə]: englische Schreibung des irischen Namens Síle, einer gälischen Form von ▸ Cäcilie.

Shelby: ursprünglich ein Familienname, dem ein englischer Ortsname zugrunde liegt.

Shelley [ˈʃɛlɪ]: ursprünglich ein englischer Familienname nach einem Ortsnamen, der durch den romantischen Dichter Percy Bysshe Shelley bekannt ist; zunächst männl. Vorname, setzte sich später jedoch als weibl. Vorname durch.

Sheri: englische phonetische Schreibweise des Vornamens Cherie, zu französ. chérie »Liebling«.

Sheryl: ▸ Cheryl.

Shirin: englische Schreibweise von ▸ Schirin.

Shiva: persische Herkunft, Bedeutung »beredt, bezaubernd«.

Shizuko [ˈʃizko]: zu japan. shizu »ruhig« + ko »Kind«.

Shoshanna: ▸ Susanne.

Sian [ʃan]: walisische Form von ▸ Jane.

Sibilla, (auch:) Sibille: ▸ Sibylle.

Sibyl: englische Form von ▸ Sibylle.

Sibylle, (auch:) Sibilla; Sibille; Sibylla; Sibyll; Sybille: aus dem Lateinischen, geht zurück auf griechisch Síbylla, den Namen einer Seherin in Kleinasien, der später auf andere Seherinnen übertragen wurde.

Sidney, (auch:) Sydney: identisch mit dem männl. Vornamen ▸ Sidney oder durch Zusammenziehung entstandene Form von englisch Sidony (▸ Sidonie).

Sidonie, (auch:) Sidonia: lateinischer Ursprung, Bedeutung »Frau aus Sidon«; Sidon, jetzt Saida, war im Altertum eine phönizische Handelsstadt im Libanon.

Siegrid: deutsche Schreibvariante von ▸ Sigrid.

Siegrun, (auch:) Sigrun; Sigrune: alter deutscher Vorname, zu ahd. sigu »Sieg« + ahd. rūna »Geheimnis, geheime Beratung«. Eine Gestalt der nordischen Sage ist die Walküre Sigrun.

Sieke, (auch:) Syka; Syke: niederdeutsch-friesische Koseform von ▸ Lucia oder von Namen, die mit »Sieg-« beginnen.

Siena: niederländische Kurzform von Namen, die auf »-sina« ausgehen (z. B. ▸ Josina).

Sienna [sɪˈɛnə]: aus dem Amerikanischen, zugrunde liegt die englische Schreibweise der italienischen Stadt Siena.

Siggi, (auch:) Sigi: Koseform von Namen, die mit »Sieg-«, »Sig-« gebildet sind (z. B. Sieglinde, ▸ Sigrid).

Sigi: ▸ Siggi.
Signe: nordische Herkunft, zu altnord. sigr »Sieg« + ny »neu, jung«.
Sigourney [sɪˈgɔːnɪ]: geht zurück auf den Künstlernamen der amerikanischen Filmschauspielerin Sigourney Weaver, die den Namen F. Scott Fitzgeralds Roman »Der große Gatsby« entnahm.
Sigrid: nordische Herkunft, zu altnord. sigr »Sieg« + fríðr »schön«.
Sigrun, (auch:) Sigrune: ▸ Siegrun.
Sigune: wohl eine erweiterte Kurzform eines mit »Sieg-« (ahd. sigu »Sieg«) gebildeten Namens.
Silja: friesische, schwedische und finnische Kurzform von Cäcilia (▸ Cäcilie).
Silke, (auch:) Silka; Sylke; Sylka: niederdeutsch-friesische Koseform von ▸ Cäcilie.
Silva: Nebenform von ▸ Silvia oder Kurzform von ▸ Silvana.
Silvana, (auch:) Sylvana: weibl. Form von ▸ Silvano.
Silvelin, (auch:) Sylvelin: Koseform von ▸ Silvia, ▸ Silva oder ▸ Silvana.
Silvia, (auch:) Sylvia: weibl. Form von ▸ Silvius. Aus der altrömischen Sage ist die Vestalin Rhea Silvia bekannt, die Mutter des Romulus und des Remus.
Silviana: weibl. Form von ▸ Silvian.
Silvie: ▸ Sylvie.
Silvina: italienische Koseform von ▸ Silvia.
Simona: weibl. Form von ▸ Simon, auch italienisch.
Simone: weibl. Form von ▸ Simon.
Simonetta: italienische Koseform von ▸ Simona.
¹Sina: Kurzform von Namen, die auf »-sina« ausgehen (z. B. ▸ Rosina, ▸ Teresina).
²Sina, (auch:) Sinah [ˈsɪnə]: aus dem Englischen, wohl Varianten von Sine, einer gälischen Form von Johanna (vgl. ▸ Sheena).
Sindy: ▸ Cindy.
Sini: Koseform von Namen, die auf »-sina« ausgehen (z. B. ▸ Rosina, ▸ Teresina).
Sinia: ▸ Sinja.
Sinja: russische Koseform verschiedener Namen, z. B. von Sinaida (weibliche Form von ▸ Zeno).
Sinje: Variante von ▸ Sinja, auch friesische Koseform von Namen, die auf »-sine« enden.

Siran: armenische Herkunft (»lieblich«).
Siri: nordische Variante von ▸ Sigrid.
Sirid: nordische Variante von ▸ Sigrid.
Sirin: schwedische (mundartliche) Variante von ▸ Siri in Anlehnung an Namen wie ▸ Elin, ▸ Karin.
Sirke: weibl. Form von ▸ Sirko.
Siska: schwedische Kurzform von ▸ Franziska.
¹Sissy, (auch:) Sissi; Sisi: Koseform (eigentlich Lallform aus der Kindersprache) von ▸ Elisabeth oder ▸ Cäcilie.
²Sissy: englische Koseform von Cecily (▸ Cäcilie).
¹Sita: zu sanskrit. sītā »Furche«. Sita ist die Göttin des Ackerbaus und die Gattin Ramas.
²Sita: Kurzform von Namen, die auf »-sita« ausgehen (z. B. ▸ Rosita).
Sitta, (auch:) Sittah: arabischer Ursprung, Bedeutung »Herrin«.
Siv, (auch:) Siw: nordische Herkunft, geht zurück auf altnord. sif (»Braut, Gattin«, vgl. dt. Sippe). So heißt in der nordischen Mythologie die Gattin des Gottes Thor.
Smeralda: zu italien. smeraldo »Smaragd«, vgl. auch ▸ Esmeralda.
Smilla: nach der Titelfigur des dänischen Romans »Fräulein Smillas Gespür für Schnee« von P. Høeg; in der Familie des Autors aus dem grönländischen Namen Millaaraq »die ein wenig summt« unter Anlehnung an dän. smil »Lächeln« neu gebildet.
Sofia: ▸ Sophia.
Sofie, (auch:) Sofie: ▸ Sophia.
Solange [sɔˈlãːʒ]: französische Form des Heiligennamens Solemnia (zu lat. sol[l]emnis »[alljährlich] gefeiert, feierlich, festlich«).
Solveig: zu altnord. salr »Saal, Haus«; Herleitung des zweiten Namenbestandteils umstritten, vielleicht zu altnord. víg »Kampf« oder zu isländ. veig »Kraft«.
Sondra: angloamerikanische Herkunft, vielleicht eine Nebenform von ▸ Sandra.
Sonja, (auch:) Sonia; Sonya: russische Koseform von ▸ Sophia.
Sonny: Kurzform von Namen, die mit »Sonn-« gebildet sind, z. B. Sonnhild).
Sonya: ▸ Sonja.

Sophia, (auch:) Sofia; Sophie; Sofie; Sọphie; Sọfie: zu griech. sophía »Weisheit«.

Sọphy: Kurzform von ▸ Sophia, auch englisch.

Soraya, (auch:) Soraja: arab. ath- thuráyyā »die Plejaden«, zu arab. thariya »reichlich vorhanden sein«, nach der großen Anzahl dieser Sterne auf kleinem Raum.

Stẹfanie, (auch:) Stẹfani; Stefanie; Stefania: ▸ Stephanie.

Stẹffi, (auch:) Stẹffie: Kurzform von ▸ Stephanie.

Stẹlla: zu lat. stēlla »Stern«.

Stẹphanie, (auch:) Stẹfanie; Stephanie; Stefanie; Stephania; Stefania: weibl. Form von ▸ Stephan.

Stine, (auch:) Stina: Kurzform von Namen, die auf »-stine« enden, meist von ▸ Christine.

Su: Kurzform von ▸ Susanne.

Sue [su:]: englische Kurzform von Susan (▸ Susanne).

Suheyla, (auch:) Suhayla; Suhela: zu arab. suhail »Kanopus; ein Fixstern«.

Sulamith, (überkonfessionelle Form:) Schulammit: aus der Bibel, zu hebr. šūlammīt »Mädchen aus Schulem, einem unbekannten Ort«. Sulamith ist im Hohen Lied Salomos der Name der Braut.

Suleika, (auch:) Zuleika: arabische Herkunft, Bedeutung unklar. In der islamischen Tradition ist Suleika die Frau des Potiphar, die versucht, Joseph (arabisch Yussuf) zu verführen. Als sie die Vergeblichkeit ihres Bemühens einsieht, bekehrt sie sich zum Islam.

Suna: weibl. Form des altschwedischen Namens Sune (»Sohn«).

Sunita: wahrscheinlich zu sanskrit. su- »gut« + sanskrit. nīta »geführt, geleitet«, etwa »von gutem Betragen«.

Sụnje: Koseform von Namen, die mit »Sun-« gebildet sind.

Sụnna, (auch:) Sụnne: wohl Kurzform von Namen, die mit ahd., altfries. sunna »Sonne« gebildet wurden.

Sunniva: latinisierte Form des altenglischen Namens Sunngifu (altengl. sunne »Sonne« + altengl. gifu »Geschenk«).

Sunny ['sʌnɪ]: zu engl. sunny »sonnig«.

Susan ['su:zn]: englische Form von ▸ Susanne.

Susana [su'sana]: spanische Form von ▸ Susanne.

Susạnn: ▸ Susanne, auch englisch.

Susạnna: ▸ Susanne, auch englisch und italienisch.

Susannah [su:ˈzænə]: englische Schreibvariante von ▸ Susanna.

Susạnne, (auch:) Susạnna; Sụsann: zu hebr. šōšannā »Lilie«. In den Apokryphen wird die Geschichte von der keuschen Susanne erzählt, die von zwei lüsternen Ältesten im Bade überrascht wird und, als sie sich weigert, ihnen zu Willen zu sein, von ihnen verleumdet und unschuldig zum Tode verurteilt wird. Der junge Daniel überführt die falschen Zeugen und rettet sie.

Su̲se: Kurzform von ▸ Susanne.

Susẹtte, (auch:) Susẹtt: Eindeutschung von französisch ▸ Suzette.

Su̲si, (auch:) Su̲sy: Koseform von ▸ Susanne. Die Namensform Susy ist auch englisch.

Suzan: [ˈsu:zn]: englische Schreibvariante von ▸ Susan.

Suzanne [syˈzan]: französische Form von ▸ Susanne.

Suzette [syˈzɛt]: französische Koseform von ▸ Suzanne.

Sva̲na: Swana.

Sve̲a: verkürzt aus älterem schwed. Svea-rike (heute Sverige) »Schweden«.

Svẹnde: deutsche Variante von nordisch Svenda, einer weibl. Neubildung zu ▸ Sven.

Svẹnja, (auch:) Svẹnia; Svẹnje; Swẹnja: wahrscheinlich als weibl. Bildung zu ▸ Sven entstanden.

Svetlạna: ▸ Swetlana.

Swẹnja: ▸ Svenja.

Swetlạna, (auch:) Svetlạna: zu russ. swetlyj »hell«.

Sy̲bil: englische Variante von ▸ Sibyl, vgl. ▸ Sybille.

Sybịlle: (auch:) Sybịlla: sprachlich unrichtige, aber häufig gebrauchte Nebenform von ▸ Sibylle.

Sy̲dney: ▸ Sidney.

Sy̲lva: ▸ Silva.

Sylva̲na: ▸ Silvana.

Sy̲lvelin: ▸ Silvelin.

Sy̲lvi: schwedische und finnische Kurzform von ▸ Silvia.

Sy̲lvia: sprachlich unrichtige, aber häufig gebrauchte Schreibweise von ▸ Silvia.

Sylviạna: ▸ Silviana.

Sylviạne: französische Form von ▸ Silviana.

Sylvi̲e̲: französische Form von ▸ Silvia.

Sylvi̲na: ▸ Silvina.

T

Tabatha, (auch:) Tabata: Variante von ▸ Tabitha.

Tabea, (auch:) Thabea: von Luther eingeführte Form des biblischen Namens Tabitha.

Tabitha, (überkonfessionelle Form:) Tabita: aus dem Aramäischen (»Gazelle«).

Taja: serbische, kroatische Kurzform von Tatjana (▸ Tatiana).

Tajana: Erweiterung von ▸ Taja.

Tale, (auch:) Thale; Talea; Thalea: niederdeutsch-friesische und niederländische Koseform von ▸ Adelheid, wobei das anlautende »T-« einen Rest des sächlichen Artikels dat/het darstellt. (Die Namen unverheirateter Frauen wurden früher in vielen Gebieten sächlich behandelt.)

Talena: Erweiterung von ▸ Tale.

Talia: Schreibvariante von ▸ Thalia, auch Eindeutschung von ungar. Tália oder span. Talía.

Talida: niederdeutsch-friesische Bildung zu ▸ Tale oder Schreibvariante von ▸ Talitha.

Talina, (auch:) Taline; Thalina: Weiterbildung von ▸ Tale.

[1]Talisa, (auch:) Talissa; Thalisa: Erweiterung von ▸ Tale.

[2]Talisa, (auch:) Talissa: afroamerikanische Herkunft, Umbildung von ▸ Lisa mit der Vorsilbe »Ta-«.

Talitha, (auch:) Talita: biblischer Ursprung, Bedeutung »Mädchen, Tochter«. In der Bibel ist dies kein Name, sondern Talitha kumi »Mädchen, steh auf« sind die aramäischen Worte, die Jesus zur Tochter des Jairus sprach und mit denen er sie vom Tode erweckte.

Tamar, (auch:) Thamar: aus der Bibel, zu hebr. tāmār »Dattelpalme« als Symbol für Schönheit und Anmut.

Tamara: russische Form von ▸ Tamar.

Tamaris: englische Nebenform von ▸ Damaris.

Tami, (auch:) Tamie: ▸ Tammy.

Tamina: weibl. Form von ▸ Tamino, auch friesisch-niederländische weibliche Bildung zu Tammo.

Tamira: Variante von ▸ Tamar.

Tammy, (auch:) Tami; Tamie ['tæ...]: englische Koseform von ▸ Tamara oder ▸ Tamsin.

Tamsin ['tæm...]: englische Herkunft, neubelebte Kurzform von Thomasine, einer weibl. Form von ▸ Thomas.

Tana: Kurzform von ▸ Tatiana.

Tạnia: ▸ Tanja.

Tanịscha: Eindeutschung von ▸ Tanisha.

Tanịsha: afroamerikanische Herkunft, vielleicht zu einem Haussawort für »Montag«, für ein an diesem Tag geborenes Kind.

Tani̱ta, (auch:) Tani̱tha: Neubildung zu Tanit (eigentlich: Tinnit), dem Namen der Hauptgöttin von Karthago, vielleicht auch moderne Erweiterung von ▸ Tana, ▸ Tanja.

Tạnja, (auch:) Tạnia; Tạnya: aus dem Russischen, Koseform von ▸ Tatjana.

Tạo: chinesische Herkunft, Bedeutung »Pfirsich«, Symbol des langen Lebens.

[1]**Ta̱ra:** zugrunde liegt ursprünglich ein irischer Ortsname (mit der Bedeutung »Hügel«). Tara ist der Name der Plantage, die eine zentrale Rolle in M. Mitchells Roman »Vom Winde verweht« spielt.

[2]**Ta̱ra:** zu sanskrit. tārā »Stern«.

Tạsja, (auch:) Tạssja: russische Koseform von ▸ Anastasia.

Tatia̱na: weibl. Bildung zu dem spätantiken römischen Beinamen Tatianus, einer Weiterbildung zu Tatius. So hieß ein König der Sabiner, der später Mitregent des Romulus wurde.

Tatja̱na: russische Form von ▸ Tatiana.

Taylor: identisch mit dem männl. Vornamen ▸ Taylor.

Te̱a: ▸ Thea.

Te̱kla: ▸ Thekla.

Tẹlsa, (auch:) Tẹlse; Tẹlsche: niederdeutsche Koseform von ▸ Elisabeth, wobei das anlautende »T-« einen Rest des Artikels (dat) darstellt (vgl. ▸ Tale).

Tẹre: spanische Kurzform von ▸ Teresa.

Tere̱s: ▸ Theresa.

Tere̱sa: italienische und spanische Form von ▸ Theresa.

Tere̱se: ▸ Theresa.

Teresi̱na: italienische Koseform von Teresa (▸ Theresa).

Teresi̱ta: spanische Koseform von Teresa (▸ Theresa).

Tẹrri: englische Koseform von ▸ Theresa.

Tẹrzia: weibl. Form des römischen Beinamens Tertius (lat. tertius, -a, -um »der/die/das Dritte«). Der Beiname beruht wiederum auf einem alten, aus Oberitalien stammenden lateinischen Vornamen (Praenomen) gleicher Bedeutung. Anders als in Rom selbst ist dort die Sitte, die Kinder in der Reihenfolge ihrer Geburt zu nummerieren, schon bei der vorrömischen Bevölkerung nachweisbar.

Tẹss, (auch:) Tẹssa; Tẹssy: englische Koseformen von Theresa (▸ Therese).

Tha̲ïs, (auch:) Tha̲is: zu griech. Thaīs, dem Namen einer Heiligen aus Alexandrien.

Tha̲le, (auch:) Thale̲a: ▸ Tale.

Thali̲a, (auch:) Tali̲a: lateinische Form von griech. Tháleia (zu griech. thallō »blühen«). So hieß in der griechischen Mythologie die Muse der Komödie und eine der drei Göttinnen der Anmut und des Frohsinns.

Thali̲na: ▸ Talina.

Tha̲mar: ▸ Tamar.

The̲a, (auch:) Te̲a: Kurzform von ▸ Dorothea und ▸ Theodora.

Thẹkla, (auch:) Tẹkla: geht zurück auf die heilige Märtyrerin Thekla, nach der Legende eine Gefährtin des heiligen Paulus.

Thelma [ˈθɛlmə]: aus dem Englischen, seit 1827 in Oslo als »Telma« belegt; wurde in England bekannt durch die Titelheldin des in Norwegen spielenden Romans »Thelma: a society novel« von Marie Corelli. Die eigentliche Herkunft des Namens ist unbekannt.

Thẹmba: aus Südafrika, bedeutet in der Tsonga-Sprache »Hoffnung«.

Theodo̲ra, (auch:) Theodo̲re: weibl. Form von ▸ Theodor.

The̲ra, (auch:) The̲re: Kurzform von ▸ Theresa.

There̲sa, (auch:) There̲se; There̲sia; The̲res; Te̲resa; Te̲rese; Te̲res: wohl zu griech. thḗr »[jagdbares] Tier«, also etwa »Jägerin«, wurde später mit den Kykladeninseln Thera, heute Santorin, oder Therasia, Nebeninsel von Santorin, in Verbindung gebracht und als »Einwohnerin von Thera/Therasia« erklärt.

Thérèse [teˈrɛ:z]: französische Form von ▸ Therese.

There̲sia: ▸ Theresa.

Thẹssa, (auch:) Thẹsi; Thẹssi; Thẹssy: Kurzform von Theresa.

Thịlde, (auch:) Tịlda; Tịlde: Kurzform von ▸ Mathilde oder ▸ Klothilde.

Thịrza: ▸ Tirza.

Tho̲ra: ▸ Tora.

Tho̲rid: ▸ Torid.

Tho̲rild: ▸ Torild.

Thori̲na: ▸ Torina.

Thurid: ▸ Turid.

Thyra, (auch:) Tyra: nordische Herkunft, latinisierte Form des dänischen Namens Thyre (altnord. *Þyrwi; der erste Bestandteil ist eine umgelautete Form von Þur- »Thor«, dem Donnergott, die Herkunft des zweiten Bestandteils ist umstritten).

Tia: Kurzform von Namen, die auf »-tia« enden (z. B. ▸ Laetitia).

Tiana: Kurzform von ▸ Christiana.

Tiara: zu engl. tiara »Diadem, Stirnreif [für Damen]«.

Tietje: friesische Koseform von Namen, die mit »Diet-« gebildet sind.

Tiffany, (auch:) Tiffani [ˈtɪfənɪ]: aus dem Englischen, geht zurück auf griech. Theophania (griech. theós »Gott« + phaínein »erscheinen«). Der Name bezieht sich auf das Fest der Epiphanie, das an das Erscheinen Gottes in Menschengestalt erinnert.

Tikva, (überkonfessionelle Form:) Tikwa: zu hebr. tikvā »Hoffnung«. Im Alten Testament ist Tikwa der Name zweier männlicher Gestalten.

Tilde, (auch:) Tilda: ▸ Thilde.

Tilia: Kurzform von ▸ Ottilia.

Tilla: Kurzform von ▸ Mathilde oder ▸ Ottilie.

Tilli, (auch:) Tilly: Koseform von ▸ Mathilde oder ▸ Ottilie.

Timea: zu ungar. Tímea, Neubildung des Schriftstellers Mór Jókai (vielleicht als verkürzte Form des griechischen Namens Euthymia zu griech. eu »gut« + griech. thymós »Gemüt«) für eine Gestalt seines Romans »Ein Goldmensch« .

Tina, (auch:) Tine: Kurzform von Namen, die auf »-tina/-tine« ausgehen, z. B. Christina (▸ Christine), ▸ Bettina und ▸ Martina, auch englisch.

Tine: ▸ Tina.

Tinka: Kurzform von ▸ Katinka.

Tirza, (auch:) Thirza: aus der Bibel, zu hebr. tirsā »Anmut, Wonne, Lieblichkeit«.

Tita: Koseform – eigentlich Lallform aus der Kindersprache – verschiedener Namen, besonders von ▸ Christa und ▸ Christina, oder weibliche Form von ▸ Tito.

Titia: weibl. Form des römischen Geschlechternamens Titius, einer Ableitung von ▸ Titus, oder Kurzform von ▸ Laetitia.

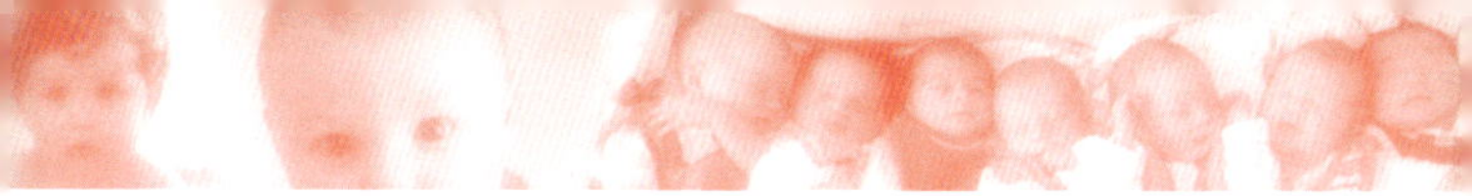

Tiva: aus der Hopi-Sprache, Bedeutung »Tanz«.
Tizia: italienische Form von ▸ Titia.
Tiziana: weibl. Form von ▸ Tizian(o).
Tona: Kurzform von ▸ Antonia.
Toni, (auch:) Tony: Kurzform von ▸ Antonia, auch englisch.
Tonia: Kurzform von ▸ Antonia, auch italienisch.
Tonina: italienische Koseform von ▸ Antonia oder Kurzform von ▸ Antonina.
Tonja: russische Koseform von Antonija (▸ Antonia).
Tonka: tschechische und slowenische Koseform von ▸ Antonia.
Tony: ▸ Toni.
Tora, (auch:) Thora; Tore: Kurzform von nordischen Namen, die mit »Tor-« gebildet sind (z. B. ▸ Torhild).
Torhild, (auch:) Thorild; Toril; Torild: zu altnord. Þórhildr zu altnord. Þórr »Thor«, dem Donnergott, + altnord. hildr »Streit, Kampf«.
Tori: schwedische Kurzform von ▸ Viktoria oder norwegische Nebenform von Torid (▸ Turid).
Toria: Kurzform von ▸ Viktoria, auch niederländisch.
Torid, (auch:) Thorid: ▸ Turid.
Toril: ▸ Torhild.
Torild, (auch:) Thorild: ▸ Torhild.
Torina, (auch:) Thorina: Weiterbildung von ▸ Tora.
Tosca, (auch:) Toska: aus dem Italienischen, abgeleitet von dem spätrömischen Beinamen Tuscus, Tusca »aus Tuszien oder aus der Toskana; Etrusker[in]«.
Tova: schwedische Herkunft, zu altnord. Tófa, Kurzform von Namen, die mit dem Namenbestandteil altnord. Þórr »Thor«, dem Donnergott, gebildet sind.
Tracy, (auch:) Tracey [ˈtreɪsɪ]: wird aufgefasst als englische Koseform von ▸ Theresa.
Traude: Kurzform von Namen, die mit »-traud[e]« gebildet sind (z. B. Gertraud und ▸ Waltraud).
Tressa: angloamerikanische Kurzform von ▸ Theresa.
Tricia [ˈtrɪʃə]: englische Kurzform von ▸ Patricia.
Trina: Kurzform von ▸ Katharina.
Trisha: die Aussprache wiedergebende Schreibweise von ▸ Tricia.
Trix: Kurzform von ▸ Beatrix.
Trixi: Koseform von ▸ Beatrix.
Trude: Kurzform von Namen, die mit »-trud«, »-trude« oder »Trud-« gebildet sind, besonders von ▸ Gertrud.

Tru̲di: Koseform von ▸ Trude.

Tru̲dy: englische Koseform von Gertrude (▸ Gertrud), auch Schreibvariante von ▸ Trudi.

Tu̲rid, (auch:) Thu̲rid; Tho̲rid; To̲rid: zu altnord. Þuríðr, Nebenform von Þorríðr zu altnord. Þórr »Thor«, dem Donnergott, + altnord. friðr »schön«.

Ty̲ra: ▸ Thyra.

U

Ubbi̲na: weibl. Bildung zu ▸ Ubbo.

U̲da, (auch:) U̲de: ▸ Oda.

U̲la: Nebenform von ▸ Ulla.

Ulẹtta: Erweiterung von Ula (▸ Ulla).

U̲li, (auch:) Ụlli: Koseform von Namen, die mit »Ul-« gebildet sind, besonders von ▸ Ulrike.

Ụlina: tschechische Koseform von ▸ Ulrike.

Ulja̲na: russische Form von ▸ Juliane.

Ụlla, (auch:) U̲la: Kurzform von ▸ Ursula oder ▸ Ulrike, auch schwedisch.

Ụlli: ▸ Uli.

Ulri̲ke, (auch:) Ulri̲ka; Ụllrike; Ụllrika: weibl. Form von ▸ Ulrich.

U̲ma: aus Indien, zu sanskrit. umā »Flachs« oder »Gelbwurz«; Beiname von Parvati, der Gemahlin des Gottes Schiwa.

U̲na: zu lat. ūna »eine, einzige«, geht im Englischen möglicherweise auch auf einen Vornamen irischen Ursprungs (Úna) zurück, Etymologie umstritten, wurde früher zu gäl. uan »Lamm« gestellt; bei Entlehnung aus Skandinavien kommt auch eine Ableitung von altnord. una »gedeihen, zufrieden sein« infrage.

Undi̲ne, (auch:) Undi̲na: eigentlich die Bezeichnung der Wassernixe. Neulat. undīna »Nixe« ist eine Weiterbildung zu lat. unda »die Welle«, die zuerst bei Paracelsus in seinem Buch über die Nymphen vorkommt.

Ụrda, (auch:) Ụrd: in der nordischen Mythologie Name einer der drei Nornen oder Schicksalslenkerinnen (altnord. Urdr). Urds Wissen umfasste die Vergangenheit, das ihrer Schwestern die Gegenwart bzw. die Zukunft.

Ụrsel: Kurzform von ▸ Ursula.

Ụrsela: Weiterbildung von ▸ Ursel.
Ursi̲na: weibl. Form von ▸ Ursin.
Ụrsula: Verkleinerung von lat. ursa »Bärin«, also »kleine Bärin«.
Ụrte: Kurzform von ▸ Dorothea, auch litauisch (Urtė).
Ụschi: Koseform von ▸ Ursula.
Ụsha: aus Indien, zu sanskrit. usā »Morgendämmerung«.
U̲te, (auch:) U̲ta; Ụtta: alter deutscher Vorname, hochdeutsche Form von ▸ Oda. Aus dem Nibelungenlied ist Frau Ute (mhd. Uote) als Mutter Kriemhilds und der Wormser Könige bekannt. In anderen dt. Heldensagen erscheinen ebenfalls Fürstinnen dieses Namens, z. B. die Frau Meister Hildebrands im jüngeren Hildebrandslied.
Ụtta: ▸ Ute.

V

Vale̲a: weibl. Form zu Vale, einer rumänischen Kurzform von ▸ Valerian oder ▸ Valerius.
Vale̲na: Variante von ▸ Valene.
Valencia [vəˈlɛnsɪə]: englische Variante von ▸ Valentia.
Valene [væˈliːn]: Neubildung aus Val (Kurzform von ▸ Valerie) und der Endung »-ene«.
Valẹntia: weibl. Form des römischen Beinamens Valentius, zu lat. valēns »kräftig, stark, gesund, mächtig«.
Valenti̲na, (auch:) Valenti̲ne: weibl. Form von ▸ Valentin.
Vale̲ra: weibliche Form von Valer (▸ Valerius).
Vạlerie, (auch:) Vale̲ria: weibl. Form von ▸ Valerius.
Valery [ˈvælərɪ]: englische Variante von ▸ Valerie.
Valẹska, (auch:) Walẹska: geht zurück auf den Familiennamen der polnischen Gräfin Maria Walewska, der Geliebten Napoleons.
Valẹtta: englische Neubildung aus Val (Kurzform von ▸ Valerie) und der italienischen Koseendung »-etta«.
Vana̲dis: geht zurück auf den Beinamen der altnordischen Göttin Freya (▸ Freia), die zum Göttergeschlecht der Vanen gehörte (zu altnord. vanr »Vane« + dís »Göttin«).
Vanẹssa: wurde geprägt von Jonathan Swift für sein autobiografisches Gedicht »Cadenus und Vanessa« und ist z. T. ein Anagramm des Namens seiner Geliebten Esther Vanhomrigh.

Vạnia: englische oder italienische Form von ▸ Wanja.

Vạnja: schwedische oder italienische Form von ▸ Wanja.

Vạrda: zu neuhebr. varda »Rosenstrauch, Rosenstock«.

Vạrenka, (auch:) Vạrinka: aus dem Russischen, Koseform von Warwạra (▸ Barbara).

Vari̱na, (auch:) Vari̱nia: zu dem lateinischen Beinamen Varinus < lat. vārus »krummbeinig, mit O-Beinen versehen«.

Vẹneta, (auch:) Vene̱ta: im Italienischen weibl. Form des männl. Vornamens Vẹneto nach der gleichlautenden Region in Norditalien, im Englischen Variante von ▸ Venetia.

Venetia [vɪˈni:ʃə]: aus dem Englischen, möglicherweise ist die Namensform Venetia (latinisierte Form von engl. Venice = dt. Venedig) als Umbildung von ▸ Venus aufgekommen, um den Bezug auf die heidnische Göttin zu verschleiern.

Vẹnia: ▸ Venja.

Venice [ˈvɛnɪs]: englische Herkunft, identisch mit dem englischen Namen der Stadt Venedig.

Vẹnja, (auch:) Vẹnia: russische Koseform verschiedener Vornamen, z. B. von Venediktina (▸ Benedikta) oder ▸ Vera.

Ve̱nus: nach der römischen Göttin der Schönheit und der Liebe.

Ve̱ra, (seltener:) We̱ra: zu russ. »Glaube, Zuversicht, Religion«. Der Name Vera kann gelegentlich auch als Kurzform von ▸ Verena oder ▸ Veronika auftreten.

Vere̱na, (auch:) Vere̱ne: Herkunft und Bedeutung ungeklärt.

Vérène [veˈrɛn]: französische Form von ▸ Verena.

Vérénice [vereˈnis]: ▸ Bérénice.

Verica [ˈvɛritsa]: serbische, kroatische oder slowenische Koseform von ▸ Vera.

Veri̱na: italienische Koseform von ▸ Vera, auch englische Variante von ▸ Verena.

Vẹrna: im Schwedischen weibl. Form von Verner (▸ Werner), im Englischen möglicherweise weibl. Bildung zu ▸ Vernon.

Vero̱na: Kurzform von ▸ Veronika; teils auch nach der norditalienischen Stadt.

Vero̱nika, (auch:) Vero̱nica: geht zurück auf den Namen der Veronika von Jerusalem, nach der (mittelalterlichen) Legende eine Jüngerin Jesu, die diesem auf dem Kreuzweg ein Schweißtuch reichte, auf dem sich dann das Bild Christi abzeichnete. Ihr Name ist wahrscheinlich nach der

lateinischen Bezeichnung veronica für dieses Schweißtuch gebildet. Dieses Wort, volksetymologisch verstanden als lat. vēra īcon »wahres Abbild«, lehnt sich wiederum an den Namen einer in den spätantiken sog. Pilatusakten im Zusammenhang mit dem Schweißtuch erwähnten Bernίkē (▸ Berenike) an.

Véronique: französische Form von ▸ Veronika.

Veruschka: russische Koseform von ▸ Vera.

Vesna: serbische, kroatische oder slowenische Herkunft, südslawische Neuprägung zu urslaw. *vesna »Licht, Helligkeit; Frühling«.

Vesta: nach der römischen Göttin des Herdfeuers und der Häuslichkeit. In ihrem Rundtempel auf dem Forum Romanum brannte das heilige Feuer des Staatsherdes, den die Vestalinnen bewahrten.

Veva, (auch:) Vevi: Kurzform von ▸ Genoveva.

Viana: Kurzform von ▸ Silviana, ▸ Viviana.

Vianne: verkürzte Form von ▸ Vivianne.

Vicki, (auch:) Viki: Kurzform von ▸ Viktoria.

Vicky: englische Kurzform von ▸ Viktoria.

Victoire [vik'twa:r]: französische Form von ▸ Viktoria.

Victoria: ▸ Viktoria.

Victorine: geht zurück auf lat. Victorina, eine Ableitung von Victor (▸ Viktor), auch französisch.

Vida: englische und schwedische Kurzform von ▸ Davida oder italienische Variante von ▸ Vita.

Viki: ▸ Vicki.

Viktoria, (auch): Victoria: zu lat. victōria »Sieg«, auch Name der altrömischen geflügelten Siegesgöttin Victōria.

Vilma: nordische, italienische, ungarische und englische Form von ▸ Wilma.

Vina: Kurzform von Namen, die auf »-vina« enden (z. B. ▸ Davina, ▸ Silvina).

Vincenza [vin'tʃɛntsa]: weibl. Form von ▸ Vincenzo.

Vinzentia, (auch:) Vinzenta: weibl. Form von ▸ Vinzenz.

Viola, (auch:) Viola: zu lat. viola »Veilchen, Levkoje«.

Violaine [vjɔ'lɛn]: geht zurück auf eine Verkleinerungsform von altfranzös. viole »Veilchen« .

Violet ['vaɪəlɪt]: zu engl. violet »Veilchen«.

Violeta: zu span. violeta »Veilchen«.

Violetta: zu italien. violetta »Veilchen« oder Koseform von ▸ Viola.

Violette: zu französ. violette »Veilchen«.
Viona: außerhalb des englischsprachigen Raums vorkommende Schreibvariante von ▸ Fiona.
Virgilia, italien. Aussprache: [...ˈdʒiː...]: weibl. Form von Virgilius (▸ ¹Virgil, ▸ ²Virgil).
Virginia, (auch:) Virginie, engl. Aussprache [...ˈdʒiː...]: geht zurück auf den römischen Geschlechternamen Verginius (jüngere Schreibung Virginius), dessen eigentliche Bedeutung ungeklärt ist. Die jüngere Namensform Virginia wird gewöhnlich volksetymologisch mit lat. virgineus, -a, -um »jungfräulich« (zu lat. virgo »Jungfrau«) zusammengebracht und als »die Jungfräuliche« verstanden.
Vita: zu lat. vīta »Leben«, kann auch die weibl. Form von Vitus (▸ Veit) sein.
Vittoria: italienische Form von ▸ Viktoria.
Viva: zu lat. vīvus, -a, -um »lebend, lebendig, lebhaft« oder Kurzform von ▸ Viviane oder von ▸ Viveca.
Viveca, (auch:) Viveka; Vivica; Vivika: latinisierte Form des dänischen Vornamens Vibeke (▸ Wiebke).
Vivi: Kurzform von ▸ Vivian, ▸ Viviana.
Vivia: Kurzform von ▸ Viviana.
Vivian: englische Herkunft, identisch mit dem männl. Vornamen ▸ Vivian.
Viviana: weibl. Form des römischen Beinamens Vivianus (▸ Vivian), auch italienisch und spanisch.
Viviane: französische Form von ▸ Viviana. Anderer, wahrscheinlich keltischer Herkunft ist Viviane, der Name einer Fee aus der Artussage, der auch als Niniane, Ninienne überliefert ist. Viviane, genannt die »Dame vom See«, wird von Merlin in die Geheimnisse der Zauberkunst eingeweiht und erzieht in ihrem Schloss in der Tiefe eines Zaubersees den jungen Lancelot in allen ritterlichen Tugenden.
Vivianne: Umbildung von ▸ Viviana in Anlehnung an ▸ Anne.
Vivica, (auch:) Vivika: ▸ Viveca.
Vivien [ˈvɪvɪən]: aus dem Englischen, geht zurück auf den Namen der Titelgestalt von Tennysons Gedicht »Vivien and Merlin«, das auf den keltischen Artusepen beruht (▸ Viviane).
Vivienne: weibl. Form von ▸ Vivien, auch englisch.
Vivika: ▸ Viveca.
Voline: ▸ Foline.

Volkhild: alter deutscher Vorname, zu ahd. folc »Haufe, Kriegsschar, Volk« + ahd. hiltja »Kampf«.
Vreni, (auch:) Vreny: Koseform von ▸ Verena.
Vroni: oberdeutsche Koseform von ▸ Veronika.

W

Walburg, (auch:) Walburga; Walburgis; Waldburga; Walpurga: alter deutscher Vorname, zu ahd. walt- zu waltan »walten, herrschen« + ahd. burg »Burg, Zufluchtstätte, Schutz«.
Waleska: ▸ Valeska.
Walli, (auch:) Wally: Kurzform von ▸ Walburg oder auch von ▸ Valerie, ▸ Valentina.
Walpurga: ▸ Walburg.
Waltraud, (auch:) Waltraude; Waltraut; Waltraute; Waldtraut; Waldtraute; Waltrud; Waltrude: alter deutscher Vorname, zu ahd. walt- zu waltan »walten, herrschen« + german. *þrūþi »Kraft, Stärke«, in althochdeutscher Zeit umgedeutet zu trūt »vertraut, lieb«.
Wanda: aus dem Polnischen, Bedeutung ungeklärt.
Wanja: russische Koseform von ▸ Iwana.
Warda: zu arab. warda »Rose; Blume«.
Weda: verselbstständigte Kurzform von Zusammensetzungen mit »Wig-« (ahd. wīg »Kampf, Krieg«) oder »Widu-« (ahd. witu »Wald«).
Wega: Kurzform von Zusammensetzungen mit »Wig-« oder »-wig« (ahd. wīg »Kampf, Krieg«), weibl. Bildung zu Wege < Wedige (▸ Wedigo) oder auch nach dem gleichlautenden Stern.
Weike, (auch:) Waike: friesische Kurzform von Namen, die mit »Wig-« oder »-wig« (ahd. wīg »Kampf, Krieg«) gebildet sind.
Wencke: Schreibvariante von ▸ Wenke.
Wendelgard: alter deutscher Vorname, der erste Bestandteil gehört zum germanischen Stammesnamen der Vandalen; der zweite Bestandteil enthält german. *gardaz »Zaun, Einfriedung«, vgl. ahd. garto »Garten«.
Wenke: niederdeutsche Koseform von Namen, die mit »Win-« oder »-win« (ahd. wini »Freund«) gebildet sind.
Wera: ▸ Vera.
Wibeke, (auch:) Wibke: ▸ Wiebke.

Wiebe: verselbstständigte niederdeutsch-friesische Kurzform von Zusammensetzungen mit »Wig-« (ahd. wīg »Kampf, Krieg«) und einem mit »-b« anlautenden zweiten Namenbestandteil (z. B. Wiburg).

Wiebke, (auch:) Wibke; Wibeke: Koseform von ▸Wiebe, wird oft als »junge Frau, Fräulein« aufgefasst.

Wieta, (auch:) Wiete; Witta: friesische Kurzform unsicherer Herkunft, vielleicht von Namen, die mit dem Namenbestandteil altsächs. widu, ahd. witu »Holz, Wald« gebildet wurden, wird volksetymologisch an niederdt. witt »weiß« angelehnt.

Wilhelma: weibl. Form von ▸Wilhelm.

Wilhelmine, (auch:) Wilhelmina: weibl. Form von ▸Wilhelm mit der Endung »-ine/-ina«.

Wilja: Kurzform von Namen, die mit »Wil-« gebildet sind.

Willa: Kurzform von Namen, die mit »Wil(l)-« gebildet sind, auch englisch.

Wilma: weibl. Form von ▸Wilm oder Kurzform von ▸Wilhelma.

Wilmine: Erweiterung von ▸Wilma.

Wina: Kurzform von Zusammensetzungen mit »Win-«.

Winifred, (auch:) Winnifred: englische Form des walisischen Namens Gwenfrewi (walis. gwen »weiß, gesegnet, heilig« + walis. frewi »Versöhnung«), die in Anlehnung an die altenglischen Namenbestandteile wynn »Freude« und frið »Friede« entstanden ist.

Winja: russische Koseform von Sawina (▸Sabine).

Winni, (auch:) Winny: Koseform von Zusammensetzungen mit »Win-« oder Eindeutschung von ▸Winnie.

Winnie: aus dem Englischen, Kurzform von ▸Winifred.

Winnifred: ▸Winifred.

Winny: ▸Winni.

Winona, engl. Aussprache: [waɪˈnoʊnə]: indianische Herkunft, bedeutet bei den Sioux »erstgeborene Tochter«.

Witta: ▸Wieta.

X

Xandra: Kurzform von ▸Alexandra.

Xanja, (auch:) Xania: russische Variante von ▸Xenja.

Xena: griechischer Ursprung, eigtl. Kurzform von Namen

wie Polyxena (griech. Polyxénē zu polýs »viel« und xénos »Gast«), wurde vermutlich aber eher als eine Variante von ▸Xenia gebildet.

Xe̲nia: geht zurück auf einen römischen Personennamen griechischen Ursprungs (Xenius, Xenia zu griech. xénios »gastlich, gastfreundlich«).

Xẹnja, (auch:) Xẹnija: russische Form von ▸Xenia oder Kurzform von Polyxenia (griech. polý xénios »sehr gastfreundlich«).

Ximena [xiˈmena]: veraltete Schreibweise des spanischen Vornamens ▸Jimena.

Xịnia: Kurzform von Axinia (▸Axinja).

Y

Ya̲el: ▸Jael.

Yami̲na, (auch:) Jami̲na: zu arab. yamīn »rechter Hand, glücklich«.

Yạmuna: indische Herkunft, zu Yamunā, Sanskrit-Name eines heiligen Nebenflusses des Ganges, Hindi Jamna, dt. Dschamna.

Ya̲na: modische Schreibvariante von ▸Jana.

Yạnna: weibl. Form von ▸Yann oder modische Schreibvariante von ▸Janna.

Yạnnicka: weibl. Bildung zu ▸Yannick oder modische Schreibvariante von ▸Jannika.

Yạnnika: ▸Jannika.

Ya̲ra: aus Spanien oder Lateinamerika, stammt aus der südamerikanischen Indianersprache Tupí und bedeutet »Frau, Herrin«.

Ya̲semin: türkische Form von ▸Jasmin.

Yasmi̲n, (auch:) Yasmi̲na; Yasmi̲ne: ▸Jasmin.

Yelẹna: englische Schreibweise von ▸Jelena.

Yle̲na: ▸Ilena.

Yle̲nia: ▸Ilenia.

Y̲lva: schwedische Herkunft, alte weibl. Form von ulv »Wolf«.

Yo̲ko: zu japan. yo »Großzügigkeit, Toleranz«, »Heiterkeit, Freude«, auch »Hibiskusblüte« + japan. ko »Kind«.

Yo̲la: Kurzform von ▸Yolanda.

Yolạnda, (auch:) Yolạnde: ▸Jolanda.

Yoshiko [ˈjoʃko]: zu japan. yoshi »schön, gut, anmutig, glücklich«, »Freude«, auch »Gerechtigkeit« + japan. ko »Kind«.
Ỵrsa: altnordische Herkunft, Bedeutung nicht sicher geklärt.
Yụriko: zu japan. yuri »Lilie« + japan. ko »Kind«.
Yvẹtta: latinisierte Form von ▸ Yvette.
Yvẹtte: weibl. Form von ▸ Yves.
Yvọnne: aus dem Französischen, weibl. Form von Yvon (▸ Ivo).

Z

Zahra [ˈzahra]: zu arab. zahra »Blume, Blüte«.
Zaida [zaˈiːda]: weibl. Form von ▸ Zaid.
Zaïra [zaˈiːra]: italienische Form (Zaìra) von französ. Zaïre, dem Namen der Titelgestalt einer Tragödie von Voltaire. Der Dichter prägte den Namen wohl in Anlehnung an arab. zāhir »leuchtend, glänzend, blühend« oder arab. al-zāhir »Schützer«.
Zara [ˈzɛərə]: englische Form von ▸ Zahra, auch als Variante von ▸ Sara aufgefasst.
Za̲rah, (auch:) Za̲ra: schwedische Nebenform von ▸ Sara.
Zäzi̲lie, (auch:) Zäzi̲lia: ▸ Cäcilie.
¹Zịlla, (auch:) Cịlla: Kurzform von Zäzilia, (▸ Cäcilie).
²Zịlla, (auch:) Zịllah: aus der Bibel, zu hebr. sillāh zu hebr. sēl »Schatten« im Sinne von »Erfrischung« oder zu hebr. sll »schrillen« im Sinne von »Kriegsgeschrei« oder »Zymbel«. So heißt im Alten Testament eine der beiden Frauen Lamechs.
Zịlli: ▸ Cilli.
Zịska: Kurzform von ▸ Franziska.
Zi̲ta: geht wahrscheinlich zurück auf das altitalienische (toskanische) Wort zita »Mädchen«, kann auch als Kurzform von ▸ Felizitas auftreten.
Zlạta: serbische, kroatische, slowenische, bulgarische, tschechische oder slowakische Herkunft, Kurzform von Namen wie Zlatomíra (zlato »Gold« + urslaw. mirъ »Friede«).
Zoé [zoˈe]: französische Form von ▸ Zoë.
Zo̲ë, (auch:) Zo̲e: zu griech. zoḗ »Leben«, auch englisch.
Zohra [ˈzohra]: zu arab. zuhra »Helligkeit; Schönheit«, auch Name des Planeten Venus zu arab. zahara »leuchten, blühen«.
Zora [ˈzɔra]: slowenische, serbische, kroatische, bulgarische Herkunft, Bedeutung »Morgenröte«.

Tipps zur Namengebung

Standesamtliche Bestimmungen
In der Wahl des Vornamens sind Eltern grundsätzlich frei, doch entscheidet letztlich das Wohl des Kindes. Das Standesamt wird daher anstößigen, lächerlichen oder unpassenden Namen (wie etwa den tatsächlich beantragten Namen Satan, Störenfried, Bierstübl) keine Zustimmung erteilen.

Keine Wörter aus der Allgemeinsprache
Es dürfen nur solche Namen gewählt werden, die ihrem Wesen nach Vornamen sind. Darum sind Wörter des allgemeinen Sprachgebrauchs ausgeschlossen. Niemand darf sein Kind Pfeil, Feder oder Klug nennen.

Häufung von Vornamen
Die Zahl von Vornamen, die ein Kind bekommen darf, ist offiziell nicht geregelt, doch sollte man sich besser auf die Vergabe von zwei oder drei Vornamen beschränken. Mehr als drei Vornamen dürften sich im täglichen Leben, z. B. im Umgang mit Behörden, eher als unpraktisch erweisen.

Rufname
Egal, wie viele Vornamen die Eltern standesamtlich eintragen lassen: Im Alltag wird im Allgemeinen nur ein Rufname benutzt. Die früher existierende Anweisung, einen amtlichen Rufnamen zu wählen, der dann beim standesamtlichen Eintrag unterstrichen werden musste, gilt heute nicht mehr.

Kurz- und Koseformen

Besser ist es, die Vollform im Stammbuch eintragen zu lassen. Manche Toni möchte als erwachsene Frau lieber als Antonia unterschreiben, auch wenn sie sich von Freunden und Verwandten immer noch Toni nennen lässt.

Wer darf mitentscheiden?

Ob Eltern den Namen ihres Kindes bis zur Geburt völlig geheim halten wollen, ist sicher eine Frage, die sie selbst beantworten müssen. Mit zu vielen Personen sollten sie die Namenfrage aber sicher nicht besprechen, denn jeder Mensch hat seine ganz persönlichen Vorlieben und Abneigungen, und die Entscheidungsfindung wird durch zu viele Meinungen erheblich erschwert.

Humor ist fehl am Platz

Kein Kind dankt seinen Eltern später Verbindungen, die sich reimen wie Rose Klose oder Reinald Kobald, oder gar Namenkombinationen, die sich zu einer Wortverbindung der Allgemeinsprache ergänzen, wie etwa Reiner Zufall oder Claire Grube.

Auf keinen Fall ein Name aus den Hitlisten?

Haben Eltern erst einmal Gefallen an einem Namen gefunden, stellen sie oft enttäuscht fest, dass er zu den Spitzenreitern zählt. Die Befürchtung aber, der kleine Jakob könne spätestens in der Schule auf vier weitere Jakobs treffen, ist unbegründet. Auch die beliebtesten Namen verteilen sich derzeit nur auf zwei bis drei Prozent eines Jahrgangs.